KB069535

교육의 역사와 철학 시리즈 ⑤

비권위주의 교육사상

박용석 저

Non-authoritarianism in Education

학지사

편집자의 말

　편집자는 학지사 김진환 사장의 깊은 이해와 지원으로 '교육의 역사와 철학' 총서 20권을 편집할 수 있었다. 이는 여러 가지로 의미 있는 일로, 김 사장께 진심으로 감사드린다.

　편집자의 말을 쓰면서 출판사 사장에게 감사부터 하는 경우는 거의 없다. 그러나 편집자는 이러한 없는 경우를 예외적으로 수용해 본다. 왜냐하면 오늘날처럼 순수한 학술서적의 출판이 어려워진 때도 별로 없기 때문이다. 출판을 기업으로 하는 사람은 필연적으로 이익을 창출하여 함께 데리고 있는 식구를 먹이고 사업도 키워야 한다. 그런데 학술서적의 출판은 최소한의 이익 창출을 보장하지 않고 있다. 그래서 의미를 강조한다. 그러한 서적과 총서의 출판이 우리의 교육학계에 주는 의미가 얼마나 중차대함을 강조하고, 이러한 출판이 동시에 출판사에 재미도 가져다줄 수 있을 것이라고 전망해 본다. 김진환 사장은 고맙게도 우리의 그러한 주장을 그대로 받아들였다.

우리나라에서 학술서적은 교재와 참고서 중심의 출판으로 이어져 왔다. 최근에 들어와서 개론의 틀을 벗어난 전문서적들이 활발하게 출판되고 있으나, 상황은 여전히 어렵다. 교육학계도 예외가 아니다. 그래서 깊고 전문적인 연구의 결과를 단행본으로 출판하기는 저명한 교수가 아니고는 참으로 어려웠다. 출판의 풍토가 이렇다 보니 참고서, 총서, 사전류 등이 개론적 서술의 성격을 띠고 있어서 교재로 활용할 수 있도록 기획될 수밖에 없었다.

편집자는 '교육의 역사와 철학' 총서로 이러한 한계를 뛰어넘는 모험을 하였다. 일차적으로 모두 20권으로 기획된 총서는 글자 그대로 교육의 역사와 철학에서 기초가 되는 사상들을 정선하여, 이 분야에 깊은 조예를 쌓은 학자에게 역사적이고 조직적인 서술을 부탁하였다. 그래서 예를 들면『인본주의 교육사상』의 집필을 김창환 박사에게 부탁하였으며, 이 책에서 편집자는 인본의 어원과 개념에 대한 명쾌한 설명을, 인본주의 교육사상의 역사적이고 조직적인 전개에 관한 권위 있는 서술을, 오늘에 미친 영향사 및 사상사적 의미를, 그리고 권위 있게 제시한 이 분야의 참고문헌 목록을 접하기를 기대하고 있다.

이러한 관점으로 편집자는 하나의 사상을 1,200매 내외의 원고 분량에 최적으로 담을 수 있는, 그 분야에서 가장 조예가 깊다고 알려져 있는 저자를 찾았으며, 교육학의 기초가 되는 사상과 운동과 개념을 정선하였다.

'교육의 역사와 철학' 총서는 다음과 같다. 제1권 인본주의 교육사상(김창환), 제2권 자연주의 교육사상(주영흠), 제3권 계몽주의 교육(이상오), 제4권 박애주의 교육사상(오인탁), 제5권 비권위주의 교육사상(박용석), 제6권 실존주의 교육사상(강선보), 제7권 교육인간학(정혜영), 제8권 개혁교육학(최재정), 제9권 진보주의 교육사상(박영만), 제10권 정신과학적 교육학(정영수), 제11권 사회주의 교육사상(심성보), 제12권 비판적 교육과학(황원영), 제13권 분석적 교육철학(유재봉), 제14권 도덕교육사상(남궁 달화), 제15권 평화교육사상(고병헌), 제16권 발도르프 교육학(정윤경), 제17권 대안교육사상(송순재), 제18권 예술교육의 역사와 이론(고경화), 제19권 페미니즘 교육사상(유현옥), 제20권 홀리스틱 교육사상(송민영).

이상의 20권에는 민족주의 교육사상, 현상학적 교육철학, 종교개혁의 교육사상, 포스트모더니즘 같은 중요한 사상과 철학이 많이 빠져 있다. 그래서 편집자는 다만 교육철학과 교육사학의 영역뿐만 아니라, 교육과 교육학에 관심을 가지고 있는 모든 사람이 필연적으로 읽어야 하는 기본도서로 기능할 수 있기를 바라는 마음으로 총서를 지속적으로 보완하여 가려고 한다.

오인탁 · 강선보

머리말

지난 교육의 역사를 돌아보면 교육은 기나긴 시간 동안 권위주의적 성격의 교육이 지배하다가 근세에 이르러 루소를 기점으로 비권위주의적 교육으로의 점진적인 걸음걸이를 해 왔음을 알 수 있다. 권위주의적 교육, 혹은 비권위주의적 교육은 교육의 대상인 아동을 어떤 존재로 이해하고 어떤 방식으로 가르치고 기르느냐에 의해 일면 구분되고 규정된다고 할 수 있다.

고대 원시사회에서 아동은 성인의 편견이나 통념에 의해 쉽사리 유기되거나 죽일 수 있었으며, 종교적인 맥락에서 신에게 바치는 제물로 얼마든지 희생될 수 있는 존재였다. 아동에 대한 이러한 인식은 동서양을 막론하고 거의 공통된 인식이었다고 할 수 있다. 한마디로 아동의 인격이란 존재하지 않았다.

고대시대에 아동은 성인의 필요와 목적에 따른 재료이며 도구적인 대상으로 간주되었다. 일례로 고대 희랍의 도시국가 스파르타에서 아동은 용맹한 군인을 만들기 위한 재료로서의 의미가 있었고, 교육의 과정이란 군인을 양성하는 철저히 권위주의적 교육의 과정이었다. 도시국가든 부족국가든 고대의 국가들에서 저마다의 존립과 유지를 위해 교육의 목적과 내용이 결정되었고, 이는 성장하는 세대 모두가 일방적으로 순종해야 하는 교육의 과정으로서 권위주의적 성격을 가질 수밖에 없었다. 다만, 권위주의적인 교육이 지배하고 있던 고대 사회에서 다소 예외적인 사례는 아마 아테네의 교육일 것이다. 일찍이 인본주의 문화가 꽃핀 아테네에서 교육은 아동의 특성을 고려하여 합리적이고 적절한 방식으로 진행되었고, 신체와 영혼의 조화를 도모하는 방향으로 추구되었다. 따라서 고대 아테네 교육은, 그 커다란 틀은 성인에 의해 아동에게 부과하는 권위주의적인 측면을 가지고 있음에도 그 내용과 방식에서 비권위주의적 요소들을 다분히 가지고 있었다는 점에서 특별한 사례라고 할 수 있다.

기독교 교리의 지배를 받은 중세시대 아동은 원죄의 씨앗을 가지고 태어나 악의 본성을 가진 존재로 이해되었으며, 따라서 교육은 악의 씨가 자라지 못하도록 엄격한 훈육의 성격을 띤 권위주의적 교육이었다. 아동에 대한 체벌은 정당화되었으며 주입식 교육이 일반화되었다. 중세 봉건사회는 엄격한 신분제에 의한 닫힌 사회였고, 직업이나 신분이 대부분 출생과 더불어 결정되었기 때문에 교육이란 자신이 속한 신분과 계층질서 안으로 편입시키는 과정에 불과하였다. 일반적으로 아동 자체에 대한 이해도 없었고, 또 그 이해의 필요성도 없었기 때문에 교육의 권위주의적 경향은 필연적인 것이기도 했다.

근대에 이르러서 비로소 아동에 대한 이해라는 것이 시작되었다고 할 수 있다. 17세기 로크의 '교육론'이나 코메니우스의 아

동교육에 대한 이해를 통해서 아동의 특성과 그에 따른 교육의
필요성이 체계적으로 제시되기 시작하였다.

주지하다시피 아동을 아동으로 이해하고 아동의 고유한 세계
자체를 서술하고 그에 따른 아동교육을 체계화하여 제시한 인물
은 루소였으며, 루소를 기점으로 비권위주의 교육 세계의 문이
열렸다고 할 수 있다. 비권위주의 교육은 루소 이후 페스탈로
치, 프뢰벨 등을 거치며 그 사상의 씨앗들을 널리 퍼트려 오다
가 19세기 말 20세기 초에 이르러 유럽지역, 나아가 아시아와
북남미까지 참여하는 범세계적 민간 주도 교육운동인 '신교육
운동'으로 개화되었다고 할 수 있다.

신교육운동은 동시에 국제적 연대를 형성하면서 전개되었고
그 중심에 '신교육협회(New Education Fellowship)'가 있었다. 신
교육협회는 제2차 세계 대전 전까지 신교육운동에 참여한 각국
교육인사들의 교류와 협력의 장이었으며, 이러한 국제적 연대는
신교육운동의 내용과 형식이 더욱 다양하고 풍요롭게 되도록 촉
진하는 역할을 하였다.

신교육운동이 전개한 비권위주의 교육은 닐(A. S. Neill)의 서머
힐 학교에서 정점을 이루고 있다. 닐은 서머힐 학교에서 아동들
에게 일방적으로 부과되는 외적 권위를 모두 추방하였다. 아동
들에게 학습 선택과 놀이의 자유를 부여하고 도덕적 · 종교적 훈
육을 배제시켰으며, 공동체 생활에 필요한 질서도 학교 구성원
스스로가 자치를 통해 형성해 가도록 하였다. 닐의 서머힐 학교
는 비권위주의 교육이 학교단위로 실현된 살아 있는 범례가 되
어 오늘에 이르고 있다.

이 책은 다음과 같은 구성을 가지고 내용을 전개하였다. 우선

권위 및 권위주의, 비권위주의의 개념을 정리하여 보았고, 이어
서 비권위주의 교육의 사상적 범주로서 '소극적 교육' 개념을
중심으로 루소의 자연주의 교육사상을, '흥미' 개념을 중심으로
듀이의 진보주의 교육사상을, 그리고 실존의 '주체성' 개념을
중심으로 실존주의 교육사상을 각각 서술하였다. 이어서 비권위
주의 교육의 흐름 가운데 20세기 초 영국의 신교육운동을 중심
으로 비권위주의 교육운동을 서술하였고, 아울러 신교육운동의
국제적 연대를 가능하게 한 '신교육협회'의 설립과 활동을 함께
정리하였다. 나아가 비권위주의 교육의 대표적 실천 사례라고
할 수 있는 닐의 서머힐 학교에서 진행되어 온 교육 내용을 상
세히 서술하여 비권위주의 교육의 구체적 이해를 도모하였다.

이 책은 많은 사람의 도움이 있어 가능했음을 밝히지 않을 수
없다. 비권위주의 교육에 관심을 가진 저자에게 늘 격려를 해
주신 오인탁 선생님, 그리고 앞서 비권위주의 교육 사상과 실천
의 길을 개척해 오며 그 길을 비추어 준 교육의 대선배들이 계
셨기에 이러한 졸저가 가능했다고 할 수 있다. 아울러 사랑하는
가족들은 언제나 보이는, 보이지 않는 힘이 되어 왔다. 또한 휴
머니즘 정신을 가르쳐 준 성진 공동체도 사고의 단서를 주어 왔
다.

끝으로 이 책의 출판을 위해 직접적인 큰 도움을 주신 학지사
김진환 사장님과 편집부 김순호 부장님을 비롯한 여러분에게 깊
은 감사를 드린다.

2016년
수리산 자락 연구실에서 저자 씀

차 례

권위, 권위주의, 비권위주의

1. 권위의 개념

영어의 권위에 해당하는 단어인 authority의 개념을 이해하기 위해 우선 이 말의 어원을 살펴보면, 라틴어 'auctoritas' 'auctor'에서 왔으며 이 말들은 다음과 같은 변화과정을 거쳤다.

From Latin auctoritat-, auctoritas, from auctor originator, author + -itat-, -itas, -ity(Webster 사전 참조).

이러한 변화과정을 거친 권위는 "복종을 요구하고 받아들이는 힘, 복종을 기대하는 권리, 지위로부터 오며, 최후의 결정을 내릴 권리를 가지고 있는 우월성"의 뜻으로 통용되고 있다.

권위자는 동사 'augere'에서 온 것으로 '늘리다' '증가시키다' '풍부하게 하다'를 의미한다. 이것은 어떤 대상을 있게 하든가 풍요하게 한 사람을 의미한다. 대상에 따라 '창안자' '발명가' '생산자' '창시자' '저작자' 등으로 쓰이고 있다(신득렬,

1997: 19).

권위자는 한 작품의 작자, 아버지 또는 선조, 가족 또는 도시의 창설자, 우주의 창조자를 의미한다. 권위자는 또한 충고가 받아들여지고 타인들의 행동이 규제되도록 하는 사람이다(Jouvenel, 1957: 30). 그래서 권위자는 충고를 받아들이게 하는 힘을 가진 자라고 할 수 있다.

피터스(R. Peters, 1965)는 'auctor'란 어떤 대상의 본질을 찾아내고, 더욱 강화하여 계속성 또는 영속성을 부여하는 사람이라고 하였다. 새로운 것을 창조하는 자는 어떤 의견이나 명령을 내려야 할 상황에서 본질을 꿰뚫을 수 있는 탁월한 판단을 내리는 자라고 그는 말한다. 'auctoritas'란 의견, 상담 혹은 명령의 분야에서 '산출하다' '창안하다' '발명하다'라는 뜻을 가진다(표구열, 2001: 6에서 재인용).

권력과 달리 권위는 다른 사람들이 자유로운 상태에 있도록 하면서 복종하도록 하는 힘이다. 어떤 사람이 다른 사람들에게 행위의 정당성을, 모범을 보임으로써 입증할 수 있다면 그의 충고와 권고는 영향력을 가질 수 있다. 즉, auctor는 활동의 성공을 확인해 주는 보증인이 될 수 있다. 사람들은 이러한 모범을 염원하고 있으며 모범을 발견했을 때 추종하고 싶은 욕구가 일어난다(신득렬, 1997: 19).

사회학자인 베버(M. Weber, 1972)는 '권위'를 주로 정치·사회적인 측면에서 조망하였는데, 그에 의하면 권위는 정당성에 대한 믿음을 바탕으로 자발적인 복종을 이끌어 내는 정당한 힘이나 지배력을 말한다. 베버의 권위 개념에서는 정당성에 대한 믿음이 중요하며, 정당성의 유무에 의하여 권위는 권력(power)과

1. 권위의 개념   17

개념상 구분된다. 권력이 그 효력을 일방적으로 강제하여 관철할 수 있는 것인 데 반해 권위는 수용자의 자발적이고 합리적인 인정을 지향하고 이를 통해서만 유효성을 획득할 수 있으며, 이때의 권위를 합리적 권위(rational authority) 또는 합법적 권위(legal authority)라고 한다. 합법적 권위는 타인에게 어떤 식으로 행동하도록 요구할 수 있는 사회적으로 인정된 권한이나 권위를 의미하며, 상관-부하, 교사-학생, 부모-자식 관계와 같이 역할이나 지위 또는 규범과 같은 집단구조 자체로부터 부여되기 때문에 강력한 힘을 발휘할 수 있다.

프롬(E. Fromm, 1942)은 정신분석학적 입장에서 권위의 개념을 정의하고 있다. 프롬은 권위를 "한 사람이 다른 사람을 자기보다 우월한 어떤 사람으로 보는 상호 인간관계"로 정의하고 권위의 유형을 권위를 행사하는 자와 영향을 받는 자의 이해관계에 따라 합리적 권위(rational authority)와 금지적 권위(inhibiting authority)로 구분하였다. 즉, 합리적 권위는 교사와 학생 간의 관계처럼 양자의 이해 방향이 같을 때의 권위이며, 금지적 권위는 노예와 노예주처럼 양자의 이해관계가 상반될 때 발견되는 권위라는 것이다. 양자의 관계는 모두 한 사람의 다른 사람에 대한 우월성에 그 근거를 두고 있으나, 전자의 경우 우월성은 권위에 종속된 사람을 돕기 위한 조건이나 후자의 우월성은 착취하기 위한 조건이라는 것이다.

김안중(1989)에 의하면, 'auctor'라는 어원에서 볼 때 권위라는 말은 그 개념상 어떤 의사결정이나 규칙이 'x가 말하는 것이기 때문에' 준수되어야 하는 것이라는 뜻을 가지고 있다. 권위의 올바른 의미는 'x가 말하는 것이기 때문에'라는 표현에서 'x'와

'말하는 것' 양자에 동등한 정도의 무게를 부여할 때 성립한다.
즉, 절차상 규정된 사람(x)이 결정을 내려야 함과 아울러, 그 결
정한 바 내용(x가 말하는 것)이 옳은 것, 정당한 것이어야 한다는
두 가지 조건하에서의 권위가 성립한다는 말이다. 따라서 진정
한 권위란 본래 자연스럽게 인정하는 바탕을 가진 것이며 인격
에 대한 존경과 능력에 대한 인정이 빠진 권위는 진정한 권위라
할 수 없는 것이다.

권위와 권력 간의 관계와 그 차이에 관해서 피터스(1973)는,
권력이 타인을 자기의 의지와 여러 가지 강압에 의해 복종시키
는 것으로서 권위체제가 무너졌을 때나 개인이 권위를 잃었을
때, 순응을 확실시하기 위해 단지 힘에 의존하게 되는 것이라면,
권위는 권력, 힘, 선전, 위협에 의지하지 않은 채 행동이 통제되
는 경우에 나타날 수 있다고 했다.

이러한 권위는 권력과 구분되는 동시에 설득과도 개념적으로
구분된다. 아렌트(H. Arendt, 1968)는 '권위'는 언제나 복종을 요
구하기 때문에 공통적으로 권력이나 폭력의 형태로 오해되기도
하는데, 권위는 강제의 외적 수단의 사용을 배제하며 강제가 사
용되는 곳에서는 권위 그 자체가 실패하고 있다고 지적한다. 다
른 한편 권위는 설득과 양립할 수 없는데, 설득은 평등을 전제로
하고 논증의 과정을 통해 효력을 발휘한다면, 권위는 힘에 의한
강제와 논증에 의한 설득과는 양립될 수 없다고 본다(Arendt,
1968: 92-93; 신득렬, 1997: 59쪽에서 재인용). 권위는 외적 수단이나
논증이 없이 복종을 하게 하는 힘을 갖는다는 점에서 권력 및
설득과는 구분된다.

이처럼 권위는 암시, 지시, 결정, 선언을 통하여 그 위력을 발

휘하지만 권력과는 달리 강제로 복종하게 하거나 힘을 직접적으로 사용하지 않으며, 그보다는 공적 가치체계에 호소하여 자발적으로 받아들이게 함으로써 타인의 행동에 영향을 주는 속성을 가진다. 이는 권위가 전문성과 훌륭한 인격성의 바탕에서만 성립하는 개념이기 때문이다.

2. 권위주의

1) 권위주의의 개념

권위주의란 "권위가 지니는 위엄을 이용하여 인격도 능력도 사회적 승인도 전제하지 않은 채 강제적으로 사람을 구속하고 억압하는 것"이라고 정의할 수 있으며, 권위주의란 말의 함축된 의미는 독재주의와 다를 바가 없다고까지 말한다(김대환, 1993). 권위주의의 사전적 의미도 "권위에 대하여 맹목적으로 복종하거나, 권위를 휘둘러 남을 억누르려고 하는 사고방식이나 행동양식"[1]이라고 서술하고 있다.

이처럼 권위주의란 권위와 명백히 다른 것임을 알 수 있다. 즉, 앞서 살펴보았듯이 권위는 피지배자의 동의와 승복을 전제로 하는 윤리적인 것으로서 정치력이나 강제력에서 우러나는 것이 아니라, 인품과 도덕성, 실질적인 능력에서 비롯되는 것이며, 단순히 지배와 복종의 관계가 아닌 데 비해, 권위주의는 보이는 또는 보이지 않는 힘의 행사를 통해 권위를 강제하고 행사하는

---

1) 이기문(감수), 『동아 새국어사전』(1990).

것이라 할 수 있다.

　이러한 권위주의는 소위 말하는 권위주의적인 사람의 특징 내지는 성향을 통해 구체적으로 파악이 가능하기도 하다. 권위주의적인 사람은 복종을 최상의 가치로 보고 있으며, 명령과 지시를 따르지 않을 때 할 수만 있다면 벌을 주려고 한다. 그는 일체의 변화를 두려워하고 타인과의 관계에 있어서도 자신의 지위에 관심을 갖는다. 그리하여 강자에게는 비굴하지만 자기보다 약한 사람에게는 군림한다. 이러한 권위주의적인 사람과 함께 있으면 권위에 대한 그릇된 견해를 갖기 쉽게 되며, 또한 권위주의적인 사람은 매사를 합리적이고 적절한 판단에 의해 처리하려고 하기보다는 신분이나 나이 혹은 지위에 의해 억누르고 지시하여 일방적으로 복종하도록 명령하려는 사람을 말한다(현대사회연구소, 1982). 이와 더불어 남의 다른 의견에 대하여 관용적인 태도를 취하지 않고 남을 늘 지배하려고 하며, 후배나 연하자가 늘 자기에게 복종적인 태도를 취하는 것을 바라는 자가 권위주의자로 명명되기도 한다(백완기, 1982).

　이처럼 권위주의는 개인의 자유로운 판단 및 행동에 기초한 자발적인 복종의 성격을 띠는 권위와는 달리 근본적으로 비합리적이고 정당성이 취약한 권위의 반영으로서 계층적 의식구조에 바탕을 둔 상위자의 자의적 지배와 하위자의 무비판적 복종을 요구하며 권위를 가장한 권력에 맹종하는 성향이며 태도라고 정의할 수 있다.

2) 권위주의의 성향

권위주의 성격은 지배와 복종의 이중성을 가지고 있다. 강자 앞에서는 약한 모습으로 권력과 권위에 무조건 맹종하고 순종하지만 동시에 자신이 그러한 권력자가 되어 다른 사람을 지배하고 싶어 한다.

프롬(1942)은 권위주의 성향의 특징으로 권력에 대한 숭배, 반역의 경향, 운명론적 사고, 지배-복종의 세계관, 마술적인 힘에의 의존성 등을 든다. 권위주의 성향은 인간을 줄을 세워 우열을 가리며, 강자에게는 무조건적 복종을 하고 약자에게는 공격적 태도를 보이는 성향이다.

아도르노 등(T. Adorno et al., 1950)은 권위주의 성격이 여러 소수 집단들에 대한 편견, 권위에 대한 모종의 감정(sentiment) 같은 것인데, 여기에는 윗사람에 대한 복종, 아랫사람에 대한 가혹함, 그리고 권력과 지배가 중요하다는 전반적 신념이 포함되어 있다. 아도르노 등에 의하면 사람들이 지니게 되는 사회적·정치적인 태도들은 비교적 일관된 모습을 지니는데 이는 정신세계 깊숙이 놓인 성격의 구조를 반영하기 때문이다.

아도르노 등(Adorno et al., 1950)이 제시한 9가지 권위주의 속성은 다음과 같다.

① 일반적으로 통용되는 가치에 지나치게 집착하는 인습주의(conventionalism), ② 내집단의 권위에 대해 복종적이고 무비판적인 태도(authoritarian submission), ③ 권위주의적 공격성(authoritarian aggression), ④ 주관적이고 상상력이 풍부하고 부드러운 마음을 가진 상태를 거부하는 반성찰성(anti-intraception), ⑤

미신에 대한 믿음과 고정관념적 사고(superstition and stereotype), ⑥ 권력과 강인함(power and toughness), ⑦ 파괴성과 냉소주의 (destructiveness and cynicism), ⑧ 용납하기 어려운 충동을 자신의 것으로 인정하기보다는 타인이나 외부로 돌려 버리려는 투사성 (projectivity)의 경향, ⑨ 동성애나 성과 관련된 개방적인 태도에 관한 과도한 염려

앨테마이어(B. Altemeyer, 1996)의 연구에서도 권위주의 성향이 높은 사람들이 자신의 이익에 민감하며 내집단과 외집단에 서로 다른 기준, 즉 내집단을 더 이롭게 판단하는 이중 잣대(double standard)를 갖는 것으로 나타났다. 권위주의 성향이 높은 사람들이 내집단 중심성이 높고 소수집단에 대해 고정관념과 편견을 갖는 것도 자신이 소속된 집단의 이익을 고수하기 위한 일종의 방어기제라고 할 수 있다. 또한 앨테마이어는 권위주의 성향이 높은 사람들은 스스로 상당히 뚜렷한 원칙을 갖고 있다고 생각 하지만, 실제로 그들의 원칙과 기준은 자신들이 원하는 것이나 자신이 저지른 일을 정당화하기 위해 자주 바뀐다.

권위주의 성격의 발달을 사회학습(social leaning)이론으로도 설명 한다. 앨테마이어(1981)는 권위주의를 권위주의적 복종, 권위주의 적 공격성, 인습주의, 이들 세 가지 태도 요소의 공변량(covariation) 으로 정의하면서, 일반적으로 사람들은 직접적으로 배우거나, 간 접적으로 모방을 통해, 그리고 대상과의 직접 경험에 의해 권위 주의적 태도를 형성하게 된다고 하였다. 권위주의적 태도는 학습 을 통해 습득되고, 여러 가지 강화물(reinforcement)에 의해 점차 굳어지게 되는 것이다.

정신분석적 접근에서와 마찬가지로, 사회학습이론에서도 권위주의 성격 형성과 관련, 부모의 역할은 중요하다. 부모는 여러 가지 사회적 태도에 대한 근원으로서, 또 스스로가 강력한 모델로서 아이에게 큰 영향을 준다. 부모가 권위에 대한 복종을 가르치거나, 가족이 믿는 종교를 따르기를 강요하거나, 특정 집단에 대한 편견을 보여 주게 되면, 아이는 커가면서 권위주의적 태도를 형성해 나가기 쉽다. 실제로 부모와 자식의 권위주의 성격을 수행한 경험적 연구에서 두 척도 점수는 높은 상관을 보였다(Altemeyer, 1988; Peterson, Smirles, & Wentworth, 1997). 이러한 권위주의 성격의 세대 간 전수 현상은 부모와 자식 간의 관계가 밀접한 한국사회에서 더욱 강하게 나타날 것으로 추측된다.

국내의 민경환(1989)의 연구에서는 권위주의 성향이 높은 사람들이 낮은 사람보다 소속집단에 대한 우월의식, 즉 내집단 중심성이 높았고, 상대방을 파악할 때 집단분류 도식을 많이 사용하는 것으로 나타났다. 즉, 인간을 고유한 개인(unique individual)이나 보편적 사람(general human being)으로 보기보다는 사회 통념적 집단 구분에 의한 집단 구성원으로서 파악하는 경향이 강하다. 권위주의에 대한 국내의 실증 연구들은 대부분 권위주의의 핵심적 요소로 직위나 연령, 성별에 따른 위계적 사고(서열의식)를 사용하거나 외적인 권위를 필요로 하고 그에 대해 무조건적으로 신뢰하는 권위 의존적 사고와 위계적 사고를 복합적으로 사용하고 있다. 일부 학자들은 앞에서 지적한 위계적 사고(서열의식)나 권위 의존적 사고 이외에도 강자-약자, 지배-복종, 지도자-추종자 등과 같은 양분법적 관계의식, 고정관념과 편견에 의존하는 사고, 강자에 대한 복종과 약자에 대한 공격성, 권력이나 힘, 남성, 용맹, 남성다움 같은 가치에 대한 선호, 여성과 전통적 역할의 강조 등을 들기도 한다(고영복, 1993; 김경동, 1992).

이상의 연구결과에서 확인되는 권위주의 성향이란 인품과 전문성이 아니라 신분, 지위, 연령 등에 의존해 권위를 가장한 일방적인 힘의 행사를 통해 복종을 강제하면서 지배력을 강화시키려는 지속적인 비인격적 성향이라고 할 수 있다.

3. 비권위주의

비권위주의는 정치 사회적인 측면, 철학적인 측면, 교육적인 측면 등 그 맥락에 따라서 탈권위주의, 반권위주의라고도 불리며 그 의미를 공유하고 있다.

사회적인 측면에서 한국사회는 그간 사회 전반에 걸쳐 '제도적 차원에서의 민주화'를 빠르게 진행시켜 왔으며, 그에 따라 탈권위주의화가 사회 전반으로 급속히 확산되어 나가고 있음에도 불구하고, 나이나 서열, 지위 등을 따져 상대방을 평가하고 대하는 이른바 '수직적 상하 관계'와 그것에 기초한 '권위주의적 사회질서'가 기본적인 사회구조의 골격으로 확고하게 고착화되어 있는 실정이다. 특정한 공식적인 조직 내뿐 아니라 일상적 삶의 다양한 조직 형태 속에서도 연장자와 연소자, 상급자와 하급자, 선배와 후배 등의 위계적 질서가 일반적 인간관계를 이루고 있는 데서 엿볼 수 있듯이, 사회 성원들 사이에는 서로 대등한 인격체로서의 '수평적 인간관계'가 형성되어 있기보다는 상하 간

의 위계질서로 묶인 수직적 인간관계가 사회적 관계의 지배적인
양태로 자리하고 있어서 우리 사회가 여전히 전근대적이며 비민
주적인 권위주의 질서 체제에 머물러 있음을 말해 준다(선우현,
2005).

　이러한 권위주의적 사회체제로부터 벗어나 탈권위주의적 사회
로 나아가기 위해 요청되는 것으로 민주적 절차를 들 수 있다.
즉, 탈권위주의적인 완결적 형태의 민주사회 구현을 위해 오늘
의 시대적 상황에서 절대적으로 중시되는 것이 '아래로부터의'
자유로운 토론과 논의를 통해 합의와 동의에 이르는 '민주적 절
차'다. 정부가 추진하려는 주요 정책이 아무리 명분이 있고 규범
적 차원에서 정당하며 아울러 현실적인 효용성을 지닌 것이라
해도, 국민 다수의 지지와 동의를 얻어낼 수 없는 경우에는, 그
러한 정부정책에 대한 재삼재사의 숙고와 검토, 폭넓은 여론 수
렴과 대국민 설득과정이 필수적으로 요청된다. 그리고 필요하다
면 국민적 합의를 도출해 내는 민주적 절차 과정을 거칠 때까지
정책의 추진을 유보해야만 한다. 이러한 합리적이며 민주적인
절차와 단계를 무시하거나 불필요한 것으로 간주한다면 결과적
으로 이는 과거 군사독재 정권에서의 반민주적인 권위주의적 통
치 방식과 다를 것이 없는 셈이 될 것이다.

　민주적 절차를 기반으로 도달해야 하는 탈권위주의 사회의 특
징을 선우현은 다음과 같이 기술하였다. 즉, 탈권위주의 사회는
인간의 자율성과 주체성이 존중되고 개인들 간의 상호 대등하고
수평적인 사회관계가 보장되는 민주적 정의사회, 특정 집단의
이익보다 사회 성원 전체의 이익이 보다 우선시 되는 열린 공동
체사회, 평등한 정보 공유에 기초한 자유로운 토론과 논쟁을 통

해 사회적 현안이 검토되고, 주요 정책이 결정되는 절차적 민주 사회는 위로부터 강요된 것이 아니라 아래로부터 자율적인 성찰과 판단을 통해 그 자발적인 존중과 정당성이 확보된 이성적 권위가 확립된 사회라고 할 수 있다(선우현, 2005).

이와 같은 탈권위주의 사회에서는 위계적 질서나 강압적 힘혹은 권력 등에 의해 강제적으로 부과된 권위는 거부되어야 하며, 모든 억압과 왜곡으로부터 자유로운 대화와 논의를 통해 도달된 상호 이해와 자발적인 합의에 토대를 둔 민주적이고 이성적 권위가 자리 잡게 된다.

철학의 측면에서 비권위주의는 대표적인 근대 윤리이론인 칸트 윤리학의 속성이기도 하다. 칸트(Immanuel Kant)는 동물과 구분되는 인간의 인격성의 조건이 도덕성인데, 도덕성의 관점에서 인격성과 권위주의는 양립할 수 없다고 보며 반권위주의(anti-authoritarianism)를 주장한다.

칸트 윤리학은 '인간 존엄성의 평등성'과 '자율'이라는 가치를 적극적으로 설파하고 옹호하면서 그러한 가치와 양립할 수 없는 낡은 가치로서 권위에 대한 맹목적 신봉인 권위주의를 지적한다. 여기서의 권위주의란 단순히 부패한 정치권력의 속성만을 가리키는 것이 아니라 하나의 문화 속에서, 일상 속에서, 그리고 구성원들의 의식 속에서 아무런 문제의식 없이 당연한 듯이 자리 잡고 있는 습관과도 같은 성향이다(김민웅, 2008).

칸트 윤리학은 이러한 권위주의와의 투쟁을 내포하고 있는데, 이는 칸트의 인간 개념이 자유와 불가분의 관계에 있기 때문이다. 즉, 칸트는 "도덕은 인간의 개념에 기초하는 것이다. 인간은 자유로운 존재이며, 또 자유롭기 때문에 이성에 의해 자신을 무제약적인 법칙 밑에 묶어 두려는 존재다"(Kant, 2011, 6: 3). 따라서 우리 외부에 권위자란 존재할 수 없으며 권위자는 객관적 실체가 아니라 주관이 만들어 내는 일종의 허상으로서, 개인의 자유와 자율성을 부정하려는 도덕성의 적은 인간 내부에 있다고 본다. 즉, 권위(자)란 다른 사람으로부터 정당한 존경심을 바탕으로 다른 사람들에 대한 영향력을 확보하는 것(사람)이라고 할 수 있는데, 여기서 정당한 존경심의 대상은 무엇이 되어야 하는가라는 질문을 가지고 반권위주의적인 윤리이론이 전개된다고 할 수 있다.

칸트에 의하면 인간이 다른 동물과 구분되는, 그리고 그 밖의 모든 이성적 존재(신이나 천사)와 구별되는 인간의 고유한 소질은 인격성이며, 이는 그 자체가 선택 의지의 충분한 동기가 되는 도덕법칙을 존경하는 능력을 말하며, 인간은 선의지를 가진 존재임을 뜻한다(김민웅, 2008). 여기서 선의지란 도덕법칙에 대한 존경심(a feeling of respect)을 의미하며, 이러한 선의지는 이제까지 존경의 대상이라고 생각하고 또 인격의 가치를 결정하는 것으로 당연시 여겨졌던 권력과 부는 물론 사회적 지위와 지적인 재능 등에 대한 존경을 제한하면서 오직 도덕성(인격성)에 대한 존경만을 강조하고 그 밖의 모든 것들은 존경의 대상이 될 수 없음을 선언한다.

따라서 앞 절에서 논의하였듯이 흔히 권위자라고 하면 어떤 방면에서 탁월한 능력이나 업적을 보유하고 도덕성을 겸비하여 타인들로부터 자발적인 존경심과 추종심을 불러일으킴으로써 자연스럽게 타인들에 대한 영향력을 확보하는 사람으로 이해하는데, 칸트는 한 개인이 지니는 탁월한 능력이나 업적은 존경심의 대상이 될 수 없다고 지적한다. 오직 도덕성만이 인정될 수 있으며 존경의 대상이 되는 도덕성은 개인에 따라 우열을 논할 수 있는 것이 아니며 모두가 인간으로 태어난 이상 선천적인 소질로 동등하게 가지고 있는 것이 도덕성이다(김민웅, 2008). 그래서 칸트는 존경심의 대상은 사실상 도덕법칙이며 선의지는 도덕법칙에 대한 존경심이라고 하는 것이다.

이러한 칸트의 도덕법칙과 선의지의 관점에서 모든 인간은 동등한 존재이고, 그 하나하나가 절대적으로 존중되어야 하는 존엄성을 가진 존재이기에 한 인간이 가진 우연적 소질 혹은 조건인 사회적 지위나 부, 지적인 능력과 심지어 개인의 도덕적 품성 등에 의해서 개개인의 우열을 논할 수 없으며 논해서도 안되는 것이다. 즉, '도덕성(도덕법칙)'과 무관한 근거들에 입각하여 타인으로부터 존경을 요구하거나 존경하려 하는 것은 일상에서 권위주의를 잔존하고 지속시키는 계기들이 되는 것이다.

철학, 특히 칸트의 윤리학에서 드러나는 비권위주의는, 순수하게 이성에서만 나온 도덕적 명령에 대해 존경심을 느끼고 그에 따라 행위할 수 있는 자율능력을 지닌 인격성은 모든 인간이 가지고 있는 것이며, 이런 인격성은 다른 대상과 비교할 수 없는 가치를 가진 존엄성을 갖고 있기에 인간성은 우열을 논할 수 없다는 인간존재에 대한 이해가 먼저 선행되어야 한다. 이러한 인격의 이해 기반 위에서, 우연한 속성과 업적에 근거하여 인간 개개인을 비교, 평가하고 우열을 논하고 규정하여 모든 인격의 동등한 존엄성을 해치는 문화의 악덕을 타파하고 인간을 그 자체 목적으로서 절대적으로 존중하는 삶의 문화로 나아가는 것이 비권위주의라고 할 수 있다.

  교육의 측면에서 비권위주의[2]는 어떤 성격과 방향을 가지고
있는지를 지난 1968년 독일에서 기존의 권위주의 체제에 저항
하여 일어난 학생운동(이하 '68운동)이 교육에 대해 주창한 내용
을 통해 가늠해 볼 수 있다. '68운동은 독일사회의 문화지형에
근본적인 변화를 가져온 사건으로 일컬어지며 기성사회의 가치
체계 전반을 문제 삼으면서 새로운 가치체계를 정립하려 했던
총체적인 저항운동으로 현대 독일사를 가로지르는 획기적인 사
건으로 평가받고 있다.
  우선 68학생운동은 초·중등 교육기관의 권위주의적 교육행태
를 비판하면서, 그들은 전통적인 기숙사 제도를 학생들의 자율
성을 제한하는 일종의 감옥으로, 애국심과 종교적 경외심을 고
취하며 사회구성원으로서의 책임과 의미를 강조하는 수업 내용
은 권위주의적 사회질서를 유지하는 수단으로 규정했다. 교육이
라는 것이 학생들의 자율성과 창의성을 제고하기는커녕 기성가
치를 내면화함으로써 현실순응적인 인간을 제조하는 데 목적을
두고 있다는 비판이었다. 교육은 전체주의 사회의 잔재로 기존
질서의 '충복'을 양산하는 작업이었던 셈이다. 이런 교육현실에
서 68학생운동은 학생들이 기성가치에서 탈피하여, 사회정의라
는 새로운 가치에 주목하고, 사회적 약자와 소수집단에 관심을
갖도록 촉구했다. 이 과정에서 학업성적을 과도하게 중시하는
교육현실에 근본적인 문제를 제기하였는데, 이는 학생들을 경쟁

---

2) 교육의 측면에서 비권위주의, 즉 비권위주의 교육은 다음 장에서 자세히
  서술될 것이므로, 이 절에서는 독일의 '68학생운동에서 제기된 반권위주의
  적 교육의 성격 정도를 살펴보는 데 한정한다.

사회의 논리에 물들지 않게 하는 한편, 엘리트주의를 정당화할 위험성을 애초에 차단할 의도에서였다(오성균, 2004).

교육제도에 대한 68학생운동의 비판은 대학문제에 이르러 비판의 수위가 최고조에 달했는데 이들에게 대학은 권위주의의 온상으로 여겨졌기 때문이다. 이와 관련 그들은 무엇보다 일정기간 내에 학업을 끝내야 하고, 학업내용에 대해 어떤 비판도 용납하지 않는 원로교수들에 의해 지배되는 대학사회의 현실에 주목하면서 대학사회가 전통적인 권위주의를 벗어던질 때 사회의 기능을 원만히 수행해 낼 수 있다고 확신하게 되었다. 이러한 대학 현실에 직면하여 68학생운동은 대학의 자율성 확보가 무엇보다 절박한 과제임을 인식하고, 순응적인 인간을 양산하고 기회주의자가 득세하며 비판의식을 가로막는 비관적인 현실을 타개하기 위해 학생들의 문제의식을 고양시킬 필요성을 절감하면서 학문의 진정한 사회적 기능에 관한 논의를 전개시켰다(오성균, 2004).

이러한 68학생운동을 통해 드러나는 교육에서의 반권위주의 혹은 비권위주의는, 정해진 교육내용의 일방적 전달과 주입을 통해, 또 협력의식보다는 경쟁의식의 조장을 통해, 기존의 체제에 순응하는 인간만을 양성하려는 일체의 권위주의적 교육행태와 체제에서 벗어나, 학생들의 자율성과 창의성의 발달을 교육의 핵심 가치로 추구하면서 교수자와 학생 간에, 또 학생과 학생 간에 열린 대화와 토론을 통해 올바른 문제의식과 비판의식, 그리고 사회 정의의식과 시민의식을 키우고, 나아가 학생 저마다의 고유한 개성을 실현하도록 조력하고 지원하는 일련의 교육체제라고 할 수 있다.

2 비권위주의 교육

비권위주의 교육은 역사적으로 소크라테스의 대화법에 기초한 교육으로까지 거슬러 올라갈 수 있지만 하나의 사상체계로 제시된 것은 루소(Jean-Jacques Rousseau)의 '자연주의 교육사상'이 그 효시라고 할 수 있으며, 그 이후 아동을 교육의 주체요 중심으로 두려는 다양한 사상들이 비록 루소와 접근 방식은 달라도 모두 비권위주의 교육사상의 흐름을 형성하면서 '진보주의교육' '아동중심교육' 등의 이름으로 불리면서 현대 교육에 지대한 영향을 주며 발전해 왔다. 이들 비권위주의 교육을 추구하는 대표적인 사상들로서 루소의 자연주의 교육, 듀이(J. Dewey)의 진보주의 교육, 그리고 실존주의의 교육 이해를 들 수 있다.

1. 스스로 자라게 하는 소극적 교육

루소는 교육의 역사에서 '아동의 발견자'라고 평가받기도 한
다(안인희 외, 1992: 9). 그의 대표적인 교육서인 『에밀』의 서문에
서 그는 "사람들은 아동을 전혀 알지 못한다."는 말로서 그 이
전까지는 아동의 세계에 대해서 성인들은 제대로 알지 못했으
며, 성인 입장에서의 일방적인 교육의 역사가 진행되어 왔음을
지적하였다. 따라서 루소는 아동 고유의 세계를 체계적으로 제
시한 최초의 인물로 평해지며, 그가 묘사하는 아동의 세계와 그
에 맞는 교육의 핵심 개념으로 루소가 제시한 '소극적 교육'은
아동을 아동으로 이해하는 진정한 아동교육과 그 교육의 비권위
주의적 성격을 가장 잘 보여 주고 있다.

1) 루소의 아동 이해

루소의 소극적 교육은 그 이전 전통적인 교육 속에 내재하는
아동 이해와 명확히 차별화되는 선구적인 아동 이해로부터 출발
하고 있다. 즉, 루소의 아동교육은 전통적 교육에 대립되는 입장
을 취하고 있다. 전통적 교육이 '만드는 교육'으로서 다분히 권
위주의적인 성격을 가지고 있다면, 루소의 교육은 '기르는 교
육'으로서 탈권위주의 내지는 비권위주의적인 성격을 내포하고
있다. 전자에 있어서 교육의 주도적 역할은 교사로서, 아동은 무
엇인가로 만들어져야 하는 재료와 같은 존재로 인식된다. 즉, 아
동은 성인의 축소판으로서 아동의 권리와 세계는 무시되고 성인

의 가치관이 일방적으로 주입되고 교화된다. 여기서 아동은 수동적 존재다.

루소는 이러한 종래의 아동관에 반대하여 "아동은 인간으로서 또는 아동으로서 자유롭게 태어나며 그들의 자유는 그들의 것이므로 다른 누구도 그것을 마음대로 처분할 권리가 없다."고 주장하면서 다음과 같이 성인 본위적인 아동 이해를 비판한다.

> 우리는 어린 시절이란 것을 전혀 이해하지 못하고 있다. …… 가장 현명하다는 학자들도 어른이 알아야 할 일에 대해서만 관심을 가져왔지 어린이가 학습할 상태란 어떤 것인지에 대해서는 고려하지 않았다. 그들은 항상 어린이를 어른 속에서 찾으려 했을 뿐 어른이 되기 전의 어린이가 어떤 것인지는 생각지 않는다(Rousseau, 1978: 17).

즉, 아동을 아동으로서 이해하고 인정해야 하며, 아동 속에서 아동의 자연 그대로의 속성을 발견하여 타고난 자연적 성장 가능성을 완전히 성장시킬 수 있도록 돕고 기다리는 것이 바로 아동기 교육의 본질이어야 한다. 이러한 관점에서 교육은 외부로부터의 지식 전달이나 힘의 작용에 의한 행위의 변화나 습관의 형성을 거부하고 내부로부터의 성장을 돕는 것으로서의 교육이며, 교육의 주체자는 교사가 아닌 아동 자신이 된다. 루소는 다음과 같이 어린 시절이 그 자체로 존중되고 인정되어야 하며, 교육은 이러한 자연이 부여한 아동의 특성과 세계에 대한 이해로부터 출발해야 한다고 본다.

> 어린 시절을 사랑하라. 어린 시절의 놀이, 어린 시절의 기쁨, 어린 시

절의 사랑스러운 본능을 사랑해야 한다. 당신들에게도 다시 오지 않는 것처럼 어린이에게도 다시 오지 않는 유년시대를 어찌하여 고통과 아픔으로 가득 채우려 하는가. 여러분이여! 자연이 어린이에게 준 얼마간의 시간을 빼앗아 눈물을 흘리지 않게 하라(Rousseau, 1978: 54).

그가 교육활동의 주체자로서 설정한 아동은 주지하다시피 다음과 같은 인간이해에 기초를 두고 있다. 즉, 문화 이전의 본원적인 인간, 자연 상태의 인간에 대한 이해로서 자연 상태의 인간의 유일한 관심사는 자기보존이며 따라서 타인과의 관계가 존재치 않는다는 점이다. 또한 인간은 본래 선하다는 이해로서 이러한 루소의 인간 선성에 대한 이해는 그의 교육사상의 기본을 이루는 것으로 교육은 궁극적으로 인간의 선성의 유지, 보존을 목적한다고 할 수 있다. 나아가 인간은 단계에 따라 성장한다는 발달 단계론적 인간이해로서 그는 인간의 발달 단계를 유아기, 아동기, 청소년기, 청년기로 나누었으며, 이 같은 발달 단계는 일정한 순서를 갖고 진행되며 발달 단계에 비약이란 있을 수 없다. 특히 각 단계, 예를 들어 아동기는 아동기로서의 고유한 발달의 특성과 법칙, 발달의 리듬이 있으며 아동기 자체가 하나의 세계로써 온전히 형성되어야 그다음 단계인 청소년기가 충분히 발달할 수 있는 것으로 이해한다. 따라서 각 단계에 적합한 교육을 위해서는 각 단계에 대한 정확한 이해의 선행과 그 단계의 완성을 강조한다. 예컨대, 신체의 발달은 정신의 발달의 기초가 되며 감각의 발달은 이성발달의 기초가 된다는 것이다.

2) 소극적 교육의 의미

루소는 아동기 교육은 철저히 소극적 교육이 되어야 한다고
강조한다. 우리는 비권위주의 교육의 대표적인 사상적 단초를
루소의 소극적 교육에서 살펴볼 수 있다.[1] 소극적 교육은 교육
에서 성인의 일방적인 권위 행사를 거부하고 아동 스스로의 성
장 권리를 제시한 역사적인 개념이기도 하다.

루소는 소극적 교육을 다음과 같이 정의한다.

> 초기의 교육은 순전히 아이의 마음을 악덕이나 그릇된 정신으로부
> 터 보호하는 소극적 교육이어야 한다. 만일 여러분이 아이들에게 아무
> 것도 안 할 수만 있다면 또, 아이들이 어른에게 아무것도 안 할 수 있고
> 아이가 12세가 될 때까지 신체만 건강하게 키워 간다면 비로소 여러분
> 이 가르치는 최초의 교훈을 들었을 때 이해하는 눈은 자연과 이성에
> 대해서 열리게 될 것이다. 그래서 여러분의 교육에 의해 가장 훌륭한
> 사람이 되어서 그들은 놀랄 만한 성과를 올리게 될 것이다(Rousseau,

---

[1] 오인탁은 소극적 교육이 갖는 사상사적 의미를 다음과 같이 정리하였다.
즉, 루소는 소극적 교육이라는 개념으로 반교육(反敎育) 또는 대안교육운
동의 길을 열었으며, 이러한 소극적 교육은 교육운동과 이론의 원천이 되
기도 하였다. 소극적 교육은 메시지로서 교육이 지나치게 이론화되고 제도
화되어 교육 본래의 모습으로부터 벗어난 곳에서 인간교육의 방향을 제시
하고 길을 밝혀주는 등대다. 루소 이후 독일의 학교교육개혁운동인 박애주
의도 루소에게서 영감을 얻었으며, 그 이후로 오늘에 이르기까지 새로운
교육운동의 샘플이 되었는데 영국의 서머힐에서 닐에 의해 성공적으로 실
천된 비권위주의 교육, 독일의 발도르프 학교, 멕시코의 작은 마을 쿠에르
나바카에서 실천된 일리치의 탈학교 운동, 라이머의 작은 학교 등이 모두
루소에게서 빛을 받았다고 볼 수 있는데 이는 새로운 교육은 그 성공 여부
에 관계없이 이미 있는 제도권 교육을 개선하고 개혁하는 기능을 수행하기
때문이다(오인탁, 1998: 241).

1978: 93-94).

소극적 교육은 미덕이나 진리를 가르치는 것이 아니라 마음을 악덕으로부터 또 정신을 과오로부터 지켜주는 것이며, 정신이 그 모든 기능을 완비하게 될 때까지는 아동으로 하여금 그들의 정신을 가급적 사용하지 못하게 해야 한다. 다시 말하면 그것은 아무런 소용도 없을 뿐만 아니라 오히려 불완전한 정신 속에서 잘못된 관념이 만들어지게 되어 아동을 약하게 하는 원인이 되므로 자연에 일치하는 교육인 소극적 교육이 요청된다는 것이다 (강기수, 2003: 61).

소극적 교육은 서두르지 않는 것, 루소가 말하는 시간을 소비하는 것이 전제된다. 이런 의미에서 소극적 교육은 시간을 아끼고 단축하는 교육이 아니며 어린이의 자연 발달 단계에 합당한 교육을 받는 일이다. 서두르지 않는 교육은 어린 시절을 희생함이 없이 충분한 시간을 사용하는 교육이다.

여러분은 자유롭게 방임해 두는 시간이 어린이를 위해서 시간의 허비라고 생각하는가? 실은 그 반대다. 그 시간이야말로 가장 유효하게 쓰일 것이다. 왜냐하면 그렇게 함으로써 여러분은 귀중한 시간을 단 한순간이라도 허비하지 않는 것을 배우게 되기 때문이다. 이와는 반대로 여러분이 무엇을 해야 할지도 모르면서 우선 교육에 착수한다면 여러분은 우왕좌왕하게 되어 오류를 범하기 쉬우며 그렇게 되면 다시 원점으로 되돌아와야 할 것이다. 그리하여 목표에 도달하려고 서두르지 않는 쪽보다도 오히려 목표에서 멀어지는 결과가 될 것이다 (Rousseau, 1978: 94).

루소는 어른들의 욕심으로 조급하게 많은 것을 주입하려 하다가 오히려 더 많은 것을 잃을 수 있다고 경고한다. 그는 문명사회가 발달하면 할수록 지식이 축적되고, 따라서 학습할 양이 많아지기 때문에 부모들은 자식에 대해 조급한 마음을 갖게 된다고 지적한다. 그리하여 실제로, 아이들이 갖고 있지 않은 욕망까지 주입함으로써 아이들을 더욱 무력하게 만든다는 것이다. 뿐만 아니라 그들은 아이가 자신의 의지를 실천하기 위해 가지고 있는 얼마 안 되는 의지마저 어른들의 의지를 따르게 하거나, 또는 어린이의 연약함과 어른들의 애착에서 생기는 상호의존관계를 노예관계로 변화시켜 어린이를 더욱 약하게 만든다는 것이다(안인희, 1990: 45).

결국 소극적 교육은 인간의 선성을 바탕으로 한 아동 본성을 지킨다는 의미이며, 이러한 소극적 교육은 인간 선성에 대한 신뢰와 아동에 대한 이해 없이는 불가능한 것이다. 그러므로 소극적 교육은 아동에게 교육을 시키지 않는다는 의미가 아니라, 아동의 자연적인 발달 단계를 무시한 인위적인 교육, 즉 적극적 교육을 극소화한다는 것이다. 이러한 의미에서 아동 내부의 본성과 발달 단계에 맞는 교육을 실시하는 소극적 교육은 아동발달의 관점에서 본다면 어른들에 의해 주입되는 적극적 교육보다 더 적극적인 의미의 교육이라고 할 수 있다.

루소는 자연의 선함(the goodness of nature)에 대한 그의 신념을 교육과정의 원리가 되는 교육의 소극성(the negativity of education)과 조화시켜 나가고 있다. 그것은 인류의 실제적인 결함이 사회에서부터 나타난다는 루소의 신념에 따른 것으로서, 교육의 중요한 과제는 외부의 악영향을 배제하는 일이라고 보는 것이다(H. Hoeffding, 1930: 141).

이는 소극적 교육이 단순히 교육을 시키지 않는 나태한 교육을 뜻하는 것이 아니라 사회의 악덕으로부터 내부의 자연성이 잘 발휘될 수 있도록 보호하는 적극적인 의미의 역설적인 표현으로 소극적 교육을 볼 수 있으며, 또한 감각을 훈련시킴으로써 이성을 준비하는 교육이다. 따라서 소극적 교육은 아동이 진리를 이해할 수 있게 될 때 진리로 인도하고, 선을 사랑할 수 있을 때 선으로 인도하는, 모든 것을 아동에 조화시키는 교육이라고 할 수 있다.

3) 소극적 교육의 전개

루소는 아동기에 무엇을 가르쳐야 하는가에 대해 논하기에 앞서 당시 아동에게 중요한 교육으로 간주되었던 지리·역사교육, 우화교육 등 책을 통한 교육이 아동에게 얼마나 무익하며 심지어 유해하기까지 한가에 대해 언급하고 있다. 이는 이성이 생기기 전 아동은 사물의 형상은 받아들이나 관념은 받아들이지 못한다고 하는 그의 견해와 맥을 같이 한다. 즉, 어떤 과목을 공부하든지 표현된 사물의 관념이 없으면 그 표현된 기호는 아무런 의미를 갖지 못한다는 것이다. 따라서 아동기의 책을 통한 교육은 기호만을 가르칠 뿐 그 기호가 표현하고 있는 사물을 이해시킬 수 없다.

일례로 지리교육에서 아이들은 도시나 나라 이름을 배우지만 그것이 지도상에 있는 것과 어떻게 다르며 실제로 어디에 어떻게 존재하는지 모른다. 이것은 역사교육에 있어서도 마찬가지다. 또한 사람들은 아동에게 우화를 통해 교훈을 주려고 하나 역사 속의 언어가 역사가 아닌 것처럼 우화 속의 언어 역시 우화가 아니다. 아동은 우화 속의 숨은 뜻을 이해할 수 없으며 오히려 작자의 의도와는 달리 자기의 이익을 중심으로 한 악덕을 따르게 될지도 모른다는 것이다. 그것은 아동의 이기심에서 나온 선택으로서 자연스러운 것이다.

루소는 에밀은 최대의 불행을 초래하는 책을 12세까지 멀리하게 될 것이라고 말한다. 중요한 것은 배우고 싶은 욕망을 일으키게 하는 것이다. 그러므로 독서가 아동에게 유용하게 될 때가 바로 아동이 독서하는 법을 배울 시기가 된다.

아직 학문을 사랑하지 않는 사람에게 학문을 강요하여 결국 학문을 싫어하게 하는 것이야말로 아동을 최대의 불행 속으로 몰아넣는 것이라고 본 루소는 자연의 질서를 아동 자신의 위치에 놓고 직접 그에게 관계되는 것만 주의하도록 하면 그는 지각, 기억, 추리까지 발견하게 될 것이라고 본다. 그러므로 아동기에 해야 할 가장 중요한 것은 자연의 질서에 따른 교육, 즉 신체단련과 감각을 훈련시키는 것이다.

인간의 마음에 들어오는 모든 것은 감각을 통하여 오는 것이므로 인간 최초의 이성은 감각적 경험의 이성인 것이다. 우리의 최초의 선생은 우리의 손과 발이며 눈이다……. 우리는 기술을 연습하기 전에 먼저 도구를 가져와서 유효하게 사용할 수 있게 튼튼히 만들어야 할 것이다. 그러므로 생각을 배우는 데는 우리의 지력의 도구인 신체의 각 기관을 단련하지 않으면 안 된다. 그렇게 하기 위해서는 도구를 공급하는 신체를 강력하고 건강하게 해야 한다……. 정신의 활동을 쉽고 정확하게 하는 것은 건강한 체격인 것이다(Rousseau, 1978: 103).

이와 같은 루소의 생각은 종래의 관점에서 본다면 형식적 수준의 아동기 교육과정은 거의 없다고 볼 수 있다. 루소의 아동기의 교육과정은 아무것도 하지 않음으로써 모든 것을 한다는 원리 위에 있는 것이다. 다만, 아동기에 이루어야 할 것을 넓은 의미의 교육과정이라고 했을 때 신체단련과 감각기관의 훈련 정도를 포함시킬 수 있다.

아동기의 신체단련은 "건강한 신체에 건강한 정신이 깃든다."는 원리와 맥을 같이 한다. 루소는 구체적으로 건강한 신체단련을 위해 아동의 복장은 옷을 입었을 때 손발을 자유롭게 움직일 수 있고 아무 데서나 뛰어 노는 데 지장이 없어야 하고, 공기의 변화에 적응할 수 있도록 겨울에도 얇게 입히는 것이 좋으며 자연의 리듬에 따라 수면이 취해져야 한다는 점 등을 통해 신체단련을 강조한다.

아울러 감각의 훈련도 아동기의 주요 교육내용이 된다. 즉, 감각은 우리의 기본적인 능력으로 우리들의 능력 중에서 최초로 계발하고 훈련해야 하는 것이다. 감각훈련은 단순히 그 기능발전을 위해서보다도 이 능력에 의해 올바른 판단을 배우기 위한 것이다. 따라서 체력단련만이 아니라 체력을 지도하는 모든 감각을 훈련해야 하며 감각 하나하나를 가능한 한 완전히 이용하는 것이 필요하다. 여기에는 촉각, 시각, 청각, 미각, 후각 그리고 루소가 오관 이외에 포함시킨 제6감이 있다(안인희, 1990: 124).

따라서 아동기 소극적 교육의 한 방식은 경험에 의한 교육이며 특히 아동의 흥미에서 시작하는 아동 자신의 경험에 의한 학습이 중요하다. 여기서 교사의 역할은 아동에게 흥미를 유발시키는 데 있다. 즉, 아동은 사물이나 주위 대상에 대한 호기심과 애착에서 알고자 하는 욕구가 발생하며 스스로에 의해 진리를 탐구하는 방법을 익히게 된다는 것이다. 루소에 따르면 아동에게는 자연의 활발성이 있다. 따라서 말로써 가르치는 것이 아니라 아이들의 경험에 의해 자연히 배우게 해야 한다. 복종, 명령, 의무 등과 같은 말은 아이들 사전에서 없어져야 할 것이다. 대자연의 제자 에밀은 자기능력에 의뢰하는 데 만족하도록 훈련되어 있기 때문에 타인에게 조력을 구하는 습관을 가지고 있지 않다. 그 대신 그는 자기에게 직접 관계가 있는 모든 상황에 대해서 판단하고 주의하고 추리한다. 그는 인간으로부터 교훈을 받도록 하는 것이 아니라 자연으로부터 받는다고 루소는 말하고 있다.

따라서 운동장에서 배우는 학과는 교실 안에서 배우는 것보다 백배나 가치가 있다고 말한다. 아동은 판단능력이 부족하여 참다운 기억을 하지 못하기 때문에 경험을 통해야 한다는 뜻이다. "말만으로 교육해서는 안 되며 경험으로써 교훈을 받도록 해야 한다. 그들에게는 벌을 주어서는 안 된다. 왜냐하면 그들은 잘못을 알지 못하기 때문이다"(Rousseau, 1978: 73).

이런 이유로 아동에게는 항상 구체적인 사물과 더불어 가르치고 직접적인 경험을 통해 배우도록 하는 것이 효과적이다. 아동에게 참다운 교사는 경험과 감각이며 아동은 자기가 놓여 있는 관계 밖에서는 자기에게 적당한 것을 충분히 느낄 수 없다.

소극적 교육으로 대표되는 아동기 교육에서 교사란 어떤 사람이어야 하는가. 루소의 교사관의 핵심은 '한 인간을 만들려고 계획하기 전에 자기 자신부터 인간이 되지 않으면 안 된다' (Rousseau, 1978: 76)라는 것이다. 이는 곧 '아동의 교사가 되려면 먼저 자기 자신의 교사가 되지 않으면 안 된다'는 말로 일차적으로 교사의 인간됨을 강조하고 있다. 아무것도 모르는 아이의 첫눈에 비친 대상은 본받을 만한 것이 되어야 하기 때문이다. 루소에게 있어 교사는 에밀이 종국적으로 형성되어야 할 것에 이미 도달한 자, 즉 자연인으로서의 교육적 인간상을 제시하고 있다고 보인다.

또한 교사는 아동을 잘 관찰하여 자연적인 성향이 무엇인지를 알아야 한다. 교사들의 자신의 불필요한 설교, 훈계, 지시가 아동에게 사고할 필요성을 없애 줄 뿐만 아니라 아동의 자연적인 성장을 방해하는 것임을 알아야 한다. 그는 "부지런한 교사들이여! 지각 있게 말을 적게 하라."(Rousseau, 1978: 78)고 충고하고 있다.

그런데 아동은 약한 존재로 타인의 도움이 필요한 존재다. 현명한 사람은 자기의 위치에 머물러 있을 수 있지만 아동은 자기의 위치를 모르기 때문에 그것을 지킬 수 없다. 아동에게 아동의 위치를 지키게 하는 것은 아동을 돌보는 사람의 할 일이며 대단히 어려운 일이다. 그러므로 아이가 힘이 부족할 때 그 힘을 보충해 주되 그가 꼭 필요한 만큼 도와주어야 하며 아동이 아직 주위의 사물을 분명히 인식하지 못할 때는 적당한 것 외에는 자극하지 않도록 조절할 수 있어야 한다. 즉, 교사는 아동에게 자유를 주어 그들의 성장을 돕지만 방종으로 흐르지 않도록 자신의 이성적 성찰을 통해 교육적 환경과 재료를 제공해 주어야 한다는 것이다.

교사의 권위는 바로 이러한 교사의 역할에서 생기는 것이다. 교육한다는 직업은 시간을 바치지 않으면 안 되며 교사는 아동으로부터 존경받는 교사가 되어야 하는데, 이를 위해 교사는 마음을 개방하고 시간을 사용해야 하며 자기 자신을 헌신할 것을 충고하고 있다. 루소는 "인간의 마음의 자연발달 순서를 알고 인간을 연구할 수 있으며 여러분 제자에게 보여 줄 여러 가지 일에 대해서 영향을 미칠 기술을 사용한다면 그 직업에 권위가 있다는 것이 아닌가?"(Rousseau, 1978: 103)라고 말한다. 루소의 소극적 교육에서 교사란 아동들이 존경심을 가지고 자발적으로 교사의 말을 따르게 되는 진정한 권위를 가진 존재인 것이다.

이처럼 소극적 교육에서 확인되는 루소의 아동기 교육은 아동의 타고난 선성과 자율적인 성장 가능성에 대한 신뢰를 바탕으로 아동이 스스로 성장할 수 있는 환경을 만들어 주는 데 초점이 있으며, 특히 이 시기에 성인에 의해서 주도되는 주지적 학습보다는 아동의 자발적 흥미와 관심에 의해 주도되는 경험을 통한 신체적, 정서적 발달이 교육의 중심과제가 되게 함으로써 아동이 주체가 되고 중심이 되는 비권위주의적 교육의 정형을 보여 주고 있다. 특히 교사가 아동의 발달 단계적 특성을 깊이 이해하고 그 발달 단계에 맞게 자연의 리듬에 따라 스스로 성장할 수 있도록 조력하는 역할을 훌륭하게 수행할 수 있는 자연인으로서의 인간이 될 때 진정한 교사의 권위가 성립한다는 루소의 지적은 비권위주의 교육에서 교사의 권위 성립의 조건은 무엇이며 권위가 있는 교육이란 무엇인가를 구체적으로 시사해 준다고 할 수 있다.

2. 흥미가 배움의 출발이 되는 교육

듀이는 교육이론의 역사를 교육이 내부로부터의 발전이라는 생각과 외부로부터의 형성이라는 생각과의 대립으로 표현하였다. 즉, 교육은 선천적으로 주어진 자질에 기초를 두고 있다는 생각과 선천적 성향을 극복하고 외적 노력을 통해 형성된 습성으로 대체시키는 과정이라는 생각과의 대립으로 본 것이다. 이러한 대립은 학교의 실제적 문제와 관련해 보았을 때 전통적 교육과 진보적 교육의 대립형태로 나타난다(Dewey, 2011: 17).

학생의 흥미와 관련하여 전통적 교육의 입장에서 보면 교과는 아동의 경험에 비해 매우 탁월한 것이며 학생들은 이런 교과를 배움으로써 과거 선조들의 지식과 지혜를 배우고 교사는 학생들이 그런 자료들에 접하여 이를 효과적으로 습득할 수 있도록 만드는 역할을 담당한다. 여기서 학생의 흥미는 중요한 것이 아니며 때로는 교육에 방해가 될 뿐이라는 것이다. 이에 반해 진보적 교육의 입장에서 보면, 아동은 모든 교육의 출발점이고 중심이며 목적이다. 교과는 외부로부터 아동의 내부로 집어넣을 수 있는 것이 아니기에 학습자의 능동적인 활동에 의해 교육이 이루어져야 하고 여기서 흥미는 학생들이 배워야 할 지식과 규범을 향해 기꺼이 자발적으로 다가가 배울 수 있게 만드는 유일한 동력이므로 학습 내용을 흥미롭게 만드는 것은 그 무엇보다 중요하다고 본다.

듀이의 진보주의 교육은 아동의 흥미에 주목하고 그 교육적 의미를 새롭게 밝혀 냈으며, 흥미가 배움으로서의 경험에서 중요한 위치를 가지고 있음을 제시하였고 이를 바탕으로 전통적인 권위주의 교육에서 벗어나 비권위주의 교육의 이론과 예시를 창조하였다.

1) 흥미의 개념

듀이는 "흥미의 개념을 올바르게 이해함으로써 우리는 과거에 철학사상에서 크게 성행했던, 그리고 현재에도 수업과 훈육에 심각한 장애로서 영향을 미치고 있는 그릇된 마음의 이론, 교과의 이론을 비판할 수 있게 된다."(Dewey, 2010: 214)라고 하였다. 즉, 마음과 교과는 서로 분리할 수 없는 연속적인 관계에 있으며 나아가서 흥미의 개념과 밀접히 관련되어 있다는 것이다. 이 말은 마음과 교과의 관계를 이해하는 데 있어 흥미가 중요한 위치를 차지함을 나타내고 있다.

듀이가 제시한 흥미의 개념은 '자신이 종사하는 일에 대한 관심'을 뜻하기도 하고 '이해관계'라는 의미로 사용되기도 하지만 좀 더 깊은 의미로 살펴보면 '흥미란 활동을 분명하게 드러내며, 그것이 실현되는 데에 매개 수단과 장애물이 되는 대상과 사람이 일체가 되는 것' '진정한 흥미는 행위를 통해서 자신이 어떤 대상이나 관념과 동일시될 때 수반되는 것' '자아가 대상에 몰입되는 상태'를 나타낸다. 이와 같이 그는 흥미를 단순한 충동이나 호기심보다는 훨씬 더 심층적 의미를 가진 것으로 보았다(송도선, 2009: 166).

듀이는 흥미의 의미를 보다 체계적으로 정의내리기 위하여 일상적 의미와 어원적 의미로 구분하여 설명하고 있다.

첫째, 흥미는 능동적 발달에 대한 전반적 상태를 나타낸다. 이는 사람이 종사하는 일, 직업, 전문적 활동 등을 '흥미'라고 말하는 경우로 우리는 이런 경우 그 사람의 흥미가 정치라든지, 언론이라든지, 자선사업이라든지, 고고학이라든지, 은행업에 있다고 말한다(Dewey, 2010: 207).

둘째, 흥미는 예견하고 바라는 객관적인 결과들을 나타낸다. 흥미라는 말을 할 때 우리는 어떤 대상과 사람이 접촉하는 연결점, 다시 말하면 어떤 대상이 그 사람에게 영향을 주는 지점을 나타내기도 한다(Dewey, 2010: 207).

셋째, 흥미는 개인적·정서적 성향을 나타낸다. 어떤 사람이 이런저런 것에 흥미가 있다고 말할 때 우리는 그의 개인적 태도에 직접 강조를 둔다. 어떤 것에 흥미를 가지고 있다는 것은 그 대상에 몰두한다든가 푹 빠져 있다는 뜻이다. 흥미를 가진 사람이라는 말을 할 때 우리는 그 사람이 특정한 일에 자기 자신을 잃어버렸다는 것과 그 일에 자기 자신을 찾았다는 것을 동시에 나타낸다. 이 두 가지 표현은 모두 그 대상 속에 자아가 몰입되어 있는 상태를 나타낸다(Dewey, 2010: 208).

듀이는 흥미를 중요시한다는 것은 아이들에게 관심이 없는 학습자료에 유혹적인 면을 가미하는 것, 또는 다른 말로 쾌락의 뇌물로 주의를 끌고 노력을 짜내려는 것이 아니라고 하면서, 이러한 교육을 소위 '어르는 교육' 또는 '허기 채우는 교육'이라는 말로 비판하였다(Dewey, 2010: 208). 즉, 흥미를 존중해야 한다는 원리는 아동을 혹하게 하는 것이 아니라 학생의 현재의 능력과 관련된 사물이나 활동 양식을 찾는 것이어야 한다는 것이다. 그 학습 자료가 학생의 활동을 일으키고 그것을 일관성 있게 지속

적으로 수행하도록 하는 기능이 있다면 그 기능이 바로 흥미이
며, 그런 경우 그것을 흥미 있게 할 방안을 뒤질 필요도 없으며,
임의적·반강제적 노력을 요구할 필요도 없다는 것이다(황교인,
1993: 21).

　한편, 어원의 측면에서 흥미의 의미를 살펴보면, 흥미라는 단
어는 어원적으로 볼 때 '사이에 있는 것(inter+esse)', 즉 거리가
있는 두 사물을 관련짓는 것을 뜻한다(Dewey, 2010: 209). 듀이는
흥미를 미성숙과 성숙 사이, 학생의 일상생활과 과학 사이, 학생
의 현재 상태와 학습목적 사이, 또는 문제 사태와 그것이 해결
된 상태 사이를 연결시키는 중간적 조건으로 보고 있다. 따라서
학습을 흥미 있게 한다는 말은 학생의 현재의 능력 또는 필요와
그들이 도달해야 할 목적 사이의 관련성을 인식시키고 그것에
능동적으로 참여하게 하는 것이다. 그리고 그 과정에서 중요한
것은 장차 일어난 결과에 대한 예견, 그러한 결과가 가지는 의
의, 그리고 그것과 학생의 현재 상태와의 관련 등이다.

　그는 흥미란 학습자가 여러 가지 활동을 통해서 도달한 발달
상태를 드러내 보이는 것이기도 하고, 막 들어가려는 발달 단계
를 예고하는 것으로서 성장해 가는 능력의 신호이며 징표이므로
교육자는 끊임없이 아동의 흥미를 주의 깊게 관찰해야 한다고
강조하고 있다. 성인이 관심을 갖고 아동의 흥미를 계속 관찰할
경우에만 그들의 진정한 삶을 알 수 있으며 그렇게 할 때 비로
소 그들의 삶이 무슨 일을 할 준비가 되어 있으며 곧바로 효과
적으로 다룰 수 있는 자료가 무엇인지를 알 수 있다고 보는 것
이다.

　흥미는 학습의 시작 단계와 완성 단계에서 그것들이 연결되도

록 하는 중간적인 역할을 하고 있으며 학습의 중간과정에 흥미
가 존재하지 않을 때 효과적인 학습은 기대할 수 없다는 것이
다. 이때 흥미는 내부로부터 나와야 하며 학생의 현재 능력과
관련이 있다. 학생으로 하여금 이미 존재하는 연결을 깨닫도록
함으로써 흥미가 있도록 하는 것이 중요하기 때문에 외적, 인위
적인 유인에 의한 흥미를 부정하였다. 유혹을 통해서 별 관심이
없는 자료에 관심을 갖게 하거나 기분 좋은 유인물을 제공하면
서 주의력과 노력을 유도하려는 것은 일시적 이득을 제공함으로
써 흥미를 붙이려는 어설픈 수법이라고 본 것이다(계희복, 2014:
39).

따라서 학습자가 진정한 흥미를 갖게 하려면 흥미를 유발하려
는 인위적인 의도나 노력으로 되는 것이 아니라, 아동의 필요와
힘을 발견할 수 있고, 물리적·사회적·인지적인 면을 고려한
자료와 장치와 자원을 구비한 환경이 적절하게 작용하도록 제공
할 수 있다면, 흥미에 대해서 고민할 필요도 없이 흥미가 저절
로 유지되어 나갈 것이라고 보았다. 즉, 학습 방법으로서 아동과
교육 자료가 활발하게 상호작용하고, 그 사태에 선행 경험이 적
극적으로 동원될 수 있는 상황을 마련해 줄 수만 있다면, 흥미
는 자연 발생적으로 유발될 수 있다는 것이다. 따라서 흥미에
기초한, 흥미가 학습의 동인으로 중시되는 교육은 전통적인 권
위주위적 교수-학습이 아님을 알 수 있다

2) 교육적 흥미의 발달 원리

듀이에 의하면, 특정한 교과 지식이 교육적 가치를 내재하는

것으로 보았던 전통적 교육과정 관점과 반대로, 진보적인 학교 교육에서는 인간을 자유롭게 하고 보다 이상적인 가치를 향해 묶어 주는 교육적 힘이 특정한 교과에 있는 것은 아니라고 본다. 특히 강조되는 점은 전통적 교과를 그대로 따르거나 학생의 일시적 흥미에 내어 놓이거나 하는 방식이 아니라, 학생에게 미래의 보다 확장된 관심으로 이끄는 교과 재료(subject-matter)를 실험적 과정을 통해 발견해 내는 일이다. 즉, 현재 아동의 지적, 정서적 성장의 요구와 그 발달에 기여할 수 있는 객관적인 환경 조건을 알아내기 위해 교육과정 구성에 있어서 계속적인 창의적 실험이 요청되는 것이다.

　듀이 실험학교에서 진행된 진보적 학교의 교육과정 조직에서 준거로 삼는 두 가지 핵심 원리(two cardinal principles)는 앞서 살펴본 개별 아동의 진정한 흥미[2]에서 출발하는 것과 경험의 연속적 성장에 이르는 상호작용적 조건을 구성하는 것으로 요약할 수 있다(양은주, 2006).

───────────

2) 듀이 실험학교에서 중요하게 고려한 '흥미'의 원리란 일상적 개념에서 연상시키는 즉흥적이거나 순간적인 정서적 흥분상태와 구별된다. 당시의 심리학적 연구에 근거하여 실험학교에서는 전형적인 발달의 질서를 보이는 네 가지 본성적 충동과 흥미를 교육과정 실험의 기초로 삼았다. 주위 사람들과 자기의 경험을 공유하려는 사회적 충동(the social impulse), 힘을 기울여 의도하는 대상을 만들고자 하는 구성-조작적 충동(the constructive impulse), 어떻게 될지 알고자 하는 호기심에서 나오는 탐구-실험적 충동(the impulse to investigate and experiment), 자연의 사물과 에너지를 매개로 생각과 정서를 구현하려는 표현적 충동(the expressive impulse)이 그것이다(Mayhew & Edwards, 1936: 40-41; Dewey, 1913; 양은주, 2006에서 재인용). 실험학교에서는 이러한 아동의 본래적 흥미에 대한 일반화된 이해와 그 발달의 질서를 계속적으로 탐구하면서 학생의 집단별 구성과 교육과정 활동의 선택적 조직 과정에서 활용하였다.

첫째, 흥미의 교육원리란 아동의 자연적인 충동 가운데 대화하고 탐구하고 구성하고 표현하려는 관심이 적절한 매개 과정을 통과하면서 의미 있는 지식과 기능의 습득과 더불어 계속적인 전인격적 성장으로 귀결되어야 한다는 것이다. 따라서 교육과정 구성을 위해 학생의 현재 직접적 흥미의 대상을 발견하려는 탐구가 필요하다. 교육에 적합한 내용과 방법이 이미 확립되어 있다는 전통적인 전제에 도전하면서, 아동의 지적·정서적 성장에 가장 기여하는 것이 무엇인지를 알아내려는 창의적 실험적 시도를 강조한다.

둘째, 연속적 상호작용의 교육원리란 학생의 진정한 흥미에 기초한 교과 학습 경험이 현재 경험에 의미를 더해 주는 동시에 보다 확장된 경험을 향해 연속적 통합적으로 발달해야 한다는 것이다. 따라서 추상적 교과중심에서 탈피하여 실제 삶의 통합적 경험과 연결성을 갖는 활동중심의 교육과정 조직이 강조된다. 즉, 교과내용들을 구획 짓고 연결성을 상실하는 기존의 학교 교육과정을 문제로 보고, 교과내용이 교육적 경험의 통일적 감을 확보하는 방식으로 진보적으로 조직적인 체계를 갖추며 내면화되어야 함을 강조한다. 예컨대, 듀이 실험학교에서는 다양한 교과활동을 하나로 연결시켜 주는 중심축으로서 사회적인 공동 삶이 이루어지는 '집과 같은 학교(school-house)' 개념을 구안하였다. 이를 통해 아동이 일상 경험에서 자연스럽게 형성하는 집과 자신에 대한 흥미와 관심을 활용하여, 집에서 접하는 사람들, 식물과 동물, 그것의 상호의존성, 모든 에너지원으로서의 태양, 집에서 사용되는 에너지의 한 형태로서의 열, 저장된 에너지로서의 음식 등의 기능에 대해 사회적이고 과학적으로 합당한 견해를 연속적·통합적으로 발전시켜 나가는 사례를 보여 준다.

듀이에 의하면 진정한 흥미는 사람이 어떤 행위의 과정을 자기 자신과 동일시하거나, 어떤 행위의 과정 속에서 자신을 발견함을 의미한다. 계희복은 듀이가 말하는 흥미의 원리를 자아와 흥미의 관계, 흥미의 성장과 발달, 자아와 대상의 연결, 마음과 교과의 관계라는 네 가지 측면에서 정리하였다(계희복, 2014: 40-44).

첫째, 자아와 흥미의 관계에서 살펴본 흥미의 원리다. 이는 자아의 동적인 면을 강조한 것으로 흥미가 동적이라고 한 설명과 일치하며, 자아는 고정되어 있는 것이 아니고 활동을 통하여 실현되고 움직이며 발달된다는 것이다. 다시 말하면 자아는 주어진 것이 아니라 성취되어야 하며 고정되어 있는 것이 아니라 성장·발달한다는 것이다.

둘째, 흥미의 성장과 발달로 본 흥미의 원리다. 흥미의 성장과 발달은 자아와 대상의 지속적인 관계 속에서 이루어진다. 자아가 대상에 대하여 주의를 갖고 지속적으로 흥미를 가질 때 흥미가 지속적으로 성장·발달하게 된다는 것이다. 그는 아동의 흥미가 더욱 발전하도록 하는 데는 교사의 지도 역시 필요하다는 것을 제안하고 있다. 최초로 표현된 아동의 흥미를 무조건 방치할 것이 아니라 교사의 비판과 질문 등을 통한 지도와 아동 스스로의 인내, 관찰, 탐구 등을 통하여 최초의 흥미가 더욱 바람직하게 성장하고 발달되도록 해야 한다는 것이다. 아동의 흥미가 성장하고 발달하는 데는 교사의 지도와 아동의 지속적인 참여가 필요하다는 점을 강조하고 있다.

셋째, 자아와 대상의 연결이라는 관점에서 본 흥미의 원리다.

흥미를 가지고 있다는 말은 자아가 어떤 대상에 자기 자신을 잃어버렸다는 것과 그 대상에서 자기 자신을 찾았다는 것을 동시에 나타내게 된다. 이 두 가지 표현은 모두 그 대상 속에 자아가 몰입되어 있는 상태를 나타낸다. 듀이에 따르면 진정한 의미의 흥미는 흥미를 일으킬 수 있는 대상과 그것을 지각할 수 있는 아동의 지적 능력이라는 두 가지 조건과 교사의 지도, 아동의 지속적인 참여에 의하여 자아와 대상이 동일시될 때 비로소 나타난다.

  마지막으로, 마음과 교과의 관계로 본 흥미의 원리다. 듀이는 교과를 교육내용으로, 마음을 방법으로 보아 마음과 교과를 분리했을 때, 즉 교육내용과 방법을 분리했을 때 생길 수 있는 교육의 문제점을 네 가지로 지적하고 있다. 첫째, 경험의 구체적인 사태가 도외시된다는 것으로, 공부의 내용이 되는 사례와 동떨어져서 방법을 찾는다는 것은 있을 수 없다고 보았다. 둘째, 흥미와 도야에 관하여 그릇된 개념을 가지게 한다는 것으로 자료를 효과적으로 다루는 방법이 그 자료와는 동떨어져서 별도로 주어져 있다고 생각될 경우에 양자의 관련은 이미 결여되어 있는 것으로 간주되기 쉽다. 셋째, 학습하는 행위 그 자체가 직접적, 의식적 목적이 된다는 것이다. 중요한 과정을 얻기 위한 활동 과정과 관련 없이 교과가 주어질 때 교과는 오직 배워야 할 그 무엇으로 되고 만다. 마지막으로 마음과 교과가 분리되어 있다고 본다면 방법이라는 것은 획일적이고 고정된 절차, 즉 기계적으로 처방된 단계를 따르는 것으로 전락하기 쉽다고 보았다. 그러므로 '자아와 대상의 동일시'라는 흥미의 원리에 따라 본다면 마음과 교과 역시 따로 분리할 수 없는 것이 되며 이러한 연결·관련이 성립되도록 하는 것이 바로 흥미라는 것이다.

　이런 흥미의 관점에서 보면 교과학습을 위한 교과학습에서 벗어나 진정한 교과학습, 즉 마음과 교과가 함께 가고 하나가 되는 교과학습을 가능하게 하는 조건이 흥미의 원리에 따른 학습임을 알 수 있다. 듀이는 이러한 흥미의 원리에 따른 학습을 아동들이 수행할 수 있도록 그의 실험학교에서 소위 말하는 경험을 통한 학습을 고안하고 실행하였으며, 이때 경험수행의 동기가 흥미가 되어야만 그 경험이 아동과 하나가 되는 경험, 배움에 이르는 경험이 된다고 보았다.

3) 흥미의 원리에 따른 교육의 과정

　듀이가 말하는 이상적 학교란 추상화된 기호와 책에 의존한 학습 공간이기 이전에 우선 무엇보다 진정한 삶의 공간이어야 한다. 교육이란 생명체의 필연적 과정이자 사회적 삶의 기능이므로, 학교가 아동의 집과 이웃과 놀이터에서와 같은 일상의 생생한 현실과의 연속성을 확보하여야 한다(Dewey, 1897: 87; 양은주, 2006에서 재인용). 학교가 생명 기운을 상실하고 삶과 유리된 죽은 지식의 교수-학습만을 위한 형식적 기관으로 남아 있는 한, 상징화된 정보의 학습에 있어서만 빈틈없는 이기적인 전문가를 양산할 뿐 그곳에서 진정으로 살아 있는 교육이 이루어질 수 없다.

　삶의 공간으로서 학교에서 중요한 것은 사회적 환경의 구성이다. 즉, 학교교육에서 정보나 문해 능력의 습득 수준을 넘어 지적·정서적 성향의 전인격적인 변화를 위하여, 진정으로 사회적

인 환경 구성이 관건이 되는 것이다. 듀이에 의하면, 진정으로
사회적인 관계가 맺어지면, "함께 더불어 살아가는 과정 자체가
교육이다." 진보적 학교는 아동이 사회적 삶의 현실을 이해하고
지성적 통찰력을 점진적으로 발달시킬 수 있도록, 현존하는 사
회의 다양한 힘들을 단순화하고 사회의 가치와 인습을 보다 이
상적으로 정화하며 보다 확장되고 풍부한 의미로 가득한 환경
으로 재구성되어야 한다(Dewey, 1916: 22-27; 양은주, 2006에서 재
인용).

　듀이 실험학교에서의 가장 특징적인 차이는 절대적인 교육적
가치가 부여되는 전통적 교과가 아니라 아동의 자발적 관심과
흥미를 교육적 성장의 내적 원천으로 삼았다는 점이다. 다시 말
해, 아동에게 본성적으로 내재해 있는 호기심, 활동적 작업에의
적극적인 관심, 더불어 모이고 함께 나누려는 열망 등과 같은
아동 본래의 자발적 성향을 지식과 이해와 행위에서의 교육적
성장을 위한 본질적 수단으로 보았다.

　듀이에게 학생의 흥미 발달은 그 연속적 과정을 매개해 주는
적절한 수단으로서 교과내용의 진보적 조직을 통하여 실현되는
것이다. 따라서 교육과정 구성에 있어 학생의 자발적인 활동을
출발점으로 삼아야 하는 동시에 자아의 활동적 에너지가 새로운
의미의 성장으로 귀결될 수 있도록 매개하는 상호작용적 조건의
구성이 중요하다. 즉, 현재 학생들의 직접적 흥미를 확보해야 할
뿐 아니라, 계속적으로 새로운 지식과 기능이 추구하는 목적을
위한 본질적 수단으로 통합되면서 진보적으로 조직될 수 있도록
매개하는 상황 구성이 필요하다. 이러한 교육과정 구성 원리는
학생의 흥미 발달의 단계에 비추어 다음과 같이 구체화해 볼 수

있다(양은주, 2003).

먼저 신체-활동적 관심이 지배적인 초기 4~6세 시기에는 대상 세계를 직접적으로 경험하는 데에 일차적 관심을 갖기 때문에, 교육과정 구성에 있어 직접적 흥미의 활동이 중심이 되어야 한다. 따라서 시각과 함께 손을 움직이는 등 감각 기관과 운동 기능을 함께 사용하며 세계를 질적으로 직접 경험하는 활동적 상황이 제공되어야 한다. 여기서 직접적 흥미의 활동은 그 자체로 추구되는 것이 아니라, 자연스럽게 주의력을 확보하고 자신의 능력과 기관의 힘을 느끼고 세계의 사물들에 대한 경험의 배경을 질적으로 풍요롭게 만들어 주기 때문이다.

도구-조작적 관심이 점진적으로 발달하는 9~12세 시기에는 어떤 목적 실현을 위해 필요한 작업 과정과 같은 간접적 흥미의 활동으로 옮아가야 한다. 이를 위해 공작과 수공 작업이 활용되는데, 이로써 학생의 삶의 경험 안에서 필요한 지식과 기능을 학습하게 만드는 자연적 동기를 제공하고, 지식의 유용성을 인지하면서 지적인 발달을 도모하게 된다. 어떤 내용을 학습하고 있다는 것을 의식적 목적으로 삼지 않고서도 학생들이 흥미를 갖고 창조적 노력을 기울이며 몰입하는 활동 안에서 부수적으로 학습이 이루어지도록 한다. 예컨대, 실험학교에서는 의식주와 관련되는 기본 수공 훈련으로서, 요리 활동이 화학적 사실과 원리 및 식물 생태 학습의 수단이 되며, 직조 활동을 통하여 발명의 역사 및 식물의 생채를 익히고, 목공 작업을 하면서 기하학적 원리와 측정 및 진정한 수개념을 학습하도록 구성하였다.

한편 탐구-과학적 관심이 활발해지는 13~15세를 전후한 시기에는 지적인 탐구 자체를 즐기게 되도록 교육과정 구성에 있어 실제적 활용의 목적이 아니라 순수하게 이해의 목적을 추구하는 탐구활동이 확대되어야 한다. 이와 같은 간접적 흥미에서 직접적 흥미로의 전환은 실험학교의 12세 전후 학생들의 교육과정 사례에서 잘 나타난다. 예컨대, 자연의 법칙과 과학적 방법에 익숙해지는 공부가 열렬한 지성적 관심으로 성장하게 되어, 자연의 이론을 경험의 맥락으로부터 추상화하는 힘이 증가하고, 문제 중심으로 논리적으로 사고할 수 있게 되며, 점차 과학을 실제적 효용의 목적이 아니라 새로운 지식 발견의 목적에 비추어 볼 수 있게 되었다고 한다. 또한 이러한 지성적 관심은 이론적 교과 영역 너머로 확장되는데, 예컨대 미술에서도 심미적 요소를 의식적 관심의 대상으로 삼게 되고, 선, 질감, 색의 구성에서의 차이가 심미적 효과를 다르게 한다는 것을 지각하며, 자발적으로 고전 작품들을 통해 비평적 감각을 훈련하게 된다(양은주, 2003).

듀이의 흥미이론에 따른 교육이 성공적으로 진행되기 위해 교사가 수행해야 할 역할은 우선 아동의 흥미의 성장과 발달에 대한 지속적인 탐구를 해야 할 책임을 가져야 한다는 것이다. 학생이 흥미를 가질 때 그 흥미는 학습의 동기를 북돋워 주는 데 작용이 되며, 교사는 가르치는 노력과 기술, 능력을 가지고 학생과 더불어 학습에 있어서 공동적인 성과를 거둘 수 있는 것이다.

특히 학교가 사회적 삶과 유기적으로 통합된 교육공동체를 이루려면 교사의 역할이 전통적 교사상으로부터 크게 달라져야 한다. 진보주의 교육에서는 학생과의 관계에서 모든 지식을 알고 그것을 전달하는 전통적 권위적 존재가 아니라, 학생과 더불어 배움을 계속하는 공동체의 구성원으로서 학생에게는 고무하고

제안하고 질문하며 공부의 과정을 도와주는 조력자(facilitator)로
서의 교사상을 추구하였다. 따라서 듀이 실험학교 교사들은 아
동의 성장 발달 단계를 이해하고 해석하고 방향을 안내해 주는
방식으로 교육적 성장의 경험에 적극적으로 참여하는 예술적 실
천가로서 교사는 아동이 매일 매일 자신의 경험을 다시 시도해
보고 재발견하고 재구성해 가는 과정에서 지혜로운 해석자
(interpreter)이고 안내인(guide)의 역할을 해 주어야 한다고 보았
다. 나아가 듀이 실험학교에서 교사는 정해진 교육과정을 단순
히 실행하는 대행자가 아니며, 자유와 자율과 책임의식을 갖고
교과내용을 재구성하고 방법을 고안해 나가면서 교육적 경험에
대한 지적인 이해에 참여하는 전문가다(양은주, 2006).

　교육의 동인으로서 아동의 흥미를 중시하는 교육은 소위 교사
로 대표되는 성인의 일방적인 권위행사에 의해 주도되는 강제적
인 교육, 즉 권위주의적인 교육에서 탈피하여 아동이 배움의 주
체가 되고 또 아동과 교사가 수평적으로 상호작용하며 교사가
아동의 자발적인 성장에 적극적인 조력자가 되는 비권위주의적
교육, 곧 진정한 권위가 있는 교육이 되게 한다고 할 수 있다.

3. 주체적 선택과 책임을 통해 실존을 추구하는 교육

　실존주의는 자유의 철학이며 자아의 철학이기도 하다. 실존주
의가 전제하는 인간에 대한 이해가 본질철학의 인간 규정과는
달리 인간의 비규정성에 출발하여 인간을 선택에 개방되어 있는
자유의 존재로 이해하며, 삶 속에서 주체적인 선택을 통해 저마

다의 실존을 추구하는 존재로 이해한다. 특히 실존주의에서 논
의하는 실존은 그 개념을 규정하는 것 자체가 비실존적인데, 이
는 인간 실존이 존재하는 방식 이외의 아무것도 규정할 수 없는
순수한 존재 가능성이기 때문이다. 하이데거(Martin Heidegger)도
실존의 본질은 어떤 일정한 '무엇'을 내용적으로 지시함으로써
규정될 수 없다고 말한다. 따라서 '이 존재자의 본질 규정은 어
떤 구상적(具象的)인 무엇을 지시함으로써 실현될 수 없다'
(Heidegger, 1989: 36)는 사실에서 출발한다. 그러므로 그는 비록
실존이 무엇인가는 개념적인 규정들을 초월해 있다고 하더라도
그 대신에 실존이 '어떠함'은 파악될 수 있다고 말한다.

　이처럼 규정적이기보다는 구성적일 수밖에 없는 실존에 입각
한 인간존재의 이해와 그에 기반한 교육에서 권위주의가 개입
할 여지는 사실상 없다고 할 수 있다.

1) 실존주의의 인간이해

(1) 존재의 비규정성

　실존은 인간이 그 자신을 일정 목적에 대한 도구 혹은 상황에
떠밀려가는 객체가 아니라 그 자체로서 존재 의미를 지녔음을
자각하고 직면한 상황을 극복할 때에 실현되는 것이므로 그것은
일정한 내용으로 규정될 수 있는 삶의 결과가 아니라 본래적인
자기를 실현해 가는 주체적인 삶의 과정 그 자체에 내재되어 있
다. 헤르더(Johann Gottfried von Herder)가 "우리 각각은 인간존
재라는 독창적인 방법이 있다."(Taylor, 2001: 28)라고 지적했듯
이 인간은 저마다 자신의 고유한 존재방식이 있으며, 나의 실존

은 바로 나의 삶의 방식과 관련된다. 이처럼 실존은 고정된 내
용이 아니라 실존적 삶의 태도와 관련되어 있으며, 실존의 획득
은 일정한 단계에 도달하는 문제가 아니라 삶의 과정에서 매 순
간 이루어지는 선택과 결단 그리고 거기에 따른 책임과 관련된
삶의 태도 속에 내재되어 있다. 사르트르(Jean Paul Sartre)의 경
우도 실존을 어떤 태도로 이해하고 있다. 즉, "실존은 세상에
대한 그리고 우리의 행위에 대한 우리 자신의 지향방향으로 기
술되는 것이다"(Knitter, 1981: 317). 사르트르는 자신의 존재에
대해 질문하고 고뇌하는 인간이 근본적인 전환을 경험하면서
자신의 삶을 창조해 가는 존재의 양식[3]에서 실존이 드러난다고
이해하고 있다.

이처럼 참된 자기인식을 통해 진정한 자기 자신으로 나아가게
하는 실존철학의 주요 개념 하나가 자유이며 이는 실존주의의
기본 명제인 "존재는 본질에 앞선다(existence precedes essence)."
에서 필연적으로 도출되는 개념이다. 이 기본 명제가 뜻하는 것
은 '인간은 존재하고 삶의 장(場)에 등장하며, 단지 이 이후에만
그 자신을 규정한다.'(Sartre, 1957: 15)는 것이다. 인간존재가 규

---

3) 사르트르는 세계 내의 존재양식을 對自存在(for-itself)와 卽自存在(in-
itself), 또는 의식과 사물이라는 식으로 분류하여 인간 고유의 존재양식을
초월이라는 현상으로 규정하였다. 의식은 외부 대상을 향한 의식 외에도
대상을 바라보는 자기 자신에 대한 의식이 동시에 존재한다. 이 자기의식
은 자기와 대변하여 자기를 반성하는 존재이므로 대자존재다. 즉자존재는
한 치의 틈도 없이 그 자체로 충만한 완결성인 데 비해 대자존재는 살아
있는 인간의 존재양식이고 끊임없이 내부의 틈, 결핍을 채우기 위해, 즉 현
재의 자기가 아닌 다른 모습의 자기를 위해 세계를 향해 자신을 企投하므
로 다른 존재와의 관계에서만 존재한다(박정자, 1991: 50-51).

정 불가한 존재라는 것은 인간의 본성을 규정한다고 간주한 신
의 존재를 상정하지 않는 한 최초에 인간은 아무것도 아닌 것
(nothing)이기 때문이다. 따라서 인간은 그가 그 자신에 대해 품
고 있는 것인 동시에 그가 실존을 향해 자신을 기투(thrust)한 후
의지적으로 되고자 하는 것이다(Sartre, 1957: 15). 이처럼 인간의
본성이 사전에 규정 불가하다는 인간존재에 대한 이해는 인간존
재의 본질이 곧 자유라는 논리로 규결된다. '존재가 본질에 앞
선다면 사람은 절대로 일정하고 응고된 인간성을 미루어 설명할
수가 없을 것이다. 다시 말하면 결론이 있을 수 없다. 사람은 자
유로우며 사람은 자유 그것이다'(Sartre, 1993: 23). 여기서 자유란
어떤 일반적 의미가 결정되어 있지 않는 단지 추상적인 것이 아
니라 각자 자신의 것으로서 주어진 오직 그때마다의 상황 속에
서 구현되는 특정한 자유다. 자유는 주어진 어떤 것이 아니고
오직 그 주어진 어떤 것을 선택하는 바로 그때 일어나는 것이며
자유가 스스로를 투사하고 결정하는 그러한 기투 속에서 존재한
다(Zimmermann, 1990: 135).

　인간이 비규정적인 자유로운 존재라는 이해는 선택의 개방성
과[4] 미완성성에서 확인된다. "인간의 실재는 규정될 수 없으며,

---

4) 로저스(C. Rogers)는 이를 '실존적 삶에 현존하는 유동성'이라고 지적한다.
　이것은 자아와 인성이 사전에 형성된 자아구조에 맞추기 위하여 왜곡되고
　변형된 경험 속에서가 아니라 체험에 대한 개방성에서 생성됨을 의미하며
　이 경우 인간은 경험을 통제하기보다는 유기체적 경험의 계속적인 과정의
　관찰자이자 참여자가 된다. 여기서 경험에의 개방과 몰입이란 경직성, 완
　벽한 조직, 경험에 대한 의도적인 구조의 부재를 의미하며 동시에 자아와
　인성의 유동적인 조직, 경험 속에서의 구조의 발견, 최대한의 적응력을 의
　미한다(Rogers, 1994: 385-386).

이는 그것이 주어지는 어떤 것(something given)이 아니라 질문 속에 있기 때문이다. 인간은 가능성이며, 존재에의 힘(power to be)을 가지고 있다. 그의 실존은 그에게 개방되어 있는 가능성의 선택에 있으며 이 선택이 결코 최종적인 것이 아니며 또 완료된 것이 아니기 때문에 그의 실존은 비규정적(indeterminate)이다"(Blackham, 1952: 55-56). 인간이 자기를 존재케 하는 선택의 근거가 철저히 인간 자신에게 의존하고 있음으로 인해 인간존재와 자유는 불가분의 관계에 있다. 사르트르에 따르면 인간 실재에 있어서 존재한다는 것은 자기를 선택하는 일인데 인간 실재가 '받고(recevoir)' 또는 '받아들이고(accepter)'할 수 있는 아무 것도 외부로부터나 내부로부터 그에게 오지 않으며, 오히려 인간 실재는 가장 작은 세부에 이르기까지 자기를 존재하도록 만들어야 한다는 필연성에 전적으로 내맡겨져 있기 때문에 자유는 '하나의' 존재가 아니라 '인간의' 존재다(Sartre, 1990: 204). 여기서 인간의 자유란 동시에 선택의 자유로서, 인간은 주체적이고 자율적인 선택행위를 통해 자신의 삶의 본질을 창조해 간다. "사람이 스스로를 위하여 선택한다고 말할 때 우리는 각자가 스스로를 선택한다는 것을 의미한다"(Sartre, 1993: 17-18). 이처럼 선택이 실존을 창조해 가는 중요한 행위이기에 모리스는 "인간은 이성적 동물로서가 아니라 선택하는 동물로서 정의하는 것이 바람직하다 해야 할 것이다. 인간은 그가 선택할 때 비로소 사고할 수 있고 또 실제로 사고하기 때문이다."(Morris, 1966: 90)라고 하였다. 이는 인간을 사고의 존재라기보다는 선택의 존재라고 보는 것이다.

결국 실존주의에서 자유는 내가 무엇을 하거나 안 하거나 하

는 자유가 아니라 세계 안에서 만나는 존재자를 존재자로서 '있
게끔 하는' 자유다.[5] 인간은 본래적 존재가 될 수도 있고 비본래
적 존재가 될 수도 있는 개방적 존재이며 실존의 무규정성은 인
간존재가 본질상 그때마다 자기의 가능성이기 때문에 자기의 존
재에 있어 자기 자체를 선택하고 획득할 수 있음을 의미한다.
따라서 실존주의에서의 인간이해는 실존이 무엇인가를 밝히려
한다기보다 실존에서 시작하여 모든 물음의 발단과 종착점을 실
존에서 구하는 비규정적 존재인식에 기초하고 있다.

 (2) 존재의 주체성

  자기인식은 자기존재와 동시적이며 이와 같이 '존재'와 '그
존재의 인식'이 같은 시간에 같은 범위에서 함께 이루어지는, 즉
존재와 그 인식이 동일한 그러한 존재를 우리는 '인간존재' 또
는 '자기존재'로 규정한다. 실존의 본래성(authenticity)은 바로 이
의식의 자기의식적인 측면인 자기동일성을 의미하며, 이는 곧
존재의 주체성이다(정금선, 1996: 15).

  의식으로서의 실존이 자유롭게 자기반성을 통해 자신을 구성
할 때 그는 본래적 실존에 다가갈 수 있다. 나는 나 자신으로 사
고하면서 나 자신으로 존재하는 자기동일성을 지닐 때 인격적
주체로서의 자기 실존을 확보할 수 있다. 자기 자신이 된다는
것은 자신의 사고와 행위를 자기가 구성할 때 가능하다. "사고
와 존재의 동일성이야말로 인간이 하나의 인격이 되기 위한 필

---

5) 하이데거는 인간의 자유와 관련하여 자유가 인간의 특성이라기보다는 오
   히려 인간이 자유의 소유물로 실존한다고 지적한다(Biemel, 1980: 129).

요충분조건이다"(신오현, 1989: 318). 주체성은 바로 이 사고와 존재의 동일성을 의미하며, 인간 각자가 자기 자신으로 사고하면서 동시에 자기 자신으로 존재하게 될 때 주체적인 인격을 확립할 수 있다.

사르트르는 이러한 사고와 존재의 동일성을 주관주의(subjectivism)라는 표현으로 서술하고 있다. 즉, 존재를 규정하는 선험적 본질이 존재하지 않으며, 자기 존재의 규정은 인간 자신이 행하고 그 규정에 의거, 자신의 삶을 창조해 가는 것이 인간의 삶이라는 실존주의적 이해의 근저에는 필연적으로 주관주의(subjectivism)가 존재한다. 사르트르는 주관주의가 갖는 의미를 두 가지로 제시하고 있다. "주관주의는 한편으로는 개인이 그 자신을 선택하고 창조해 간다는 것을 의미하며, 또 다른 한편으로는 인간은 인간의 주관성(human subjectivity)을 초월할 수 없음을 뜻한다"(Satre, 1957: 16-17). 인간이 인간의 주관성을 초월할 수 없음은 인간이 자신의 고유한 자아를 선택할 때 가치판단이 필연적으로 개입하며, 가치의 범주는 개인에게 국한되지 않고 모든 인간에 속하는 것이기 때문이다. "이것 혹은 저것을 선택한다는 것은 동시에 우리가 선택하는 가치를 긍정하는 것인데, 이는 우리가 결코 악을 선택할 수 없기 때문이다. 우리는 언제나 선을 선택하며, 우리 모두에게 선하지 않고는 그 무엇도 우리에게 선일 수 없다"(Sartre, 1957: 17). 따라서 모든 성찰의 기저에는 인간의 주체성과 개인의 실존에 대한 자각이 존재하며, 이 주체적인 토대로부터 모든 자아의 탐험이 개시된다.

또한 실존의 주체성은 정의적(affective)이고 비합리적(non-rational) 요소들을 삶의 중요한 구성 내용들로 파악한다. "실존주의자들은…… 인간의 정의적 측면(affective side), 사랑하고 감식(appreciate)하는 능력, 주위 세계에 대해 정서적으로 반응하는 능력을 발달시키는 것에 보다 깊은 관심을 갖는다"(Morris, 1954: 255). 개개 인간이 인간의 상황에 깊이 관여하여 주체적이고 책임적인 선택 행위를 위해 요구되는 것은 단지 개개인의 합리적 측면의 발달이 아니라 각자 자신을 그 상황에 몰입시키는 정의적이고 심미적인 능력의 발달이다. 이는 정서(emotion)[6]가 실존과 관련해 갖는 근본적인 위치로부터 기인한다. 즉, 정서는 존재의 상태(the state a person is in)를 나타내며, 어떻게 느끼고 있는가(how one is feeling)는 자아표출(self-disclosure)과 동일한 것으로서 '내가 느끼는 방식은 내가 지금 존재하는 방식'(Harper, 1948: 32-3)이 된다. 실존철학자들은 개별성뿐만 아니라 사실에 대한 지식도 이해되기 위해서는 느껴져야 한다고 본다.

사르트르에 의하면 규정되고 고정된 이야기와 같은 삶은 없다. 무를 내포하는, 그래서 가능성이 있는 인간존재는 의식을 가지고 있는 대자존재로서 부단히 자신을 생성시켜 가는 존재다. 따라서 인간의 실존은 구체적인 어떤 내용이 아니라 부단히 자신을 생성시켜 나가는 주체적 태도로서 인간이 그의 실천을 통

---

6) 사르트르는 emotion과 sentiment를 구별하고 있다. 구별의 준거는 느낌의 강도에 따른 것이 아니라 느낌에 대한 반사적 태도(reflexive attitude)의 유무 여부다. 즉, sentiment의 경우, 경험된 느낌이 그 느낌이 반응한 현실에 적용될 때 평형상태(a state of equilibrium)를 포함하고 있다면, emotion은 상황에 대한 합리적 반응(rational response)이 아니라 세계를 이해하는 방식으로서 세계를 변화시키는 것을 목적으로 한다(Howells, 1988: 4). sentiment가 상황구속적, 상황적응적이라면 emotion은 상황을 넘어선 존재지향의 성격을 띤다.

해 부단히 어떤 기획을 해 나갈 때 비로소 의미를 가지며, 개인의 성격, 삶, 그리고 그의 상황 등은 그가 선택하고 창조한 결과인 것이다.

(3) 존재의 관계성

상황 내 존재로서 실존의 사실성은 타인과의 관계적 삶을 피할 수 없다. 의식으로서의 대자인 실존은 자기 외부를 지향하는 관심이 본래적으로 내재되어 있다는 점에서도 타인에 대한 관심과 관계는 필연적이다. 타인을 통해서 타인과 더불어 우리는 자신을 발견하고 성취하고 또 실패도 하는 서로의 삶에 연루된 존재다. 타인으로 인해 나를 매몰시키는 정체성도 염려해야 하지만 나만을 강조하면서 타인을 도외시하는 것도 비본래적이다. 타인 없이 나라는 존재의 의미를 찾는다는 것은 불가능하다. 타인의 문제에 관심이 없는 무감각은 결국 자기 삶의 문제에도 무감각한 방관자나 수동적인 존재로 전락시킬 수밖에 없다(정금선, 1996: 5). 따라서 성숙한 실존은 인간이 관계적 존재라는 인식하에 양심, 책임의 문제가 당연히 포함되어야 한다.

사르트르는 책임을 '어떤 사건 또는 어떤 객체의 이론할 여지가 없는 각자가 되는 일에 관한 의식'(Sartre, 1990: 355)이라고 해석한다. 인간은 자유롭게 자신을 선택하여 존재를 구성해 간다는 점에서 책임과 유리될 수 없는 존재다. 이는 "나에게 생기는 일은 모두 '내 것'이며 그것은 무엇보다도 우선 먼저 내가 인간이라는 한도에서 나에게 생기는 일에 대하여 항상 감당해낼 수 있음을 말한다"(Sartre, 1990: 356). 이 책임의 영역은 한 개별자의 개별성과 함께 다른 모든 인간을 포함한다. "우리가 인간은 자기 자신에 대해서 책임을 가진다."라고 말할 때 그것은 그가 그 자신의 고유한 개별성(individuality)에 대해서 책임을 진다는 것 뿐만 아니라 그가 모든 인간에 대해서도 책임을 진다는 것을 의미한다"(Sartre, 1957: 16). 책임이 모든 인간들에게까지 확대되는 것은 자유 자체가 관계적인 성격을 띠고 있음을 연유한다. "······자유를 원한다면 그것이 타인의 자유에 완전히 의존한다는 것과 타인의 자유는 우리의 자유에 의존한다는 것을 우리는 알게 된다······. 내가 또한 타인의 자유를 목적으로 삼아야만 나의 자유를 목적으로 삼을 수 있는 것이다"(Sartre, 1993: 44).

이 사실에서 사르트르가 강조하는 개인의 절대적 자유는 제한될 수밖에 없다. 상황 속의 개인은 타인과의 관계를 피할 수 없고 이 관계는 갈등과 긴장의 연속일 뿐이다. 내가 주체가 되기 위해 타인을 나의 대상으로 사로잡아야 하고 타인도 마찬가지다. "그 없이 나는 내가 누구인지 알지 못할 것이다. ······나는 타인을 통해 나아가야만 한다"(Benhamida, 1973: 233).

이처럼 세계 내 존재로서 인간의 사실성은 자신과 타인의 삶, 나아가서는 세계와 역사에 대해 책임을 피할 수 없게 한다. 실존이 본질에 선행하는 사르트르의 대자존재, 즉 초월성으로서의 의식을 지닌 존재인 인간은 항상 자기 자신을 벗어나 자기 아닌 타인이나 다른 사물과 관계를 맺으며 자신을 창조해 가는 관계적 존재인 것이다. 때로는 실존철학이 개인주의에 빠져 있다는 지적을 받기도 하지만 실존철학자들은 공통적으로 타인은 나의 삶에 매우 중요한 존재로 여긴다. 세계 내 존재로서 인간존재의 본질은 개방적이기에 나는 나의 가능성을 확대하기 위해 타인에 의존하고 타인은 타인 자신의 가능성을 확대하기 위해 나에게 의존한다. 관계적 존재인 인간이 타인과 갈등하는 모습도 본래적 특성이지만 자신의 가능성을 실현하기 위해 타인을 요청할 수밖에 없는 타인과의 상호의존성 또한 인간 실존의 중요한 측면이다.

2) 실존주의의 지식관

실존주의의 인간이해와 지식 또는 진리[7]의 관점은 서로 분리될 수 없는데 지식 성립의 과정과 조건이 실존의 추구와 분리될 수 없기 때문이다. 즉, 존재의 주체성과 비규정성이 내재하고 있는 주체적 선택과 책임의 원리는 지식관과 지식교육에도 그대로 적용되는 것이다.

실존주의적 사고와 지식의 성격을 단적으로 보여 주는 예가 키르케고르의 '실존하는 사상가' 개념이다. 이 개념은 키르케고르가 누구보다 헤겔에게서 구체화되어 있는 것으로 보는 추상적

---

7) 이 책에서는 진리와 지식을 구분하지 않았는데 일반적으로 지식은 연구자의 관점에 따라 다양하게 정의되었다. 지식의 전통적 현상학을 강조하는 연구자들은 지식을 진리 자체인 절대적, 정태적, 객관적 결과로서 지식을 강조하는 데 반해 지식창출을 강조하는 연구자들은 진리를 추구하는 개인이 신념을 정당화하는 과정을 강조하고, 지식을 정당화된 참된 신념이라고 정의한다. 이것은 지식이 개인들의 믿음과 행동에 내재되어 있고 그들 간의 상호작용 속에서 계속적으로 창조, 발전해 간다는 역동적인 측면을 강조한 것이다(Nonaka & Takeuchi, 1995). 한편 지식의 사전적 의미는 올바른 근거에 입각한 참된 신념이나 타당한 추리를 통하여 대상을 명확하게 인식하고 있어서 의문에 의하여 혼란되지 않는 마음의 상태를 말하기도 한다(교육학 용어사전, 서울대학교 교육연구소). 이런 일련의 정의들을 통해서 본 연구는 올바른 지식은 진리와 동일한 성격을 공유한다고 보고 지식관과 진리관을 동일시하였다.

인 사상가, 혹은 체계적인 사상가에 반대하는 투쟁 개념이다. 그
리고 모든 객관적이고 체계적인 철학에 대한 이 대항은 뒤에 오
는 실존철학의 여러 형식에 있어서도 결정적인 특징으로 되어
있다.

키르케고르가 말하는 추상적인 사상가는 사고함에 있어서 순
수한 사상이라고 하는 일종의 매개물 속에서 벗어나지 못하고
있으며, 그의 현 존재의 특수한 요구와 전제들에 대해서는 아무
런 관심도 갖지 않는 사람들을 지칭한다. 이에 대비되는 실존하
는 사상가의 사고는 그의 삶에서 오는 과제와 곤란들을 다루며,
따라서 그의 사고는 그 자체에 목적이 있는 것이 아니라 '실존
하는 것'에 봉사하는 것이다. 추상적인 사상가는 순수한 이론적
인 태도로부터 사고한다. 그런 까닭에 그 인식 과정에는 흥미가
없다. 이에 대하여 주체적인 사상가는 그의 사고와 정열에 불타
는 자신의 현 존재의 특수한 필요 속에 뿌리를 박고 있으므로
흥미가 없을 수 없다. 그러므로 그는 충심으로 자기의 사고에
관계한다(Bollnow, 2000: 29). 이 경우에 두 가지 사고 형식의 구
별은 단순한 형식의 대립으로서 이해될 수 있는 것이 아닌데,
실존하는 주체적인 사상가는 인간 생활에 적합한 사고의 형식을
지시하는 데 반하여 객관적인 추상적 사상가는 실제적인 생활의
과제로부터 이탈한 사고의 형식을 가리키는 것이다.

키르케고르가 "진리는 주체성이다."라고 말할 때 그의 이 말
은 주체성이 모든 진리의 기준이라든가 어떤 특정한 종류의 지
식을 성립시키는 데 충분한 조건임을 주장하려는 것은 아니다.
그의 관심은 지식이라든가 인식의 성립조건을 따지는 인식론적
문제에 있지 않다. 그가 일생을 바쳐서 탐구한 진리는 객관적인

대상에 관한 보편타당한 진리가 아니라 참 자기를 실현하기 위
한 과정 속에서 절망적인 한계상황에 직면한 구체적인 개인을
절망에서 구해 낼 수 있는 주체적 진리였다. 키르케고르에 있어
서 가장 중요한 진리는 자기실현 과정 안에서 구체적인 유한한
개인의 존망과 본질적으로 관여하는 진리이며, 그 밖의 다른 종
류의 진리는 우연한 진리에 불과하였다(윤기섭, 2000: 13). 따라서
키르케고르의 실존에 관한 주체적 진리는 경험적 세계의 정확한
파악을 제공하는 추상적이고 객관적인 지식이 아니라, 실존하는
개인에 있어서 최고의 관심사의 것으로, 개인이 "어떻게 살아야
하는가?"라는 실존적 질문에 본질적으로 관여하는 진리이며, 인
간 내부에서 자기 결정이 요청되는 진리다. 그리고 이러한 진리
안에서 비로소 인식과 삶이 분리되지 않고 하나가 되는 실존적
삶이 가능하다고 할 수 있다.

이처럼 실존의 주체성 혹은 주관성은 보편적인 합리적 객관성
(rational objectivity)을 거부한다. 즉, 실존철학의 주관성은 완전하
고도 보편적인 합리적 객관성의 존재를 인정치 않고 개별적 인
간들이 각자의 삶의 상황에서 스스로 깨닫고 획득하는 주관적
지식[8]에의 가치와 그 지식에 대한 책임의 강조를 지지한다. 주

---

8) 주관적 지식(subjective knowledge)은 근본적으로 세 가지 특징을 가지고
있다(Warnock, 1970: 9-10). 첫째, 그 지식은 한 사람에게서 다른 사람에게
로 전달될 수 있는 것이 아니어서 교실에서 가르칠 수 없다. 둘째, 주관적
으로 알게 된 것은 언제나 역설(paradox)의 속성을 가지고 있다는 사실이
다. 이성이 아닌 신념만이 역설을 받아들이도록 인도할 수 있으며 신념은
지적(intellectual)이라기보다는 감성적(emotional)인 속성을 나타낸다. 셋째,
주관적인 지식은 추상적이지 않고 구체적이다. 이는 살아 있는 구체적인
개인의 실존과 필연적으로 관련되어 있기 때문이다.

체성의 진리를 강조하는 키르케고르가 의도했던 것도 객관성의
환상으로부터 사람들을 해방시키는 것이었으며 사람들의 생각
을 지배할 뿐 아니라 계몽과 진보로서 간주되고 환영되는 객관
성으로 인해 사람들은 주관성(subjectivity) 능력을 잃어 가고 있
다고 그는 보았다.[9] 키르케고르는 이러한 객관적인 경향성은 모
든 사람들을 진리 앞에서 하나의 관찰자로 만들고 있다고 보았
으며, 관찰자로 산다는 것은 쿠퍼의 지적처럼 이 세계가 인간의
목적들과 관심들로 이루어져 있다는 사실을 간과한 채 단지 볼
거리로 채워진 하나의 극장이며 우리 각자의 목적과 의미는 부
차적인 것이고 실제의 세계는 나 자신의 경험의 기술과는 무관
하다고 여기게 됨을 의미한다(Cooper, 1999: 80-81).

　실존의 주체성의 관점에서 지식의 성립은 어떤 외재적인 보편
적 범주에 의해 결정될 수 없으며, 우리 자신의 신념과 행위들
의 정당한 근거도 우리 자신의 내적 경험으로 되돌아가 주체적
으로 선택되는 것이다. 즉, 실존철학은 지식의 속성 자체가 주관
성을 배제하고는 성립할 수 없다고 이해한다. 즉, 지식은 언제나
부분적으로 주관적이며, 그 어떤 지식이 참된 것이 되려면 우선

---

9) 와녹(Warnock)은 키르케고르가 의미하는 객관성을 다음과 같이 정리하였
다. 즉, 그가 의미하는 객관성이란 행위와 사고 모두를 지배하는 법칙을 받
아들이는 경향 속에서 그 자체가 드러나며 또 교실에서 가르치는 증거의
규칙들에 속박되어 있는 교육내용들이며, 역사도 그것이 참과 거짓이 명백
하게 가려지고 분별되는 그 무엇으로 간주될 때 객관적일 뿐이다. 또한 어
떤 진술들이 일반적인 법칙이나 증거 또는 바람직하다는 인간행동의 기초
에서 거부될 때 이 또한 객관적이다. 사회학이나 심리학은 과학적인 법칙
들에 따라서 인간 행동을 설명하고 예측하며 일반화시키고 있는 전적으로
객관적인 학문들이며, 도덕도 교사로부터 학생으로 전달될 수 있도록 규칙
과 규준으로 전환되는 순간 객관적이 된다(Warnock, 1970: 7-8).

주관적인 의식 속으로 들어올 때만 가능하다고 본다. 지식은 순수하게 객관적인 그 무엇이 아니며 또 학습하도록 제시될 수 있는 그 무엇도 아니다. 근저에 있어서 지식은 주관성이 그 지식이라는 것을 포착하여 자신의 삶 안으로 끌어들일 때만 지식이 된다고 이해한다(Morris, 1966: 121). 따라서 인간 각자는 가치를 포함한 지식 선택의 주체자로서 자기 삶을 창조해 가는 지식을 구성함으로써 각자의 자기 실존을 추구해야 하는 것이다.

이러한 실존철학의 지식관에 입각할 때, 지식의 내용(what)보다는 지식을 받아들이는 방식(how)과 지식의 선택이 중시됨을 알 수 있다. 인간이 지식을 자각하고 인식하는 중심이며 지식은 실재에 대한 인간 자신의 이해나 존재의 본질에 대한 인간 자신의 해석에 의존한다. 이때 존재와 세계의 신비는 그 본질상 보편적으로 알려지는 것이 아니고 각자가 그 자신을 위하여 이해하여야 하며 개인적이고 주체적으로 탐구하여야 한다. 진리는 우리 각자에 의해 선택되는 것이며, 하이데거식으로 말하자면 현 존재에 의해 폭로되는 것이다. 여기서 개개인의 주관적인 정서와 신념들이 최종적인 권위의 기초가 된다. 이러한 의미에서 날마다 떠오르는 태양은 과학자의 눈에는 같게 보일지 모르나 실존하는 개인의 눈에는 매일 다르게 보일 수 있는 것이다.

3) 실존을 추구하는 교육

실존주의의 관점에서 기존의 제도교육은 아동들이 어떤 존재가 되어야 하는지에 대한 선행관념(prior notion)에 의거해서 교육이라는 작업이 수행되는 대상들로서 간주되는 오류를 범하고 있다고 본다. 즉, 아동들은 이러한 교육에 대한 관념 속에서 다음의 네 가지 측면에서 대상화되는 존재들로 여겨지는데, ① 그들이 성취해야 할 '인간의 본성(human nature)'에 대한 사전에 인증된 관념의 측면, ② 그들이 흡수하도록 요구되는 객관적인 집합체로서 현존의 교과내용 측면, ③ 그들이 습득해야 한다고 기대되는 문화 방식과 생활수단에 대한 객관적인 개념들의 측면, ④ 근본적이라고 간주되면서 그들 내부에 형성되어야만 하는 일련의 성향들 측면에서 대상화된다고 본다(Morris, 1966: 108). 모든 경우에 있어서 교육의 과정은 학습자 밖에 교육의 목적을 가지고 있는 것으로 이해된다. 즉, 아동은 그 자신을 위해 행해져야만 하는 것에 의해서 결국 주체(subject)라기보다는 객체(object)로 간주되고 있으며, 그의 학습 활동은 학습자 자신의 자율적인 결정 밖에 존재하는 고려들에 의해서 개시되고 촉진된다고 볼 수 있다.

   그러나 하이데거의 진술처럼 인간은 본래 참된 지식, 곧 진리를 위해 개방된 현 존재의 삶을 살도록 이 세상에 태어난 존재자다.[10] 사고하는 인간이 그의 존재와 삶과 세계에 대해 질문을

---

10) 하이데거는 진리가 이미 현 존재에 전제되어 있다고 진술한다. 현 존재 자체가 진리를 전제하고 성립하기 때문이다. 그에 의하면 진리를 '우리'가 전제하는 것은 '우리'가 현 존재라는 존재방식을 취하고 존재하면서 '진리 안에' 존재하고 있기 때문인 것이다. 우리가 진리를 전제하는 것은 우리의 바깥에 있으며, 또 우리를 '초월하고' 있어서 우리가 그 밖의 '여러 가지'와 함께 그것을 향해 태도를 취하는 어떤 사물로서가 아니다. 우리가 '진리'를 전제하는 것이 아니라 진리가 바로 어떤 사물을 우리가 '전제'하듯 존재할 수 있음을 존재론적으로 원래 가능하게 하는 그 당사자인 것이다(Heidegger, 1989: 303). 진리가 모든 존재함의 전제라는 것이다. 즉, 전제

던질 때 그 질문은 이미 진리를 향하고 있는 것이며 언어는 다른 연관된 언어를 지시하며 진리로 안내하도록 되어 있는 것이 참된 인간의 삶이며 인간존재의 위대함이 거기에 있는 것이다. 그래서 배움이란 주어진 삶과 상호작용하면서, 즉 대화하면서 획득하는 성장의 과정이며 학교교육에서의 지식학습도 일방적으로 제시되고 모두가 획일적으로 적응할 것을 요구하는 것이 아니라 학습자가 세계를 구성하는 지식들(설령 교과의 형태로 주어진단 하더라도)과 대화하면서 자신의 주관 속에서 스스로 이해하고 재구성하여 자기의 지식으로 만들어 가는 과정이 될 때 지식학습이 바로 개개인의 지적 · 인격적 성장의 과정이 될 것이며, 이러한 개별적인 실존을 추구하는 학습과 교육의 과정에서만 모두가 저마다의 참된 삶의 의미를 획득하고 그 의미로 충만된 삶을 살게 될 것이다.

실존을 추구하는 교육을 구체적으로 살펴보면, 우선, 교수-학습의 측면에서 배움과 분리된 가르침이 지배하는 왜곡된 교수-학습이 아니라 배움의 본질과 배움의 즐거움을 실현하는 배움과 가르침을 실존철학은 요청한다. 김성길의 지적처럼 가르침은 자연권으로서의 배움 활동을 도와주기 위하여 필요한 것이며, 가르치는 권리로서의 교육권을 보장하기 위하여 배움이 존재하는 것이 아니라, 배움의 권리를 보장하기 위하여 가르침이 존재하는 것이다. 배움의 권리가 가르침의 권리에 우선한다고 볼 때,

---

된 진리 내지는 그것에 의해 진리의 존재가 규정될 '부여되어 있다'에는 많은 현 존재 자체의 존재양식 내지는 존재 의미를 지니고 있다. 우리가 진리존재를 향하지 않을 수 없는 것은 이 진리 전체가 '우리'의 존재자와 함께 이미 '행해져' 존재하기 때문인 것이다(Heidegger, 1989: 304).

배움의 권리를 전제하지 않은 가르침의 행사는 배우는 이의 권리를 무시한 일방적인 통제다. 이런 통제와 감시는 배우는 이를 위한 것이라기보다는 가르치는 이로 대표되는 권력과 통제자를 위한 것이라고도 할 수 있다(김성길, 2005: 23). 실존주의에서의 실존적인 학습과정은 "자유롭게 되는 것은 우리가 원하는 것을 얻는다는 의미가 아니라 오히려 우리 스스로에 의해 우리 자신이 원하는 것을 결정하는 것이다."(Bedford, 1972: 227)라는 것을 자각하도록 돕고 그의 선택이 그 자신과 타인 존재에게 얼마나 중요한가를 깨닫도록 고무하는 것이다. 이처럼 배움의 본질은 자율적인 선택의 원리 속에서 자기 자신을 찾아가고 실현하는 즐거운 과정이다.

이를 위해서는 기존 교육이 교과형태로 강조하는 객관적이고 체계화된 지식은 그 나름의 타당성을 가질 수 있지만 모든 학생에게 통용되거나 더욱이 강요할 수 있는 성질의 것은 아니라는 점을 먼저 인식하여야 한다. 지식의 타당성은 학생 각자가 지니는 가치에 의하여 결정되는 것이기 때문이다. 마치 소크라테스의 "너 자신을 알라."라는 말이 키르케고르에게는 추상적인 지식에 의해서가 아니라 자아의 내적 활동을 통해서 자신을 선택하라는 말로 이해되듯이 교육에서 지식도 학생이 스스로 선택하고 해석할 수 있도록 제시되는 수준에 머물러야 한다. 모리스의 지적처럼 지식은 주체가 그것을 붙잡아서 그 자신의 삶 속에 끌어들일 때만 지식이 되기 때문이다(Morris, 1966: 121). 따라서 학생들에게 온갖 지식을 주입하는 것을 가르치는 행위의 본질로 여기는 그릇되고 고정된 인식에서 벗어나서 학생이 능동적인 앎의 주체가 되도록 정열을 불어넣는 일이 오히려 가르침의 본질이 되어야 한다.

또한 실존철학의 지식관은 교육과정의 성격 자체의 변화를 요구한다. 모리스의 지적처럼 오늘날 학교교육에서 가르치는 소위 교과내용(subject matter)은 사실 객체내용(object matter)이라고 할 수 있다. 그것들은 학교 밖의 세상을 다루는 데 진행되는 내용에 대해 아이들의 살아 있는 반응은 거의 없다. 학습자는 그 어떤 것에 대해서도 자신의 주관적인 의견을 제시할 수 있는 가능성을 갖지 못한다. 오히려 그는 의견을 피력한다는 것이 버릇없고 비순종적이라는 분위기마저 느끼게 된다(Morris, 1966: 119). 이는 교육과정이 객관화되고 체계화된 지식의 모음체이며 절대적인 권위가 부여되어 거의 무조건적으로 또 강제적으로 학습되어야 하는 일방적 지위를 가지고 있기 때문이다. 그러나 실존철학의 지식관에서 학교의 교육과정은 전통주의자들이 주장하듯이 학습자들이 숙달해야 하는(to be mastered) 그 무엇이 아니며 실험주의자들이 말하듯이 경험되어야 하는(to be experienced) 그 무엇도 아니라 선택되어야 하는(to be chosen) 그 무엇으로 존재하는 것이다(Morris, 1966: 121). 실존을 추구하는 교육에서 교육과정 안의 교과내용과 경험들이 각 학습자들이 자기 실존을 추구하기 위해 이용 가능한 것들이 되려면 우선 학습자들이 먼저 선택하고 추구할 수 있도록 열려 있어야 하며 이 경우에만 배움과 가르침의 분리현상이 극복되어 본연의 제자리를 찾아갈 수 있게 된다.

이러한 실존주의의 지식학습과 교육에 대한 이해는 볼르노의 지적처럼 전통적인 교육의 관점들을 넘어서고 있음을 알 수 있다. 즉, 수공업자가 작품을 만드는 과정을 뜻하는 도야(Bildung)

로서의 '기계적인 교육관'과 성숙의 자연적인 과정을 방해하지 않도록 하는 소극적인 교육으로서의 '유기적인 교육관'이 연속적인 교육형식을 공유하고 있다면, 실존주의는 주체적인 선택과 결단, 만남을 통한 자기 이해와 깨달음을 통한 배움으로서의 비연속적인 교육형식을 지향하고 있다(Bollnow, 2008: 23-28, 141-145). 즉, 인격과 같은 인간의 내면적 핵심과 관련하여 볼 때, 연속적인 형성은 사실 존재하지 않으며 깨달음과 결단에 근거한 순간적인 비약을 통한 비연속적인 형성이 이루어진다고 본다.

실존을 추구하는 교육은 기존의 교수자와는 다른 새로운 교수자 역할을 요구한다. 즉, 교사는 학생이 그들의 발달을 촉진하는 학습환경을 스스로 창조하도록 하기 위해 학생의 실존적 특징을 파악하고 학생 개개인이 진실한 자기 자신이 되도록 돕는 것이다. 이것은 교육이 주입이나 교화가 아니라, 스스로의 사고와 행위를 선택하는 힘, 즉 자율성을 개발하는 것이 되어야 한다는 것을 함의한다(정금선, 1996: 105). 이를 위해 무엇보다 우선되어야 하는 것은 학생 자신이 자기 내면의 목소리를 경청할 수 있는 실존적 자아의 인식과 자신의 정서를 느끼고 표현할 수 있는 정서적 능력을 고무해야 하는 것이다. 나아가서 교육이 무엇보다 학생의 인격적인 성장을 염두에 둔다면, 교사가 학문이나 윤리적 체제의 규정된 원칙으로 학생을 입문시키는 문제보다 인격적인 경험의 기회를 확대시킬 필요가 있다. 특히 문제 상황을 신중히 고려하고 타인을 배려하는 관계적 사고의 확대는 교수과정에서 교사와 학생 간의 상호관계의 경험을 필요로 한다. 교사가 상호성의 분위기를 창조함으로써 일방적 주입이나 교화가 아닌 신뢰로운 분위기 속에서 지식이 교류되기를 힘쓸 때 학생은 자신의 경험과 연결지어 반응하게 된다. 이렇게 공동의 노력을 통해 생산된 지적 산물은 교사나 학생의 삶에 용해될 수 있는 인격화된 지식이 될 수 있다.

특히 실존을 추구하는 교육에서 요구되는 교사의 자질은 진실성이다. 교사가 단순히 학생과 교과내용을 중개하는 지식의 전달자로서 이해된다면, 가르침은 진정한 대화가 될 수 없다. 지식은 전달되어서는 안 되며 '제공'되어야 하고, 교사는 그가 가르치는 교재에 대해 정통해야 하며, 그것을 인간활동의 풍부한 결실로 제시할 수 있어야 한다. 교사가 어떤 주제를 학생들과 논의할 때, 충분한 토의를 거친 다음 교사는 그가 그 주제에 대해 가장 훌륭한 견해라고 생각하는 것을 학생에게 제시하고 학생이 그것을 받아들일 것인지를 물어보아야 하며 교과 내용에 대한 진지한 토의를 가져올 수 있는 여러 가지 견해를 학생들에게 제시할 수 있어야 한다. 또한 교사는 그가 제시한 주제를 토의에 부쳐서 학생들이 그 주제에 대한 교사의 해석을 거부할 수 있는 자유를 허락해야 한다. 교사의 견해를 거부하는 것은 학생의 권리이기 때문이다. 따라서 실존주의에서 강조하는 것은 교사의 '성공'이 아니라 교사의 진실성이며 결국 그 진실성이 교사의 진정한 성공으로 인도한다. 왜냐하면 교사가 학생에게 진실성을 가질 때, 학생은 교사를 신뢰하고, 그러한 신뢰는 다시 학생에 대한 교사의 신뢰를 가져오기 때문이며 이러한 상호 신뢰의 분위기 속에서 인간 상호 간의 진정한 대화가 가능하기 때문이다 (George F. Kneller, 1990: 112-114).

실존을 추구하는 교육이 권위주의와 양립할 수 없음은 명백하다. 학생 모두가 따라야 하는 일방적인 교육과정도 없으며 이를 강제하는 교사도 사실상 있을 수 없다. 학생들은 자신의 관심에 따라 학습내용을 선택할 수 있는 폭넓은 여지를 허락받으며, 각자 자신의 의견을 키워 갈 것을 격려 받고, 나아가 학생들 저마다 고유한 자신의 생각을 발전시켜 나가는 것이 교육의 목표이기도 하다. 지식은 교사와 학생, 학생과 학생 사이에서 자유로운 대화와 토론을 매개로 성장하는 것이며 배움의 목적은 자아의 발견과 긍정이고 자아의 완성이다. 실존을 추구하는 교육은 그 형식은 다양할 수 있지만 이러한 비권위주의적 성격과 방향을 견지하는 교육은 또 하나의 스펙트럼을 이루고 있다고 할 수 있다.

3 비권위주의 교육의 전개
−20세기 초 영국 신교육운동을 중심으로−

　서구 교육의 역사에서 19세기 말부터 새로운 학교교육의 문화를 모색하기 시작한 서구 유럽의 여러 국가는 우리가 현재 가지고 있는 여러 문제들과 유사한 문제들, 즉 기존의 교육이 진정한 개개인의 성장과 자아실현에 기여하지 못한 채 기계적인 학습에 경도되어 있으며 학교체제 자체를 위해 학교가 존재하고 있다는 점 등등의 문제들을 안고 있었으며, 이를 진단하고 해결하고자 하는 일련의 교육개혁들을 시도하고 있었다. 이러한 시도는 기존의 전통적인 권위주의적 교육에서 벗어나서 아동을 교육의 주체이자 중심으로 설정하여 아동 스스로 발달할 수 있는 기회의 제공이 교육의 목적이 되어야 한다는 인식에서 비롯되었으며 세기 초에 엘렌 케이(Ellen K. S. Key)는 20세기를 아동의 세기로 주창하면서 교육에 대한 새로운 인식 확산에 불을 지폈다. 이와 같이 교육의 전환을 요청하는 주장들과 새로운 시도들은 당시의 동시대인들에게 큰 반향을 불러일으키며 일련의 교육운동으로 발전되어 큰 규모의 교육개혁운동인 '신교육운동'이 전개되었다.

신교육운동은 당시 유럽 전역에 걸쳐 매우 광범위하게 확산되었던 교육운동이었다. 신교육운동이 일어난 서구의 주요 국가들을 꼽는다면 영국, 독일, 프랑스, 미국 등을 들 수 있다. '신교육운동'은 그 운동의 본질에 있어서 어느 나라에서 발생했든 간에 그 운동의 명칭은 서로 달라도 유사한 특징[1]을 공유하면서 전개되었다. 즉, 독일에서는 '개혁교육학(Reformpadagogik)', 미국, 영국, 프랑스에서는 '새교육(New Education, Education Nouvell)'이라고 명명되었다(오인탁 외, 2006: 5-6).

신교육운동을 주도한 여러 나라들 가운데서도 신교육운동을 촉발시키는 데 기여한 선구적 학교들인 애보츠홈(abbotsholme)과 비데일즈(Bedales) 같은 학교를 비롯하여 신교육운동의 여러 새로운 학교들을 탄생시킨 나라는 영국이었으며, 영국은 신교육운동의 도화선 역할을 한 나라라고 할 수 있다. 영국의 신교육운

---

1) 19세기 말부터 일부 선구적인 학교들에 의해 시작되어 구미 전체에 확산된 신교육운동은 그 개념이 갖는 포괄성에도 불구하고 특정의 가정들을 공유하고 있는 교육운동이었다. 신교육운동의 각 주체들은 서로 관점은 달라도 도구적 교육(instrumental education)과 성과별 지원제도(system of payment by results)에 대해 공히 거부하였다. 즉, 문자 중심의 학습에 대해 실용적인 관점에서의 비판이 이루어졌으며, 또 자연주의적 관점에서 아동의 자연적인 본성과 힘을 억압하고 질식시키는 수업방식에 대한 비판이 행해졌고, 헤르바르트적 관점에 선 사람들은 교육이 아동의 다면적 흥미를 계발시키는 데 실패하고 있다고 비판했다. 이러한 비판을 바탕으로 신교육운동에서 지시하는 '새로운(new) 교육'이란 최소한도 '기술적(technical) 교육'이나 '고전 중심의(classical) 교육' '자유교양(liberal) 교육'은 아니라는 점이다(Selleck, 1968: 336).

동은 한편으로는 전통적인 영국식 교육체제의 큰 틀을 유지하면서 다른 한편으로는 현 시대의 요구에 부응하는 변화된 교육을 제시하고자 하는 데 목적이 있었다. 일반적으로 볼 때 그 방향들은 루소(J. J. Rousseau), 페스탈로치(J. H. Pestalozzi), 프뢰벨(F. Froebel)과 다른 학자들에 의해 창안되고 몬테소리에 의해 재발견, 재적용된 자기 활동(self-activity), 흥미, 자유의 원칙이라는 발달 심리학적 지식으로부터 얻은 새로운 교육적 아이디어를 실행에 옮기고자 한 일련의 시도이기도 하였다. 이러한 새로운 교육적 시도는 몇몇의 선각자적인 인물들에 의해서 시작되었으나 시간이 흐르면서, 특히 제1차 세계 대전 이후부터 조직적이고 동시에 국제적인 거대한 교육운동으로 발전하였다.

1. 시대적·사상적 배경

1) 사회적 배경

19세기 중엽은 산업혁명이 일어난 후 거의 100년이 되는 때다. 영국은 산업의 기계화를 선도하였으며 수십 년간 공업 수출국으로서 사실상 독점적 지위를 누리고 있었다. 이 상승의 기운을 타고 영국은 1851년에 런던의 하이드 파크(Hyde Park)에 있는 크리스털 궁에서 런던 대박람회를 개최하였다.

대박람회는 세계시장에서의 영국의 지배권을 축하해 주는 듯했으며, 영국이 경제적 진보에 따라서 자유주의에 진력하고 있음을 보여 주었다. 대박람회가 드러낸 당시의 영국사회는 그 해의 인구조사에 대한 통계적 분석에서 두 가지 특징을 보여 주었다. 하나는 도시의 인구가 농촌을 추월했다는 사실로서, 이는 영국의 자유무역운동이 도시적 기반을 가진 제조업, 운수업, 서비스업에 의존하면서 크게 발전했다는 것을 지표상으로 보여 주면서 경제구조의 변화를 나타내주는 것이었다. 또 다른 하나는 종교의 현황에 관한 인구조사로서, 영국인의 종교활동 혹은 그것의 결여를 평가하고자 한 조사였는데, 그 결과는 전체 1,800만 성인 인구 중에서 525만 명 이상이 교회에 나가지 않는다는 사실을 보여 주었다(H. Matthew, 1999: 531-532). 따라서 19세기 중반의 영국은 그 기풍에서 더욱더 도시적이 되었고 더욱더 세속적이 되었으며 한편으로는 더욱 비국교적이 되었다. 중기 빅토리아 시대의 정치는 이러한 경향들을 반영하면서 자유주의 쪽으로 향했다.

다른 나라와 비교해 볼 때 1850~1870년 시기의 영국경제는 그 복잡성에서, 그리고 그 생산물과 활동의 범위에서 놀라운 것이었다. 영국경제는 공업경제의 기초적인 원료인 석탄과 철이 풍부했으며, 대륙의 국가들이 영국의 석탄과 철을 자국의 산업화를 위해 수입하게 되자 영국의 시장 지배권은 더욱 확대되었다. 발전 일로에 있는 공업은 선박과 증기기관에서부터 직물, 빅토리아시대의 다양한 소품들을 수출함으로써 세계무역 전체를 '빅토리아화' 했다(Matthew, 1999: 540).

1850년대와 1890년대 사이의 영국은 산업상의 변화와 사회적인 변화에서 비롯된 긴장들을 저변에 깔고 있었으나 대단히 질서 있고 균형 잡힌 사회였다. 1890년 이전까지는 사회 내부에 긴장과 불확실성이 있었음에도 외면적으로는 영국은 여전히 바다를 지배하고 있었고, 그 제국은 확장되고 있었으며 세계 산업

의 선봉에 있었다. 또한 그 지리적 특성으로 인해 유럽대륙 국
가들을 흔들고 있었던 정치적 소요에도 상대적으로 별 영향을
받지 않았으며, 영국의 노동자 계급은 여전히 합리적으로 행동
하고 있었고 중산층은 복음주의에 입각한 종교적이고 도덕적인
규범을 확실히 가지고 있었으며 여성들은 전통적인 규범의 틀
속에 있었다. 그리고 그 중심에 여왕이 있었다.

19세기 후반부터 이러한 외적인 안정과 확신이 흔들리면서 사
회 전반에 걸쳐 불확실성이 만연되기 시작하였으며 이는 종교의
영역에서 두드러졌다. 기존의 정통교리에 대한 불신과 거부로
요약되는 종교상의 불확실성은 1859년 발간된 다윈의 『종의 기
원(*The Origin of Species*)』이 촉발한 종교 논쟁이었다. 성서에 대
한 문자적 해석에 매여 있던 사람들의 신념에 도전하여 종교와
과학 사이의 싸움이 치열하게 진행되었다. 더욱이 헉슬리(A.
Huxley)와 같이 정통교리를 떠나 불가지론의 세계로 이행한 사
람들이 있는 반면에, 일부는 무신론의 세계로 들어갔다. 이와 같
은 종교상의 불확실성은 현실적으로 교회 출석률의 뚜렷한 저조
로 나타났으며 성직자들은 신자를 확보하는 데 곤란을 겪었다
(R. Selleck, 1968: 80-81). 다윈의 이론은 전통적으로 인문학에 비
해 '지체가 낮은' 학문인 과학에 주의를 환기시켰고 영국 사회
의 소외된 계층이나 영국 이외의 미개국들도 특별히 유리한 환
경에서는 더 빨리 진화할 가능성이 있다는 사실을 일깨워 주었
으며, 원시적인 정서표현이나 예술에서 새로운 가치를 발견하도
록 하는 방향으로 나아갔다. 종래의 인간관계와 행위의 규범이
나 방법이 영구불변의 가치를 가진다는 식의 정태적인 사고방식
은 폐기되고 모든 종류의 근본적인 독단주의는 이때부터 계속

비판을 받게 되었다(W. Boyd, 1996: 582-583).

종교적 신념에 있어서의 변화는 도덕적 신념상의 변화를 가져왔다. 종교가 도덕적 의무의 근거이면서 도덕적 명령에 권위를 부여하는 위치에 있기 때문이다. 특히 여성의 도덕적 위치는 큰 변화를 가져오게 되었는데, 베산트(A. Besant)와 같은 인물은 피임을 옹호하기 시작하여 이를 사회적 여론으로 몰고 갔으며 입센(Henrik Ibsen)의 희곡들은 여성의 자유를 강조하는 결과를 가져왔다. 이 시기부터 언론은 책임 있는 저널리즘의 전통을 깨고 선정적인 보도의 행태를 길러가기 시작했다. 아울러 영국에서의 여왕의 지위도 1870년을 고비로 서서히 하락의 조짐을 보이기 시작하여 1900년에는 그 하락이 명백해졌다.

대영제국의 쇠퇴는 인구 통계학적인 측면에서도 나타났다. 즉, 1870년대 초에는 영국의 인구가 3,180만, 독일의 인구가 4,100만, 미국의 인구가 3,850만이었던 것이 20세기가 시작될 무렵에는 미국의 인구가 7,590만, 독일의 인구가 5,630만인 것에 비해 영국의 인구는 4,190만 정도에 머물렀다(Selleck, 1968: 84). 이는 인력 조달에 있어서 불리한 위치에 놓이게 됨을 의미했다

쇠퇴의 징후는 산업에서도 나타났다. 세계의 산업을 주도해 가던 영국이었지만 1889년에는 독일의 무역 증가량은 영국의 거의 2배가 되었고 미국은 영국의 무역 증가량과 맞먹었다. 철강산업의 경우 내내 수위를 지키던 영국은 1895년에는 독일의 철강산업이 영국을 능가하게 되었으며, 1900년에 이르러 미국은 영국 철강 생산량의 2배의 철강을 생산하고 있었다. 더욱이 독일과 미국은 훨씬 현대적이고 효율적인 장비를 가지고 생산된 엄청난 물량의 양질의 철강을 영국으로 수출하고 있었다. 그 밖

에 영국이 우위를 지키던 석탄과 선철 분야도 각각 미국과 독일
에 자리를 내주었다.

  농업 분야도 예외는 아니었다. 1870년대부터 미국산의 저렴한
밀이 유럽시장에 밀려들어오기 시작하면서 영국의 농민들은 일
거리를 잃어갔으며 노동자들은 도시를 떠돌기 시작했고 1894년
에 이르러서는 농산물 가격은 1세기 만에 최저치로 떨어졌다
(Selleck, 1968: 84-85).

  이러한 모든 사실이 영국이 몰락한 국가라는 것을 뜻하는 것
은 물론 아니다. 영국은 여전히 세계에서 가장 부유한 나라들
중의 하나이며 여러 분야에서 선두를 유지하고 있었다. 그럼에
도 그 이전에 누렸던 번영과 그에 기초한 확신과 자신감을 더
이상 가지기 어렵게 되었다는 점이다. 또한 이 시기에 산업화가
가장 먼저 시작된 나라인 영국이 그 산업화를 급속하게 추진하
는 과정에서 배태한 빈부격차와 빈자들의 비참한 생활문제가 커
다란 사회문제로 부각되었다. 이러한 사회문제를 폭로하는 일련
의 서적들이 이 시기 동안에 대거 출판되었다. 1889년에 구세군
의 창설자인 윌리엄 부스(William Booth)는 『영국의 암흑과 그
출구(*In Darkest England and the Way Out*)』를, 1901년 로웬트
리(B. S. Rowntree)는 『빈곤, 도시생활에 대한 연구(*Poverty, A
Study of Town Life*)』를, 1911년에는 라스커(B. Lasker)가 로웬트
리(Rowentree)와 함께 『실업(*Unemployment*)』을, 1915년에는 보
울리(A. L. Bowley)와 버넷 허스트(A. R. Burnett-Hurst)가 『생계와
빈곤(*Livelihood and Poverty*)』을 각각 출판했다. 이 시기에 가장
주목할 책은 찰스 부스(Charles Booth)가 저술한 『런던시민의 삶
과 노동(*Life and Labour of the People in London*)』으로서, 이

책은 1889년에 1권이 나온 이후 1903년에 17권이 출판되면서
완결되었는데, 빈민 계층의 비참한 생활상과 노동조건의 열악한
실태를 세심한 필치로 묘사하였다(Selleck, 1968: 90-91). 이러한
서적들에 의해 명백해진 사회상을 개선하기 위한 시도들이 한층
강화되었으며 사회개혁에 대한 관심은 이 시기의 한 특징이 되
었다.

  사회개혁을 위한 단체들의 성립과 활동은 1880년대부터 본격
화되었다. 1881년에 하인드먼(H. M. Hyndman)은 민주연합
(Democratic Federation)을 설립했으며 이 단체는 1883년에 마르
크시스트(Marxist) 프로그램을 채택했고 1884년에는 사회민주연
합(Social Democratic Federation)으로 개명했다. 1884년에 윌리엄
모리스(William Morris)가 주도하여 사회주의연맹(Socialist League)
이 창설되었으며, 같은 해 사회주의 단체인 파비안협회(Fabian
Society)가 결성되었다.

  사회주의 단체가 형성되고 있던 1880년대에는 노동자 계층에
서 비롯된 운동, 즉 노동운동이 전개되기 시작한 시기이기도 하
다. 비숙련 노동자들이 그들의 열악한 노동조건에 대한 자각과
불만이 고조되면서 발발한 노동운동은 1887년 트래펄가 광장에
서의 '피의 일요일(Bloody Sunday)' 폭동과 폴몰(Pall Mall) 가에서
의 '검은 월요일(Black Monday)' 유리창 파괴사건, 그리고 1888년
의 성냥팔이 소녀들의 파업에 이어서 1889년에는 런던 항구를
모두 폐쇄시킨 런던 부두 노동자들의 대규모 파업 사태로 이어
졌다. 특히 부두 노동자들의 파업은 그 이후 노조의 성격과 그
구성에 있어서 현저한 변화를 가져왔다. 즉, 노조의 성격은 더욱
공격적이고 호전적이 되었으며 그 구성원들로 비숙련 노동자들

이 대거 유입되었다. 이제 노조의 정치세력화는 이어지는 수순
이라고 할 수 있는데 1893년에 키어 하디(Keir Hardie)에 의해 창
당된 '독립노동당(Independent Labour Party)'은 1906년의 선거에
서 29명을 의회에 진출시킴으로써 노조는 제도권 안으로 들어오
게 되었다(Selleck, 1968: 93).

이상의 모든 징후는 구질서를 흔드는 불확실성의 구체적인 징
후들인 동시에 새로운 질서를 만들고자 하는 희망과 확신을 요
구하고 있었다. 즉, 전통적 신념들에 대한 도전, 노조와 사회주
의의 대두 등등은 구질서의 점진적인 붕괴로 인한 불확실성으로
부터 벗어나기 위한 투쟁들로서 새로운 세계가 오고 있음을 뒷
받침하는 증거들이었다. 그리고 이러한 새로운 세계는 기존의
인식의 전환과 사회제도의 개혁, 또한 전통적인 교육의 한계를
명확히 인식하고 시대의 요구에 맞게 새로운 교육을 추구하고
실현할 때만 근본적으로 가능하다는 사고들이 싹트기 시작했다.
따라서 이 시기에 영국사회에 심대한 변화를 가져온 신교육운동
을 비롯한 다양한 사회개혁운동이 시작되었다.

2) 사상적 배경

영국 신교육운동의 사상적 배경을 단일의 또는 두세 개의 이
론들로 설명한다는 것은 사실 불가능하다고 할 수 있다. 셀렉
(Selleck)의 지적처럼 신교육의 영역은 워낙 넓기 때문에 다수의
연구자들이 탐색하더라도 그 전체의 세밀한 지도를 완성한다는
것이 지극히 곤란한 작업이며 이 운동에는 일련의 확정된 이론
들도 없고 모두가 합의한 약속도, 신조도, 선언서도 없기 때문에
신교육운동은 다양한 맥락과 특징을 가지고 있는 지극히 다면적

인 운동이라고 할 수 있다(Selleck, 1972: 329-331).

대부분의 영국 신교육운동이 영향을 받은 사상적 원천은 많은 부분이 영국 밖에서 온 것이었다. 그 운동이 갖는 자연주의적 경향은 일차적으로 독일의 페스탈로치(H. Pestalozzi)와 프뢰벨(F. Froebel)로부터 온 것이며 그 이후에는 몬테소리(M. Montessori)와 듀이(J. Dewey)의 영향도 받았다. 헤르바르트(J. Herbart)의 사상도 미국을 경유해서 영향을 주었으며 실제적인 수공교육의 강조는 스웨덴의 슬로이드(Sloyd) 운동에서 비롯된 것이었다. 또한 교육에서의 예술교육의 중요성을 강조하고 이를 적극적으로 적용한 시도들도 독일의 함부르크(Hamburg) 예술교육운동과 무관하지 않다.[2]

이처럼 영국의 초창기 신교육운동의 사상적 기반은 대부분 영국 국외의 사상가들로부터 온 것이었다. 즉, 독일로부터는 페스탈로치와 프뢰벨, 헤르바르트의 사상을, 이탈리아로부터는 몬테소리의 사상을, 미국으로부터는 듀이의 사상을 받아들였다. 실용주의적인 교육의 단서도 스웨덴의 슬로이드(Sloyd) 교육에서 왔다. 심지어 도덕교육도 미국의 도덕사회운동(Ethical Society Movement)과의 관련성 속에서 이루어졌다(Selleck, 1968: 332-333). 따라서 영국의 신교육운동은 특별히 창의적인 결과가 아니라고도 할 수 있다. 그러나 그것이 오로지 모방적인 것만은

---

2) 이러한 사실은 영국의 신교육이 독창적인 것이 아니라는 사실을 보여 주지만 그러함에도 철저히 모방적이지도 않았다. 영국인들은 자신들의 필요에 맞추어 외래의 이론들과 방법들을 응용하고 적용시켰다는 점이다. 일례로 Froebel의 사상을 수용하면서 그 이론의 형이상학적인 측면은 배제하고 실제적인 면만을 수용한 경우를 들 수 있다(Selleck, 1968: 334).

아니었다. 비록 대부분의 사상이 국외에서 도입된 것이라 하더라도 그 사상들은 영국인들에 의해서, 또 영국인들을 위해 해석되었다. 우선 권위를 가진 특정 사상가를 적극적으로 소개하더라도 그 사상에만 집착하지 않았다. 예를 들어, 헤르바르트 사상의 권위자로 불린 핀들리(Findley)의 경우도 듀이 사상과 손을 잡으면서 그의 학교인 필덴(Fielden) 학교에서는 몬테소리의 방법으로 실험을 하였다(Selleck, 1968: 333). 즉, 이들 사상의 소개자요 연구자들은 자신들을 특정 사상에만 국한시키지 않고 자유롭게 해석하고 수용하였다. 따라서 영국인들은 사상의 창안자들은 아니었지만 다른 사람들이 창안한 이론들과 방법들을 그들 자신의 요구에 맞추어 조정하고 또 수정하였다. 예를 들어, 페스탈로치의 '언어보다도 사물'이라는 실물수업은 축소된 해석을 거쳤으며, 프뢰벨의 '은물과 활동'은 기계적인 수용에 그침으로써 그 활동이 담고 있는 형이상학적인 배경은 무시되었다. 이러한 해석과 수용은 부분적으로는 영국 교육의 성과별 지원체제(payment by results system)에 기인하며, 또 부분적으로는 교사들의 경우 교실수업에의 즉각적인 적용을 중시하는 경향성에 기인한다고 할 수 있다(Selleck, 1968: 334). 요컨대, 영국 밖에 그 기원을 가지고 있는 신교육의 사상들은 영국 교육자들에 의해 해석되었으며, 영국의 교육 환경에서 수정되었고, 그 결과 수용의 양식이 다양했다고 할 수 있다.

또한 영국의 신교육은 영국 내부에 기원을 둔 사상들의 영향도 적지 않게 받았다. 19세기 영국의 낭만주의인 밀(J. Mill)과 벤덤(J. Bentham)의 공리주의(Utilitarianism)사상, 스펜서(H. Spencer)의 교육사상, 그리고 헉슬리(A. Huxley)와 다윈(C. Darwin)이 그

중심에 있는 신학적이고 과학적인 논쟁들도 많은 영향을 주었다. 아울러 20세기 초반에는 영국인들의 교육적 사고에 큰 영향을 준 영국의 교육자들로서 에드먼드 홈스(Edmond Holmes), 노먼 맥먼(Norman MacMunn), 닐(A. S. Neill)을 언급할 수 있다(Selleck, 1972: 138). 이들은 자신들의 저서들을 통해서, 즉 홈스의 『교육의 현재와 미래(*What is and What might be*)』(1911) 맥먼의 『자유에 이르는 아동의 길(*The Child's Path to Freedom*)』(1914) 그리고 닐의 『교사의 수기(*Dominie's Log*)』(1918)를 통해 영국의 지식인들에게 큰 반향을 불러일으켰다.

이상의 여러 사상적 원천이 직·간접적으로 영국의 신교육 형성에 영향을 주었다고 할 수 있지만, 이와 함께 영국 내에서의 교육개혁뿐만 아니라 신교육을 국제적으로 조직된 하나의 운동으로서 발전시켜 나가는 데 중요한 공헌을 한 사상으로서 신지학(theosophy)과 이를 추구했던 신지학자들이 있었다. 또한 20세기 초반에 발전되기 시작한 새로운 심리학의 흐름들이 신교육운동에 있어서 아동과 인간에 대한 통찰과 이에 따른 적절한 교육의 방법과 원리를 제시하였다.

(1) 새로운 심리학 운동

새로운 교육운동은 참신한 시각과 방법의 기초를 제공한 전문가들로 인해 교육과정에서의 개혁이 이루어지게 되었는데, 그 대표적인 두 인물이 몬테소리(M. Montessori)와 데크롤리(O. Decroly)인 의사 교육자들이다. 아이들의 결점과 그로 인한 발달상의 퇴보는 보통 학교들이 제공할 수 없는 교육적 처방을 요구한다는 것을 깨달은 의사들은 그들의 경우의 특별한 요구에 맞는 방법을 발명해야만 했다. 이 방법들이 장애 아동들에게 성공적으로 증명되었을 때 보통 아이들에게 더 좋은 결과를 낳을지에 대한 질문이 필연적으로 제기된다. 이것은 사실 두 천재 의사인 로마의 몬테소리와 브뤼셀의 데크롤리에게 세기의 첫 10년 동안 일어났던 일이다.

몬테소리는 그녀의 교구의 적용과 일반 아이들을 위한 방법과 그녀가 정상적인 코스에서 진술한 것에 기반을 둔 원칙, 설득력 있는 아이디어를 가지고 저술한 세계적으로 유명한 책과 함께 교육자로서 출현했고 몬테소리 방법을 출범시켰다. 그 방법—초기 단계와 고급 몬테소리 방법(The Advanced Montessori Method)의 물질적인 지원—의 중요한 전제는 부모와 교사로부터 탈출하고 싶은 아이들의 욕구였다. 몬테소리에 따르면 어른과 아이 사이에는 영구적인 저항이 있다. 현대 사회에서 아이들은 불만족스러운 인격을 가진 하위의 존재이며, 그의 것을 지키는 투쟁 속에서 그의 진짜 본성에 적합하지 않게 방어기제를 사용하도록 강제된, 어른들의 압력에 의한 불행한 희생양이다. 교육개혁의 첫 번째 움직임은 어른 교육자들을 대상으로 하는 것이어야 한다. 즉, 그의 의식을 깨우는 것, 그의 우월성에 대한 선입견을 제거하는 것, 그를 겸손하고 어린이를 대할 때 수동적이게 만드는 것, 다음으로 아이가 좌절로부터 자유롭게 자신의 삶을 살수 있는 기회를 가진 새로운 환경을 제공하는 것이다. 몬테소리 교육은 과학적 실험의 기초 위에 아이들이 고안된 교육과정에 의해 점진적으로 발달되어 가는 것을 가능하게 하는 교구를 가지고 있다. 몬테소리 학교에는 어떤 것이 주요 계획을 따라 적절하게 잘 되어 가는지 보는 것을 자신의 주요 역할로 여기는 친절한 안내자만 있을 뿐 지시하는 선생님은 아무도 없다. 그 결과는 몬테소리와 그 제자들에 의해 새로운 인간성의 약속을 주는 탁월한 존재로서 의심할 수 없는 마음의 힘과 영혼을 가진 '새로운 아동(New Child)'의 개념 정립에서 드러났다.

1912년에 몬테소리의 대표적 저서인 『몬테소리 방법(*The Montessori Method*)』 영역본이 영국에 소개되었으며, 이어서 여러 학교들이 몬테소리 방법을 교육에 적용하기 시작하였다. 제1차 세계 대전 기간 중에도 몬테소리 교육에 대한 관심은 지속적으로 증가하였으며, 1919년 몬테소리가 처음으로 영국을 방문하였을 때 그녀는 대대적인 환영을 받았다. 그녀는 영국에 머물면서 몬테소리 연수과정에 대해 수천 번의 요청을 받았으며 당초 3회를 계획했던 연수는 그 횟수를 초과하여 진행하여야 했다. 이 첫 방문 이후 몬테소리는 제2차 세계 대전이 발발하기 전까지 격년으로 영국을 방문하여 자신의 독창적인 교수원리와 실제에 대한 연수를 실시함으로써 수많은 영국의 교육자들을 새로운 교수의 세계로 인도하였다. 이러한 과정을 통해서 당시로서는 급진적인 색채를 가진 개념인 아동의 '자유' '개성(individuality)' '독립심(independence)' 등을 그녀는 제시하였으며, 많은 교육자들이 이를 수용하게 되었다(Selleck, 1972: 28-29).[3]

---

3) 그러나 몬테소리의 사상이 영국 내에서 언제나 지지받은 것은 아니었다. 네 가지 종류의 반대가 있었는데, ① 교사나 부모들의 권위행사를 포기하라는 메시지가 담긴 몬테소리 사상체계에 대한 철저한 거부, ② 교수체계의 정밀성을 위해 아동의 개별적인 상상력이 억제되고, 교구에 의해 짜인 수업의 옹호는 교실수업을 불신하고 있다는 비판, ③ 아동의 환경이라는 것은 사물과 사람 모두를 포함하며 아동은 그의 적절한 환경 속에서 자유

데크롤리(O. Decroly, 1871~1932)는 정신적 질병과 이와 관련된 심리적인, 철학적 문제들에 대한 그의 특별한 흥미를 가지고 그의 일생에 걸친 작업을 하였다. 장애 아동들과 살면서, 그들의 반응과 흥미들을 관찰하고, 일반 학교에서 결과가 좋지 않았던 훈련의 결과를 비교하면서 데크롤리는 모든 아이들을 위한 교육의 새로운 방법의 아이디어를 형성했다. 그는 흥미의 중심에 기초한 프로그램과 교육적 게임을 이용한 배움의 개인화를 교육의 본질적인 것들로 보았다. 1907년 그는 후에 허미티지(Hermitage)라 알려진 정상적인 아이들을 위한 작은 학교를 열었다. 그 학교의 기본적 모습은 워크숍 교실로서, 공부, 박물관, 동물원, 도서관 등 아이들이 자신의 직업에 대해 자유롭게 할 수 있는 모든 곳에서 계획하는 것, 이야기하는 것, 관찰하는 것, 협력하는 것, 요구되는 행사들을 하는 워크숍 교실이었다. 개인 활동들의 다양성 뒤에는 아이들의 기본적인 요구 분석에 기초하여 주의 깊게 조직된 계획이 있었다. 네 가지 중요한 흥미―식욕, 보금자리의 요구, 방어의 요구, 일의 요구―가 있다. 아이들을 안내하는 데 있어서 교사들은 조직적인 방법을 따를 것이 요구되었다. 관찰, 교제, 표현에 있어서 포괄적인 원칙들이란, 부분들보다 오히려 전체에 우선권을 부여하는 것의 중요함으로 아이들을 가르치는 데 있어서 강조되었다(Boyd & Rawson, 1965: 23-24).

새로운 심리학의 연구는 영국 밖에서뿐만이 아니라 영국 내에서도 진행되었으며 그 대표적인 인물이 수잔 아이삭스(Susan

---

롭게 성장할 수 있어야 한다는 비판, ④ 몬테소리는 아동을 진정으로 자유롭게 놓아두는 것이 아니라 교묘하게 통제하고 주조하고 있다는 비판이 그 요지다(W. A. Stewart, 1972: 218-220; W. McCallister, 1931: 430).

Isaacs)였다. 아이삭스는 1924년 제프리 파이크(Geoffrey Pyke)의
재정지원하에 케임브리지의 몰팅하우스 가든학교(Malting House
Garden School)에서 2세에서 7세 아동을 대상으로 일련의 실험연
구를 4년에 걸쳐 진행하였으며, 그 연구결과로 나온 책이 『어린
아동들의 지적 성장(*Intellectual Growth in Young Children*)』
(1930)』과 『어린 아동들의 사회적 발달(*Social Development of
Young Children*)』(1933)로서 그 이후 아동 이해에 커다란 기여를
한 저작들이었다. 새로운 학교들은 수잔 아이삭스의 실험 연구
에 의해 그 교육 실천과 원리를 더욱 새롭게 발전시킬 수 있었
다. 즉, '자기 표현(self expression)', 예술, 수공과 음악이 중시되
는 교육으로서, 창조적인 상상력의 지대한 강조와 가르치기보다
는 발견하게 하고, 아동의 흥미와 필요를 충족시켜 주며, 지나치
다고 생각될 정도의 자유를 허용하는 것이 아이삭스의 몰팅하우
스(Malting House)가 실험하고 실천한 것이었다(Selleck, 1972: 38).
1933년 아이삭스는 런던대학교의 교육학부에 신설된 아동발달
학과의 책임자가 되었으며, 이를 계기로 몰팅하우스에서 발전된
그녀의 사상은 널리 전파될 수 있었다.
　1920년대와 30년대의 급진적인 학교들에서의 교육적인 이론
은 매우 신중하게 채택되었고, 유아기의 억제라기보다는 자유의
중요성을 세 측면에서 강조하였다. 즉, ① 아동의 자발성 ② 특
히 예술 분야에서, 놀이와 탐구와 아이의 독창성으로부터 나온
결과물의 표현성의 강조 ③ 교육에서 지적인 영역보다도 감성과
긍정적인 자세의 중요성의 강조가 바로 그것이다. 이와 관련하여
프로이트(S. Freud)와 성(性), 애들러(A. Adler)와 권력에 대한 의지,
융(C. G. Jung)의 개별화는 모두 그 당시의 진보적인 교육의 이론

과 실행에 있어서 중요한 위치를 차지하고 있었다(Stewart, 1972: 468). 일례로 1920년대 영국의 비권위주의 교육운동에 지대한 영향을 준 레인(H. Lane)의 '리틀 코먼웰스(Little Commonwealth)', 닐(A. S. Neill)의 서머힐 학교(Summerhill School)는 그 사상적 기반이 정신분석에 토대를 두고 있었다. 이는 무의식의 세계와 그것이 갖는 교육적 의미가 널리 전파되고 수용된 대표적인 결과라고 할 수 있다.

(2) 영국에서의 신지학의 형성과 교육적 연관

신지학자들은 영국의 신교육운동 전개 과정에서 주요한 공헌을 했다. 그들은 새로운 학교운동의 사상적 토대의 일부를 형성했으며 직접 새로운 학교를 설립하였고, 무엇보다도 신교육운동의 국제적 연대를 가능하게 한 신교육협회(New Education Fellowship)의 창설에 결정적 기여를 하였다. 따라서 영국에서 신지학이 어떻게 시작되었고 단체로 발전되어 교육에 커다란 영향을 주게 되었는지를 고찰할 필요가 있다.

신지학운동의 초창기 개척자의 한 사람은 막스 뮬러(F. Max Muller)로서, 그는 옥스퍼드 비교문헌학 분야의 중심 인물들로 구성된 단체의 특별회원이었다. 1900년에 죽기 전까지 그는 50여 년 동안 인도에서조차 출판되지 않은 힌두교의 성가 『리그베다(*Rig Veda*)』를 집필했으며, 50여 권에 이르는 동방의 성전이라 이름 붙인 방대한 세계의 종교들의 성전 시리즈 번역을 감수하였다. 이 기념비적인 학술적 집필로 인해 19세기 말경 많은 영국인들은 동방의 종교에 대해 알 수 있게 되었으며, 이는 마담 블라바스키(Madame Blavasky), 애니 베산트(Annie Besant) 등의 신지학자들이 주체가 된 운동에 있어 많은 부분 학문적 배경을 제공했다(Stewart, 1968: 50-51).

신지학협회를 창설한 인물은 마담 페트로브나 블라바스키(Madame H. Petrovna Blavasky)로서 그녀는 1831년 오데사 근방에서 태어나 60세가 되는 해 런던에서 타계하기까지 일생의 1/3을 먼 동방의 티베트와 그 근경 국가들에서 발견된 신비스럽고 영적인 동양의 靈知主義적(gnostic) 종교들에 대해 탐구하였다. 또 많은 책을 썼고 올코트 대령(Colonel H. S. Olcott)과 함께 1875년 뉴욕에 신지학협회를 창설했다.

신지학운동의 또 다른 중요 인물인 베산트(A. Besant)는 시네트(A. P. Sinnet)와 블라바스키(H. P. Blavasky)의 신지학 논평들을 두루 읽고, 특히 블라바스키의 말년의 『비밀교의(*The Secret Doctrine*)』을 통해 1890년 완전히 신지학자가 되었다. 1877년 놀튼(Knowlton)의 『철학의 결실(*Fruits of Philosophy*)』을 출판하면서 산아제한을 주장하였다. 같은 해 그녀는 자신의 『무신론의 복음(*Gospel of Atheism*)』을 출간하였으며, 1885년에는 파비안협회(Fabian Society)에 합류하였다.

블라바스키가 1891년 사망했을 때 베산트는 영국의 신지학회 지도자 중 하나가 되었고 그 후 1907년 세계적 신지학운동의 회장이 되었다. 1893년 그녀는 인도를 방문했고, 그 후 1933년 미국에서 죽기 전까지 대부분의 여생을 인도에서 보냈다. 인도는 그녀에게 있어 신지학의 모든 의미를 이해할 수 있게 했으며, 마드라스(Madras)의 아디야르(Adyar)에 이 운동의 본부가 현존하고 있기도 하다(Stewart, 1968: 51-52). 미국의 경우 미국 신지학회 리더인 윌리엄 쿠안(William Quan)이 1895년 많은 미국인과 신지학운동을 성공적으로 이끌었고, 이들은 보편적 형제애와 신지학 협회(Universal Brotherhood and Theosophical Society)라는 새로운 조 직을 만들기도 하였다.

　여기서 신지학의 기본 철학을 간략히 개관해 보면 다음과 같 다. 즉, 신지학은 윤회와 전생의 원리로부터 우주는 정신과 물 질, 성장과 소멸이 모두 함께 흘러간다는 믿음에 기반을 두고 있으며, 생명과 인간의 마음은 신에 의해 영혼이 부여된 것으로 믿는다. 이에 대해 물질계의 진화는 원소와 미네랄 그리고 식물 과 동물, 나아가서 자의식을 갖고 있는 인간의 단계에 이르기까 지 스스로 활동하는 신성한 잠재력의 일부라는 것이다. 사람들 이 아는 과학 법칙에 의한 물리적 세계는 가장 조밀하고 명시적 이지만, 개개인은 비상한 투시력과 텔레파시를 통해서 우주의 두 번째 단계와 소통할 수 있는 아스트랄체(astral body)를 또한 소유하고 있다. 우주의 세 번째 단계는 인간의 정신체(mental body)에 의해 탐구되는 것으로써 이 정신체로부터 영적인 단계 라는 완전히 다른 영역을 이해하는 데 적합한 지각능력이 발달 한다. 이상의 세 가지, 즉 물질적 몸, 아스트랄체 그리고 정신체 는 인간의 일상적 생활에서 작용하는 도구들로, 일반적인 신지 학자들의 과제는 이들 도구를 통해 영적인 삶을 넓히고 심화시 키는 것이다.

　또한 죽음은 단지 모든 것의 종말을 의미하는 것이 아니라 환 생의 계기로 이해한다. 즉, 환생을 통해서 인간의 모든 경험이 융화될 수 있으며 물질체, 아스트랄체, 정신체가 완전히 성장하 여 다른 것으로 대체될 수 있는 것이다. 여기서 카르마라는 원 리가 또한 작용하는데, 이것은 오직 불변하는 원리로써 연속적인 삶을 통해 영혼의 성장을 주재하는 신을 가리키는 원리다. "뿌린 대로 거두리라."는 것은 환생과 윤회의 관점을 완벽하게 보여 주는 진리다. 한편으로는 이러한 두 원리는 이 세계의 명백한 불의와 현존하는 정신적·도덕적·사회적 불평등을 설명하는 데 유용한 단서를 제공하기도 한다(Stewart, 1968: 52).

이러한 절충적 영성으로 인해 신지학회는 교리도 없고 강령도 없으며, 신앙인이던 비신앙인이던 모든 추종자들을 포용하고, 신비롭거나 초자연적인 체험 혹은 비밀스러운 전통이나 책을 통해 신의 본질에 대한 통찰력을 추구하는 종교사상들을 포괄하면서 교리, 교의, 신학체계들은 다만 신비와 큰 의미의 한 부분일 뿐이라고 주장할 수 있게 되었다. 하지만 추론적이고 모호한 일반적 동의는 훗날 저지(W. Judge)와 루돌프 슈타이너(Rudolf Steiner), 에드워즈 메이트랜드(Edward Maitland), 애나 킹포드(Anna Kingford)의 경우에서 확인되듯이 여러 견해의 차이를 보이면서 신지학회를 떠나는 결과를 낳기도 하였다. 그렇지만 진보주의 교육에 있어 중요한 발전을 가능하게 한 이들은 역시 신지학자들이다(Stewart, 1968: 53).

1907년 무렵에는 신지학회 분파가 전 세계에 걸쳐 확산되었으며 영국에만 그 지부가 650여 개가 있었다. 다수의 신지학자들은 새생명협회(Fellowship of the New Life)와 20세기 전환기에 있었던 정원도시(Garden City) 운동과 연결되어 있었다. 베산트(Mrs. A. Besant), 아룬데일(G. Arundale), 시네트(A. P. Sinnett)와 그 밖의 사람들의 헌신적인 활동으로 인해 1910년부터 1915년 무렵 신지학이 유행처럼 유럽에 확산되었다.

1875년 최초로 설립된 뉴욕의 신지학회는 하나의 일반적인 목

적을 가지고 있었는데, 그것은 민족, 성별, 종교, 인종 혹은 신
분(카스트)에 대해 일체의 차별이 없는 인류에 대한 세계동포주
의의 구심점이 되는 협회를 형성하는 것이었다. 그 외에 실험적
인 두 개의 목표가 있었다. 첫째는 비교 종교, 철학, 과학의 연
구에 대한 장려이고, 둘째는 밝혀지지 않은 자연의 법칙과 인간
의 능력에 대한 연구다(Stewart, 1968: 53-54). 1915년에는 교육에
있어 신지학 단체인 '교육에서의 신지학 형제단체(Theosophical
Fraternity in Education)'가 구성됨으로써 같은 정신을 교육에서
추구하였다. 신지학의 이념은 전문 직업인들 사이에 크게 확산
되었으며 1914년경 신지학자들은 자신들의 학교를 설립하고, 또
국가행정과 지방행정에 참여하여 교육을 통한 공공 서비스에 기
여하고자 하는 요구가 더욱 절실해져 갔다.

　1914년 노르포크(Norfolk)의 이스트 런튼(East Runton)에서 첫
번째 회의가 개최되었을 때 주요 주제는 몬테소리(M. Montessori)
의 이론과 실습에 관해서였다. 거기서 매년 회의는 제2차 세계
대전이 시작되기 바로 직전까지 연속적으로 이어졌다. 이 그룹
의 회원들은 모두 종교계와 교육계의 지도자들로서 다음과 같이
1923년 옥스퍼드 회의의 보고서의 서두 부분에 이들이 공유하
는 태도가 나타나 있다(Stewart, 1968: 55).

　　이것은 어떤 특정 교수이론이나 어떤 분파의 선전을 지원하기 위해
　존재하는 것이 아니다. 회원들의 활동은 새로운 정신과 세계에 대한
　희망이 교육계에 충만하고 있다는 일반적 신념 위에서 수행되며 ……
　새로운 정신들의 필수 요건들이란 학생들 한 사람, 한 사람의 개성이
　존중되는 것과 진정한 개성은 자유로운 환경에서 최대로 성장한다는
　신념이다.

'교육에서의 신지학 형제단체(The Theosophical Fraternity in Education)'는 '교육에서의 새로운 이상(New Ideals of Education)'의 조직을 벗어나지 않는 범위 내에서 출발했으며, 베아트리체 엔소어(Mrs. Beatrice Ensor)가 중추적 역할을 담당하였다. 베아트리체 엔소어는 장학관의 한 명으로서 에드먼드 홈스(Edmond Holmes)의 저서인 『교육의 현재와 미래』로부터 깊이 영향을 받았으며, 그녀도 회원이었던 호머 레인(Homer Lane)의 '리틀 코먼웰스(Little Commonwealth)'의 회원으로서 교육계에서 요구되는 변화들을 공부하면서 신지학협회(Theosophical Society) 내부에 교사들을 중심으로 하는 모임을 결성할 아이디어를 갖게 되었고, 이것이 바탕이 되어 '교육에서의 신지학 형제단체'가 출범하게 되었다. 이 모임의 핵심은 인간 본성에 대한 신뢰와 모든 아이들에게 잠재해 있는 영적 능력에 대한 신뢰였다. 이 단체는 프랑스, 미국, 인도, 호주 그리고 뉴질랜드에 지부를 설립하였다.

1920년에 회원들이 500명 이상 되면서 신지학회는 자신들만의 커다란 회의를 개최할 만큼 규모가 커졌다. 이 독자적인 회의는 우리가 알고 있는 신교육협회(New Education Fellowship)라는 조직으로 성장했다. 신교육협회가 성장하면서 상대적으로 '교육에서의 신지학 형제단체'는 쇠퇴했다.

또한 신지학자들은 신지학 모임이 자신들의 사상을 펼칠 수 있는 학교들을 실제로 설립, 운영하였다. 신지학자들이 설립한 학교들로는 브랙큰힐 신지학 홈스쿨(Brackenhill Theosophical Home School in Kent), 킹 아서 학교(King Arthur School in Edinburgh and Derbyshire), 모레이 학교(Moray School in Glasgow), 베산트 학교(Beasant School in the North of England), 린스터 하우

스(Linster House in London) 등이 있다. 이들 학교들은 신지학 교육 재단(Theosophical Educational Trust)의 후원하에 있었으며 1918년에 이 재단은 엔소어 여사의 요청으로 레치워스 (Letchworth)의 아룬데일학교(Arundale School)를 100여 명의 남녀 학생을 수용할 수 있는 현대식 학교로 확장시키면서 그 이름을 성 크리스토퍼 학교(St. Christopher School)로 명명했다.

신지학자들이 설립한 학교들에서는 학생들의 특별한 재능들을 발달시키고 각자의 존재의 법칙에 따라서 성장할 수 있는 자유가 신체적 · 정서적 · 정신적인 자기통제에 기초하여 각 어린이들에게 부여되었다. 이런 맥락에서 처벌은 실제로 마지막 수단이었으며 체벌은 완전히 부정되었다. 신지학자들은 '자연'에 대해 깊이 깨닫고 있었으며, 그들의 학교는 가능한 야외에서 작업하고 생활하였기 때문에 정원학교들(garden schools)이라고 자주 불렸다. 신지학자들은 절제된 식사의 중요성을 인식하고 있었는데 이는 건강의 측면에서만이 아니라 자연에 대한 이해와 모든 생명의 신성함과 일체성에 대한 신념의 측면에서 이루어진 것이었다.[4]

이들 학교들, 특히 성 크리스토퍼 학교의 교육내용에서 신지학자들이 추구했던 것을 확인할 수 있다. 즉, 과학을 가르치면서 물질주의적인 경향성은 배제했으며, 살아 있는 생물에 대한 해부는 금지되었다. 음악과 미술과 드라마의 미학적인 조화를 도

---

4) 이런 맥락에서 St. Christopher School에서는 고기가 들어 있지 않은 식사가 제공되었다고 이 학교의 교직원이었던 L. Pekin은 보고하고 있다(Stewart, 1972: 197).

모하는 오이리트믹스(Eurythmics)는 권장되었으며 정해진 시험 대신에 자발적인 시험이, 집단 교수보다는 개별화된 교수가, 경쟁보다는 협동이 각각 강조되고 격려되었다. 종교 교육은 기독교에 기초하되 초종파적으로 행해졌다. 종교의식에의 참여도 강제적이 아니라 권장사항이었다(Stewart, 1972: 59-60).

이상의 서술에서 신교육협회(NEF)의 초기 회원들이 주요한 신지학자들이며 이들이 협회에 정신적 자극을 주어 협회를 창조적이고 강력한 영향력을 가진 조직이 되게 했으며, 또 여러 새로운 학교 설립을 주도했다는 점에서 신지학자들이 신교육운동의 전개과정에서 교육의 이론과 실천에 행한 커다란 기여를 확인할 수 있다.

2. 선구적인 학교들

20세기 초 유럽에서 진행된 신교육운동은 루소와 페스탈로치에 기원을 둔 교육적 이상, 즉 좋은 교육은 개인의 흥미와 배우는 이의 관점을 고려하는 것에 기반을 두어야만 한다는 신념이 영구적 유산으로서 계승되어 이 시기에 영국을 비롯한 유럽 전역에 개화된 결과라고 할 수 있다. 민간 차원에서 시작된 신교육운동은 1920년대에는 유럽 전역과 아시아, 미국과 남미, 아프리카까지 확대된 범세계적 교육개혁 운동이었으며, 20세기 중반 이후 정부차원의 공교육 부문 교육개혁에도 적지 않은 영향을 줌으로써 20세기 교육의 역사에서 차지하는 그 의미가 간과될 수 없는 교육운동이었다.

영국의 경우 교육적 개혁의 필요를 확신한 선구자들에 의해 주도되었고, 개혁에의 길이란 그들이 비판한 기존의 사립중등학교인 퍼블릭 스쿨(public school) 시스템에서 벗어나는 것이었다. 즉, 영국 퍼블릭 스쿨 교육은 여러 장점이 존재함에도 거기에는 적지 않은 단점이 지적되었는데, 우선 퍼블릭 스쿨이 중시하여 온 운동 경기들은 지나치게 흥미 위주가 되거나 그 자체가 목적인 것처럼 과장되어 스스로 교육적 효과를 감소시켰다. 또한 학문, 법, 종교, 정치 등에 국한된 직업교육 커리큘럼은 산업과 과학 분야를 경시하는 경향이 있어서 일, 기업, 기술, 상업과 같은 실질적인 경제활동에 대한 대비는 찾아볼 수 없었다. 인성교육 영역에서도 퍼블릭 스쿨 시스템은 학생들로 하여금 귀족주의적 통치이념을 추종하게 만들며 그들의 일상생활을 통해 끊임없이 특정 계층의 제한된 전통을 하나의 관습으로 받아들이게 하고 있었다. 무엇보다도 퍼블릭 스쿨 커리큘럼이 고전 중심으로 구성되어 있어 시대에 부응하는 교육이 되지 못하고 있다는 점이었다(R. Wake & P. Denton, 1993: 23-24; J. Badley, 1923: 4-5). 요컨대, 퍼블릭 스쿨의 커리큘럼이 가지고 있는 비실제성 내지는 비실용성, 퍼블릭 스쿨의 인성교육 영역에서 발견되는 계층편향성과 반민주성, 시대에 맞지 않는 지나친 고전교육의 강조 등이 개혁되어야 할 주된 요소들이었다.

이들 신교육운동의 선구자들은 학교가 변화할 필요가 있다는 것은 동의하는 반면에, 이 새로운 학교들이 어떻게 운영되어야 하는가에 대해서는 그 학교들의 초대 설립자들의 확고한 원칙들을 따름으로써 각각의 학교들은 개별적인 특징을 지니게 되었다. 그럼에도 그들은 민주적 교육, 그리고 좋은 학교와 사회생활의 근본적인 조건으로서의 자유에 대한 신념을 공유하였다. 이 학교들 중 가장 크고 근접하게 연결된 그룹은 전원기숙학교들(Country Boarding Schools)이다. 이들 중 첫 번째는 1889년 세실 레디(Cecil Reddie)에 의해 설립된 애보츠홈(Abbotsholme) 학교였다. 또한 그의 젊은 교사들 중의 하나였던 배들리(J. H Badley)가 1893년에 비슷한 학교인 비데일즈(Bedales) 학교를 설립하였다.[5]

애보츠홈과 비데일즈 같은 새로운 학교(New School)는 전통적인 기숙학교인 퍼블릭 스쿨의 한계를 보완한 새로운 전원기숙학교(Country Boarding School)로서, 이들 새로운 학교교육은 전원기숙학교 안에서 전원생활 자체가 학습의 장이 되게 하여 자연을 대상으로, 또 자연에서 나온 여러 교과 영역을 다양한 노작활동을 포함한 체험 중심으로 학습하면서, 구성원들 간의 우정과 협력에 기초한 자유롭고 평등한 인간관계를 경험하게 하여 현대가 요구하는 지식과 시민의식, 창의성과 균형 잡힌 인성의 함양을 추구하는 교육을 실천하였다.

---

5) 애보츠홈과 비데일즈 같은 학교를 비롯하여 신교육운동의 여러 선구적 학교들을 탄생시킨 영국적인 조건에 대해서 보이드(W. Boyd)는 영국의 기숙학교 전통을 지적한다. 즉, "영국 기숙학교보다 실제적 실험을 위한 더 나은 조건을 제공할 수 있는 학교들은 어디에도 없다. 영국은 기숙학교들의 나라다. 말 그대로 그들은 무수하다—20세기의 시작 무렵에 약 10,000개였을 것으로 추정된다—그리고 그들은 전례 없는 자유를 즐긴다. 그 기숙학교들은 학생들과 직원들이 흥미를 나누고 모두가 수행할 자신의 역할을 가진 커뮤니티다. 다른 학교들보다 더 넓은 범위까지 선생님들은 전체 학교 환경을 통제하면서 제한된 범위 내에서 그들 스스로에게 가장 적절하도록 교육을 조절할 수 있다. 만약 그들이 학생들과 책임을 나누고 합리적인 자유를 허락한다면 그들은 매일의 학교생활을 자치의 훈련 과정으로 만들 수 있다"(Boyd & Rawson, 1965: 4).

이러한 새로운 전원기숙학교운동의 선구적인 학교인 레디의
애보츠홈과 배들리의 비데일즈는 이후 독일, 스위스, 프랑스, 네
덜란드, 벨기에의 전원기숙학교운동을 촉발하는 데 직접적인 영
향을 주었다(Stewart, 1972: 212). 일례로 독일의 전원기숙사학교
운동도 애보츠홈을 모범으로 하여 리즈(H. Lietz)에 의하여 전개
되었으며, 이는 독일 전원기숙사학교운동에서 주도적인 역할을
한 비네켄(G. Wyneken)과 게헵(P. Geheeb), 하안(K. Hahn)에게
직간접적으로 영향을 주었다(정기섭, 2005: 97). 따라서 이들 두
학교들에 대해서 고찰해 보는 것은 초기 신교육운동의 교육내용
과 성격을 이해하는 데 대단히 유용할뿐더러 그 이후에 진행되
는 비권위주의 교육운동의 방향과 성격을 이해하는 단서들을 제
공한다고 할 수 있다.

1) 애보츠홈 학교

(1) 설립자: 세실 레디

영국의 저명한 교육개혁가 세실 레디(Cecil Reddie)는 1858년
런던에서 태어났다. 그는 12세 때에 부모를 여의고 스코틀랜드
에서 그의 학창시절을 보냈다. 그는 퍼블릭 스쿨의 성격을 가진
에든버러의 페테스 칼리지(Fettes College)에서 7년 동안 수학한
후 에든버러 대학교로 진학한다. 에든버러 대학교에서 학사학위
를 받은 후에 독일로 건너가 괴팅겐 대학교에서 2년 만에 화학
박사학위를 취득하였다. 1884년 스코틀랜드로 돌아온 후 1년 동
안 대학 조교로 근무하였으며, 그의 모교인 페테스 칼리지(Fettes
College)에서 화학교사로 재직하기도 하였다. 그는 브리스톨

(Bristol) 근처에 위치한 퍼블릭 스쿨인 클리프턴(Clifton)으로 자리를 옮겨 거의 2년간 과학교사로 재직하였다. 1862년에 설립된 클리프턴은 전통적으로 체계적이면서도 과학적인 교육으로 특성화된 학교였다. 하지만 레디는 기존의 학교틀 내에서의 전면적인 교육개혁의 어려움을 곧 깨닫고, 그가 29세가 되던 해에 클리프턴의 교장인 윌슨 박사가 후원하는 런던의 한 신식학교의 교장에 지원하기도 하였다.

　1880년대의 레디는 칼라일(Carlyle)과 러스킨(J. Ruskin), 힌드만(H. Hyndman)과 모리스(W. Morris), 카펜터(E. Carpenter)와 휘트먼(W. Whitman) 등의 저서에 영향을 받은 적극적인 사회주의자였다. 1883년에서 1884년까지 독일 괴팅겐에서 수학하면서 수많은 마르크스주의 강의를 수강하였으며, 에든버러로 돌아와서는 '새생명협회(Fellowship of the New Life)'라는 모임에 참여하게 되었다. 이 단체는 한 단계 진보한 노동을 통해 사회의 탐욕을 정화하는 데 헌신하고, 사회 내에서의 육체노동을 근본으로 한 자활을 통해서, 또 교육과 종교적인 친교와 사회의 재건설을 가져오는 사회적 변화에 대한 확고한 신념을 통해 각 개인들을 거듭나게 하려는 목적의 모임이었다. 이 모임은 이상적인 사회를 추구하는 동시에, 여러 개로 분열된 교회를 하나로 통합하고자 하였다(Stewart, 1968: 9-10). 이런 모임과의 관계 속에서 레디는 자신의 종교관을 확립하는 계기가 되었고 이는 후일 애보츠홈에서의 종교교육에도 그대로 영향을 주었다.

　(2) 학교의 설립
　애보츠홈(Abbotsholme)은 그 당시 기존의 퍼블릭 스쿨이 가지고 있던 여러 교육적 한계에 대한 문제의식에서 출발하였다. 즉, 퍼블릭 스쿨은 그 당시의 시대적 요구와는 동떨어져 있었는데, 소년들은 과거의 전통적인 것에 너무 많은 시간을 소비하고 있었고, 대부분의 소년에게 있어 그것은 그들 각자의 소질과 진로를 무시한 적절치 못한 교육이었다. 역사, 언어 그리고 과학에 있어서의 현대적 커리큘럼은 무시되고 균형 있는 정신·육체발달과 학교 밖의 사회에 대한 연구에 관하여 그 어떠한 시간도 주어지지 않았다.

따라서 그의 새로운 학교의 교육목적은 '지배계층(directing classes)'에 속할 진정한 미래의 멤버들을 의식적으로 준비시키는 것이었다. 전통적인 퍼블릭 스쿨이 영국 전역에서 학생들에게 리더십을 교육시키면서 강조해 온 몸, 정신, 성품 등 모든 부분의 발달은 '지배계층'의 구성원들에게 필수적인 것으로 받아들였다. 이를 위해 레디는 적당한 규모의 반을 구성하고 학생들에게 많은 책임을 위임함으로써 학교 커뮤니티를 운영하였다. 그가 구상하고 설립한 애보츠홈은 전통적인 퍼블릭 스쿨의 장점을 계승하고 그 한계를 대대적으로 보완하여 현대에 맞게 새로이 창조한 학교였다.

레디는 자신의 사상적 동지라고 여겨지는 카펜터(E. Carpenter)의 고향에서 그의 새로운 학교에 대한 청사진을 완성했으며, 이어서 스코틀랜드의 수학강사인 뮤어헤드(R. Muirhead)가 합류하였다. 그리고 재원조달에 큰 일익을 담당하게 된 스코틀랜드의 사업가인 카셀스(W. Cassels)가 동참하였다.

1889년에 레디는 더비셔(Derbishire)의 애보츠 클라운홈(Abbots Clownholme)을 방문하여 다른 세 명의 동지들과 함께 그 장소를 애보츠홈 학교의 설립터로 확정하였다. 그 후 수개월의 작업 속에는 교육과정을 정교화하는 것을 비롯하여 학생들의 교복 디자인, 교직원 선발과 학교 안내서 작성 등이 포함되었다(Abbotsholme, 1989: 1-2). 이러한 일련의 준비과정을 마치고 그해 1889년 10월 1일에 애보츠홈 학교가 개교하였다.[6]

(3) 교육의 목적

학교의 목적은 10세에서 19세 사이의 남학생들을 대상으로 현대적이고 실용적인 성격의 교육을 제공하는 것으로서, 학생들에게 건강 및 운동의 법칙과 예의 바름과 정의로움의 습관을 가르치고, 그가 일생 수행할 직업에 대한 준비를 시키는 것이다. 이것이 표면적이고 명시적인 목적이라면, 보다 근본적인 목적은 경쟁의 원리와 행동의 원리의 조화 속에서 발전되어 가는 균형 있는 인격의 추구였다. 그리고 이러한 목적의 설정은 다음과 같이 당시 교육 상황에 대한 레디의 비판적 문제의식에서 나왔다. 즉, 지난 2, 3세대에 걸쳐 예외 없이 모든 퍼블릭 스쿨에서는 경기의 중요성을 과거보다 더욱 중시해 왔으며 이것이 항상 논란의 대상이었다. 이러한 현상에 대해 레디가 간파한 이유는 다음과 같았다. 즉, 산업혁명을 주도한 자유방임주의 체제의 보편적 적용은 일찍이 사회변화에 따른 좀 더 강력한 특수 교육체제를 요구하였다. 한 사람의 성공은 치열한 경쟁 속에서 점점 더 개인의 능력에 의해 결정되었다. 그 결과 퍼블릭 스쿨은 점차적으로

---

6) 개교하기 전 발표된 애보츠홈의 구상은 'The New School'로 불렸고, New Life에서 발간한 잡지 *The Sower*의 1889년 7월호에서 'A Fellowship School'로 지칭되었다(Stewart, 1972: 145).

학생들을 끊임없이 경쟁하도록 부추겼으며, 이러한 경쟁 훈련에 시간을 점점 더 투자하도록 강요되었다. '만약 학생이 도움을 얻거나 도움을 주고자 한다면 어떻게 그 학생의 성취를 타당하게 측정할 수 있겠는가?' 하는 질문은 지난 세기말에 교장들이 수용한 일반적인 견해였다(M. Ward, 1934: 156).

매 학기 장시간에 걸친 시험에 따른 상장 수여식뿐만 아니라 학생들은 한 달 혹은 매주 계속적으로 시험에 치르게 되었다. 이러한 상황에서 어떤 형태에서든지 교실 안에서의 협동은 엄격하게 축소되었다. 남학생들은 그들의 친구들로부터 도움을 주고받는 일을 도용하는 것(cribbing)이라고 비아냥거렸으며, 이러한 도움을 주고받는 일이 굉장히 인위적이고, 죄를 짓는 것 같은 분위기에서 행해졌다. 하지만 19세기 말 협동의 거의 모든 요소가 교실 안에서 사라졌을 때, 남학생들은 자연스럽게 축구나 크리켓과 같은 팀게임에 관심을 돌렸다. 이러한 경기들은 교실수업과 완전히 반대되는 것이었다. 비록 교육에서 균형이 다소간 회복되었으나, 실제 상황에서 팀 게임의 중요성이 과장됨으로써 그것은 부자연스러운 균형이었다. 레디는 이러한 불완전한 균형을 바로잡기 위해서 그릇된 경쟁의 원천인 포상제도를 애보츠홈에서는 없애 버렸다.

이 새로운 학교는 학생들에게 상 주는 것을 폐지했다. 이것이 현재 학교에 심각한 악행이라고 여겼다. 상은 노력을 하지 않은 채 단지 머리가 좋아서 받는 학생이 있을 수 있기 때문에 불공정하다. 이것은 대중에게 정의롭지 못하며, 타고난 재주를 가지고 있지 않은 사람들을 간과하는 행위이이기도 하다. 게다가 상을 받기 위한 이러한 잘못된

과열경쟁과 인위적인 자극제가 이기심을 낳게 하고, 본래의 교육적 의
미를 훼손시키면서, 공부라는 것을 상을 받기 위한 근시안적인 행위로
전락시킨다(Ward, 1934: 157).

애보츠홈에서는 다른 사람과 대립하고 경쟁심을 부추기는 것
대신에 협동심을 가르치고 장려하였다. 그리고 크리켓과 같은
팀경기는 일주일에 두 번의 오후 시간에만 하게 하였다. 그러나
레디가 진정으로 필요한 동기의 자극제로서의 경쟁, 즉 진정으
로 인간을 성장 가능하게 하는 경쟁의 필요성을 인식하지 못한
것은 아니었다. 그는 협동의 법칙과 경쟁의 의미를 올바로 인식
하고 있었다. 그리고 오직 이 두 가지가 적용될 때만이 우리 인
간은 가장 최상의 삶을 창조해 나갈 수 있다고 생각했다. 이 양
극성은 자연과학이나 철학의 영역에서 보면 더욱 명백하다. 예
를 들면, 근본적으로 인류가 여자와 남자로 분리될 때 여성은
태초부터 가정적(home-loving)이고 결속시키는 이상을 나타낸다
면, 남성들은 개척적(pioneerong)이고 분해하고 분석하는 성향을
나타낸다고 보았다. 우주에서는 구심력과 원심력에 의해서 그
균형이 유지된다고 보았다. 자연은 이러한 두 가지 근본적인 거
대한 힘 사이의 불균형을 끊임없이 해소하려 해 왔다. 레디가
정한 애보츠홈 학교의 교훈인 "자유는 법에 복종하는 것이다."
는 이러한 양극성(polarity)을 표현한 것이었다. 자유라는 것은 경
쟁적이고 분해하려는 특성이 있어서 사람들을 흩어지게 한다면,
법에 복종하는 것은 사람들을 결속하게 하는 협동과 구속력을
말한다(Ward, 1934: 158-159).
레디는 이러한 양극성의 근본 원리에 대한 이해가 스스로 사

고하고 다른 사람을 이끌어 가는 사람들에게는 가장 본질적인 것이라고 보았다. 이 원리에 대한 이해가 명확하지 않다면 지나치게 어느 한쪽 극단으로 치우치게 되는 위험성이 있게 된다. 따라서 레디는 이 위대한 진리가 애보츠홈의 학생들 머릿속에 새겨지도록 부단히 애썼다. 그러나 그는 설교만으로는 이러한 목적에 도달할 수 없음을 깨닫고는 교실이나 강당에서 말로 가르치는 것 이외에 눈과 귀를 통해 학생들의 두뇌를 자극하는 간접적인 방법들을 함께 활용했다. 즉, 학생들은 매일 학교의 교훈을 되새김으로써 자유라는 분해하는 힘(disintegrating force)과 법이라는 통합시키는 힘(unifying force) 사이의 균형을 추구할 필요성을 조용히 암시받았다. 또 학교 송가(school psalm)와 교가(school song)도 양극성의 원리에 입각해서 선택되고 나날의 의식에서 암송되고 불렸다. 레디는 학교송가는 남성적인 힘을 나타내고 교가는 여성적인 힘을 나타내도록 의도적으로 선정하였다(Ward, 1934: 160).

학교송가는 다음과 같이 활기차고 호전적이었다.

> "주여, 나의 힘에 축복을 내리소서.
> 나의 양손이 전쟁하는 법을 가르치시고
> 나의 양 손가락들이 싸우는 법을 가르치소서.
> 나의 희망과 나의 요새, 나의 城과 내가 신뢰하는 방어자들
> 이들이 나의 적들을 내 발 아래 굴복시키리니……."

교가는 휘트먼(W. Whitman)의 시에서 차용된 '동료에 대한 사랑(The Love of Comrads)'으로서 우정과 사랑의 위대한 결속력을

통해 모든 인류의 통합을 호소하는 시였다.

> "자, 우리는 분리될 수 없는 세계를 만들어야 하네.
> 태양이 그 위를 언제나 비춰 주는 가장 아름다운 인류가 되어야 하네.
> 신성하고도 매력적인 세계를 만들어야 하네.
> 사랑, 동료에 대한 사랑으로
> 영원한 동료에 대한 사랑으로.
>
> 우리는 세계 곳곳에, 이 해변에서 저 해변으로,
> 형제애의 물결을 가져오는 기쁨을 보내야 하네.
> 그러면 전쟁의 유황색 구름도 멀리 사라질 것일세.
> 평화의 태양이 나타날 것이고
> 그러면 하나된 거대한 세계에서 모든 나라의 외침 –
> 별들을 향한 기쁨의 외침이 일렁일 걸세.
> 사랑의, 동료에 대한 사랑의 외침이
> 동료에 대한 거대한 사랑의 외침이
> 사랑의, 모든 것을 정복하는 동료에 대한 사랑의 외침이
> 일렁일 걸세."

레디가 본 것은 19세기 영국의 사회조직에서 경쟁원칙이 지나치게 강조되는 방향으로 전개되고 있다는 것이었다. 교육을 개혁하고자 하는 그는 이 불균형의 폐해를 없애려고 노력하였다. 그렇게 하기 위해서 그는 팀워크와 협동심을 대단히 강조하였는데, 이것은 그 당시까지 소홀히 여겨져서 사라질 지경에 있었던 가치였다. 이러한 문제는 한 세대에만 국한되는 문제가 아니었다. 레디의 새학교 운동은 모든 사람이 경쟁의 원칙을 통해 자

신만의 이익 추구를 정당화시키는 악덕을 바로잡기 위해 가치
있는 역할을 했다는 점에서 그 중요성이 있다고 할 수 있다
(Ward, 1934: 161). 여기서 애보츠홈 학교가 설립될 당시의 상황
을 이해한다면 레디가 협동의 원칙을 지나치게 강조하고 경쟁
의 원칙을 거의 무시한 듯했다고 해서 이를 크게 비난해서는 안
될 것이다. 이 두 가지 법칙 사이에서 균형을 이루는 것은 어려
우나, 레디가 볼 때 사회의 균형이 한 극단으로 치우쳐 있을 때
균형을 회복하려면 다른 극단에 압력을 가해야 하는 것이었다.
그때 비로소 경쟁의 원리와 협동의 원리가 어느 정도 균형을 이
루게 되며 두 원리의 조화 속에서 인격의 균형도 성취될 수 있
는 것이다.

(4) 교육의 과정

학교의 전반적인 생활은 육체적이고 심미적인, 지적이고 도덕
적인 모든 능력을 조화롭게 발달시키도록 계획되었다. 이를 위
해서 하루의 일과는 오전에는 지적인 공부에 할애하고 오후에는
운동과 수공작업에, 그리고 저녁시간은 예술과 사회성 계발을
위한 레크리에이션에 사용되었다.

학교의 교육과정은 2단계로 나뉘어 있었다(Abbotsholme, 1989:
4-6).

1단계의 교육과정은 일반교육과정(general training)으로서 9세
부터 15세까지 지속되는 보편적인 성격의 교육이었다. 교육은
건전한 정신과 육체의 발달에 필요한 신체적이고 정신적인, 그
리고 도덕적인 습관형성에 일차적인 초점을 맞추어 진행되었다.
교육의 영역은 언어영역부터 자연과학, 인문학, 예술과 수공영

역에 이르기까지 넓은 영역을 포함하고 있었다.

언어영역의 경우 언어 기초훈련으로서 영어를 먼저 가르쳤고, 이어서 불어, 그리고 독일어를 가르쳤다. 언어학습에 있어서 문법, 작문, 분석이 함께 학습되었고 언어학습은 정신 도야의 일부로서 간주되었다. 불어학습이 일정 수준 진전되면 라틴어학습이 시작됨으로써 영어와 불어 속에 있는 라틴어 요소를 파악하게 하였다. 1단계 교육의 끝 무렵에 일부 학생들에게는 희랍어학습이 추가되기도 하였다.

인문학의 경우 문학과 역사, 특히 영문학과 역사가 교수되었는데, 이는 정신을 확장시키고 풍부하게 하는 학과목들로서 중시되었다. 예술과 수공영역은 학생들에게 폭넓은 선택의 기회를 허용하여 교육이 진행되었다.

자연과학의 경우 학생들은 자연과학의 기초 과정을 이수하도록 하였으며 이를 통해 일상의 주변세계에 대한 이해뿐만 아니라 다음 단계인 보다 전문화된 교육을 위한 토대가 형성될 수 있도록 구성하고 교수하였다.

이와 같은 폭넓은 범위에 걸쳐 다양한 학습이 진행되었을 때 기대되는 교육적 효과는 모든 소년 한 사람, 한 사람의 개별적인 적성과 능력을 발견하는 것이 용이하다는 점이며, 이로 인해 부모와 교사는 학생의 후속 진로 결정을 보다 적절하게 행할 수 있게 된다.

2단계의 교육과정은 15세부터 시작되는 보다 전문화된 교육(special training)으로 구성되어 있다. 이 시기부터 학생들의 소질과 능력이 특화되기 시작하며 그가 삶에서 지속할 일이 어떤 것인지의 윤곽이 드러나기 때문에 교육은 학생의 선택적인 과정으로 운영되었다.

개교 초기에 학생들에게 열려 있는 과정은 3과정이었다. 즉,
영국과 독일의 종합대학교나 기술대학에 진학하기 위한 준비과
정, 일반 대학시험(public examinations)을 준비하는 과정, 상업적
활동(commercial life)을 준비하는 과정이었다. 이후에 공학
(engineering)과정, 예술과정, 농업과정의 3과정이 추가되었다.
이들 6계열의 과정은 여러 분야를 지칭하는 동시에 학생들의
개별적인 필요에 따라 학생 각자의 커리큘럼이 구성될 수 있도
록 했다.

소년들이 영국과 독일의 대학에 입학하기 위하여, 그리고 모
든 종류의 직업을 얻기 위하여 준비하도록 했지만, 애보츠홈 학
교는 학생들에게 상(賞)과 장학금 등에 얽매이지 않게 했으며,
다만 아침시간은 학과목 준비를 위해 활용하도록 시간을 편성하
였다.

애보츠홈의 하루 일과표는 다음과 같다. 이는 한편 애보츠홈에
서 실시된 교육의 내용을 일부 보여 준다(Abbotsholme, 1989: 6).

하루 일과표

6:15 A.M.	기상(동계 7시)
	※ 모든 소년은 기상 즉시 가벼운 식사를 하였다.
6:30	음악 연습
6:45	1교시
7:30	채플
7:45	아침식사, 산책
8:30	2교시
10:45	휴식 및 간식시간

11:15	3교시
12:45 P.M.	노래 부르기
1:00	오찬
1:30	오르간, 피아노 연주회
1:45	게임
4:00	수공 작업
6:00	휴식(tea time)
6:30	노래 부르기, 암송하기, 음악
8:30	가벼운 저녁식사와 채플
9:00	취침

　활동별 하루 배정시간의 경우, 정신적 작업(5시간), 운동 및 수공작업(4시간 30분), 예술 및 친교 활동(2시간 30분), 수면(9시간), 식사 및 자유시간(3시간)으로 구성되었다.[7]

　이상의 서술에서 확인할 수 있듯이 레디는 스스로 강조했던 '현대과학과 예술'이 제시하는 틀 안에서 학교교육의 내용을 구성하고자 하였다. 신체·수공기술, 예술·상상력의 발달, 문학·지적인 성장, 그리고 도덕적·종교적인 훈련 등에 관심을 두는 일반적인 교육의 프로그램이 신중하게 작업되었다.

　레디는 시골 공동체의 가치와 작업들의 중요성을 믿었으며 손으로 직접 하는 작업들은 커리큘럼의 필수적인 부분이었다. 전원기숙학교는 바로 이러한 것들을 제공했다. 집안, 정원 그리고

---

7) 리츠(H. Lietz)는 애보츠홈에서 1년 동안(1896~1897) 교사생활을 하면서 경험한 애보츠홈의 하루 교육 일정이 어떻게 진행되는지를 위에서 제시한 시간표에 따라 구체적으로 서술하고 있다(정기섭, 2005: 108-109).

들판에서의 노동은 운동과 같은 육체적 활동만큼이나 중요하며, 일반적으로 하인들에 의해서 노동이 수행되는 부잣집 소년도 그 것에 익숙하게 될 것이라고 보았다. 애보츠홈에서는 소년은 보 트 하우스와 닭집을 지어 볼 수 있었다. 건초 만들기는 그것이 교육적이라는 것을 확실히 하기 위해 세부적으로 조직화되었다. 그들은 땅의 안식처인 '자연으로 돌아가는 것'을 명확히 알고 다른 수공작업들을 하도록 되었다. 오후에는 캠핑, 하이킹, 스카 우트와 같은 놀이와 활동을 할 수 있게 하였다. 실과적인 활동 은 청소년의 모든 전반적인 발전에 중심이 되는 것이었다(B. Holmes, 1995: 55-56).

레디의 교육계획에서 이러한 모든 실용적인 야외활동은 그 자 체가 목적적인 의미를 가지는 것이 아니라 목적에 이르는 수단 이었다. 애보츠홈은 결코 학생들을 농부가 되도록 훈련시키는 실업학교가 아닌 하나의 교육실험실(educational laboratory)이었 으며, 이 새로운 교육의 장에서 미래 영국을 이끌어 갈 차세대 리더가 될 학생들로 하여금 이론과 실천이 어떻게 맞물려 있는 가를 학생들 스스로 깨닫게 하는 다양한 기회를 주기 위해 교육 과정은 조직되었다.

바깥일과 수영, 보트, 스케이트, 원예, 농장 그리고 토지를 가꾸는 일과 놀이 등 이 모든 것은 학생들이 주위를 돌아다니며 다른 사람들 이 일하는 것을 그저 보는 것만이 아니라 스스로 삽과 도끼를 들고 손 발을 사용함으로써 사물들(things)을 직접 접하도록 의도된 것이다. 이러한 방식으로 자연과 구성물질에서 곧바로 얻은 인상들은 정신 안 에서 조직되고 각인되어야 한다. 이러한 지적인 작업은 교실에서 이루어진다. 자연학(naturalistics)이라고 불리는 전체 작업의 분과에는 이상의 실제적인 활동과 함께 측량과 실용기하, 식물학 및 기하학의 현장연구, 아름다운 장소나 공장, 탄광으로의 견학 등등의 모든 활동들은 교실 안에서 그리기(drawing), 수학, 그 구성요소들에 대한 과학적인 연구들을 통해서 조정되고 정리된다. 이러한 지적인 작업 부분은 실제적인 장소와 환경들과 가능한 한 아주 긴밀하게 연결되어 있기 때문에 밖에서 얻어진 인상들과 경험들은 그 날 교실에서 가르칠 교과내용을 제공한다. 그리고 교실에서 전개된 원리들은 그 다음날 학생들이 야외 작업으로 되돌아갔을 때 다시 적용되고 실행된다. 우리가 이러한 조정과 정리 작업이 만족할 만한 수준에 있다고는 하지 않겠다. 그러나 나는 만약 우리 학교가 학생들의 지식을 실제적인 것으로 만들고, 자연현상의 배후에 있는 법칙을 학생들 스스로 발견할 수 있도록 훈련시키고자 한다면, 이것이 최상의 유일한 방법이라고 확신한다(Ward, 1934: 155).

　물론 학생들이 원예나 토지에 관한 바깥일에 시간을 적극적으로 쓰게 된다면, 상대적으로 다른 형태의 일이나 놀이에 사용할 시간은 상대적으로 줄어들 수밖에 없을 것이다. 농장에서의 작업이 오후에 거의 끝났기 때문에 작업 후에는 주로 크리켓과 같은 놀이가 뒤따랐다. 애보츠홈의 학습계획에 따르면 이런 놀이는 최대 일주일에 두 번으로 한정되었다.

　애보츠홈의 자연환경은 매우 훌륭한 것으로 주변에는 도시가 없었으며 상쾌한 공기와 맑은 물이 풍부했고, 넓은 정원과 온실, 작업장, 양호실, 여러 운동경기를 할 수 있는 운동장 등을 갖추고 있었다.

　레디는 학교생활의 모든 사항을 개혁하고자 애를 썼다. 애보츠홈—4년 후에 설립된 비데일즈(Bedales) 학교의 경우도 마찬가지였다—소년들의 교복은 이튼(Eton), 해로우(Harrow), 윈체스터(Winchester)나 웨스트민스터(Westminster)의 교복보다 훨씬 더 편안하고 실용적이었다.[8] 혁신적인 학교에서의 예배 또한 역사적인 전례와 같은 미리 정해진 예배의 형식을 갖추고 있지 않았다. 종교는 교리에 얽매이지 않고 어느 종파에도 속하지 않으면서 아름답고 단순하게 섬기는 것을 원칙으로 하였다. 레디의 의도는 교리적이지 않은 설교로 어린 소년들에게 기독교를 의미 있게 만드는 것이었다. 예배는 단지 성경만이 아니라, 신성한 글, 시에서 산문에 이르기까지의 기도와 기원, 찬송으로 이루어졌다. 신성한 노래와 비종교적 노래 모두가 예배와 일상생활의 일부였기에, 그 당시로서는 다른 학교들과는 구별되는 아주 독특한 경우에 해당되었다(Stewart, 1972: 466).

이러한 모든 교육을 위해 레디는 애보츠홈의 학교생활에 대한 세세한 계획을 짰다. 그는 다른 학교들이 애보츠홈 학교의 교육방식을 적용할 것을 바라는 마음에서 개혁주의 학교의 원조격인 학교를 기획하고 설립했다.

(5) 교육의 성과

레디는 남녀공학(co-education)에 대하여 강하게 반대하였고, 그의 의도는 바로 11세에서 18세 사이의 100명의 소년들로 그의

---

8) 레디는 새로운 교육을 위해서는 신중하게 설계된 건물과 니커보커 옷과 일반모자도 베레모도 아닌 독특하게 디자인 된 모자로 세팅된 특별한 소년교복을 고안해냈다. 이것은 그 시대에 진행된 교복개혁운동의 한 단면이라 할 수 있다(Abbotsholme, 1989: 19; Stewart, 1968: 11).

학교가 가득 차는 것이었다. 학교가 개교한 지 10년간은 번창하
였으나,[9] 1900년 이후 학교의 발전은 기복이 심했고, 제1차 세
계 대전의 발발 후에는 상황이 더욱 악화되어 1927년에 이르러
서는 학생이 단 2명에 그쳤다. 이러한 실패의 주요 원인은 레디
그 자신에게 있었다. 그는 모든 것을 명령하고자 하였으며, 거의
모든 이—동료, 부모, 학생, 나이든 교직원, 다른 교육자, 상인,
여성, 재벌, 귀족, 노동자—와 논쟁을 벌였다(Stewart, 1968: 12).
또한 그는 엄격한 교사로서 구식인 사람이었다. 그는 적절하다
고 판단되면 신체적인 처벌을 감행하는 데에 주저함이 없었다.

　일반적으로 '새학교들(New Schools)'의 특징은 그 설립자들이
자치(self-government)에 많은 관심을 가지고 있다는 점이었다.
그러나 민주주의에 대한 레디의 견해와 행동은 오히려 반(反)민
주적인 것으로까지 평가되었다(Holmes, 1995: 56). 그 자신인 학
교의 주인들과 소년들 사이의 토의는 장려되었으나 그의 완전한
동의가 없는 원칙들은 결코 받아들여지지 않았다. 일단 방침들
이 공식화되면 레디는 그것들을 따르고 복종해야만 하는 조직적
인 규율들로 바꾸었고, 이러한 규율들은 학교에 공포되었다. 즉,
레디는 언제, 어떻게 학생들이 자신들의 의무를 수행해야 하는
지를 정확히 숙지할 수 있도록 학교 곳곳에 제정된 다음의 규칙
들을 게시하여 놓았다(Ward, 1934: 226-227).

---

9) 1900년 7월 새로운 학교 건물들이 신축되었을 때 학생 수는 61명에 이르렀으
　며 이 숫자는 레디가 교장으로 재직 시 가장 많은 학생 수였다(Abbotsholme,
　1989: 14).

① 학기 시작은 어떻게 계획되어 있는가

② 학기 시작 시 짐 정리하기와 관련된 규칙은 무엇인가

③ 학기 말은 어떻게 계획되어 있는가

④ 학기 말에 짐을 싸서 부치는 것과 관련된 규칙은 무엇인가

⑤ 수납함의 용도는 무엇인가

⑥ 기숙사 생활의 교육적 가치는 무엇인가

⑦ 기숙사 생활은 어떻게 조직되어 있는가

⑧ 의복과 관련된 일반적인 목적은 무엇인가

⑨ 의복과 관련해서 소년들이 따라야 하는 규칙은 무엇인가

⑩ 구두 손질과 관련된 규칙은 무엇인가

⑪ 구두와 신발과 구두장과 화장실에 관한 규칙은 무엇인가

⑫ 양호실은 어떻게 조직되어 있는가

⑬ 의상실과 관련된 규칙은 무엇인가

⑭ 의상실 책임자의 의무는 무엇인가

⑮ 시험과 관련하여 소년들이 따라야 하는 지침은 무엇인가

⑯ 애보츠홈의 모든 교사와 학생들이 작문에서 실수 등을 지 적하고 교정하는 방법들은 무엇인가

⑰ 목욕의 교육적 가치는 무엇인가

⑱ 건초 만들기의 교육적 효과는 무엇인가

이상의 규칙들은 모두 일상생활을 규율하고자 제정된 규칙들 이었다. 물론 애보츠홈의 학생들에게는 일주일에 세 번의 오후 시간에 다양한 야외활동을 자유롭게 할 수 있는 '자유시간(free time)'이 주어졌으며 이는 대부분의 다른 학교들에 비해서는 많 은 시간이었다. 그럼에도 그의 학생들을 규율하는 과정과 방식

은 민주적이거나 비권위주의적인 것은 아니었다. 그는 잘 짜인 조직 속에서의 질서를 중시했다고 볼 수 있는데, 이는 리츠(H. Lietz)가 경험한 애보츠홈의 특징에서도 확인할 수 있다. 즉, "이곳에는 11세에서 18세의 소년들이 생활하고 있었는데, 특징적인 것은 정해진 규칙에 따라 생활하고 상급 지휘자와 그 밑에 있는 지도자들의 인솔에 의한 조직적 생활이 이루어지는 것이다. 지도자는 기숙사의 방 또는 집단에서 가장 나이가 많은 소년으로 집단을 이끄는 책임을 맡고 있었다. 소년들의 일부는 4개의 작은 건물에서 교사와 함께 생활하고, 다른 일부는 지도자와 함께 생활을 한다"(정기섭, 2005). 이처럼 훈육을 통한 다분히 형식적인 질서의 중시는 자율적이고 민주적인 분위기의 학교생활과는 다소 거리가 있는 것이었다.

또한 여성에 대한 그의 견해도 매우 구식이었다. 평생 동안 내내 독신이었던 레디의 여성에 대한 관점은 많은 진보적인 교육자들의 견해와 매우 상반된다. 그는 자신이 볼 때 소녀들과는 달리 구별되는 소년들의 양극적인 많은 특성 때문에 소년들과 소녀들이 함께 교육받는 것을 반대했다.[10] 이런 중요한 측면에서 레디의 애보츠홈은 애보츠홈에서 일했던 배들리(J. H. Badley)에 의해 세워진 두 번째 선구적인 새학교인 비데일즈(Bedales)와 다르다.

레디는 애보츠홈 학교의 운영에서 거의 실패하였음에도 불구하고, 그가 더비셔(Derbyshire)에서 시작한 새로운 학교개혁의 사

---

10) 애보츠홈은 1969년에 이르러서야 남녀공학 학교가 되었다(Abbotsholm, 1989: 79).

상과 실천은 영국과 보다 넓게는 독일, 스위스, 프랑스 그 외 여
러 나라의 교육개혁운동을 자극하고 발전시켰다.[11] 1927년에 애
보츠홈 학교는 레디의 은퇴 후에 재설립 과정을 밟게 되었는데,
그때 발행된 학교 소책자에는 전 세계 여러 곳의 거의 100여 개
에 육박하는 학교들이 직간접적으로 'the New School'(애보츠
홈)에서 유래되었음을 밝히고 있다(Stewart, 1968: 13). 애보츠홈
학교는 의심할 바 없이 개혁적인 학교의 시초이며 레디는 중등
교육 개혁운동의 선구자다.

2) 비데일즈 학교

비데일즈(Bedales)는 애보츠홈에 이어서 새로운 선구적인 학교
이면서 영국 내에서 처음으로 기숙학교 체제하에 학교생활 전반
에 걸쳐 남학생과 여학생이 함께 하는 교육을 시도한 대표적 남
녀공학 학교다.

(1) 설립자: 존 하덴 배들리

비데일즈의 설립자 배들리(John Haden Badley)는 버밍햄

---

11) 영국의 경우, 이어서 서술할 배들리가 대표적인 인물로서, 그는 애보츠홈
에서 3년간 교사로서 재직한 후 애보츠홈보다 더욱 널리 수용된 새학교의
모델인 비데일즈(Bedales) 학교를 설립하였으며, 프랑스의 경우, 드몰랭(E.
Demolins)도 애보츠홈의 영향을 받은 로쉬 학교(Ecole de Roches)를 설립
하였다. 또한 독일의 경우에는 리츠(H. Lietz)가 애보츠홈에서 1년간 교사
로 재직한 후 독일로 돌아가 독일 개혁교육운동의 선구적 학교인 전원기숙
사학교들(Landerziungsheime Schools)을 설립하였으며, 이후 애보츠홈의
영향을 직간접적으로 받은 여러 새학교들이 설립됨으로써 독일은 다른 나
라보다도 레디의 사상과 실천의 씨앗이 가장 많이 뿌려지고 개화된 나라라
고 할 수 있다.

(Birmingham) 근처의 더들리(Dudley)에서 1865년 막내인 넷째로 태어났다. 그의 아버지는 할아버지로부터 성공한 경험을 이어받아 아주 훌륭하고, 편안하게 성공한 의사였다. 아버지 배들리가 죽었을 때, 그는 4명의 자식들에게 똑같이 재산을 나누어 주었으며 이는 비데일즈 학교 설립의 재원이 되었다. 그래서 배들리는 오랜 후에 "아버지의 사업능력과 재산의 가치가 결국 비데일즈의 건설이 가능하도록 만들었다."(Stewart, 1968: 268-270)라고 고백하였다.

배들리는 그가 열다섯 살 때 럭비(Rugby)학교에 들어갔는데 뛰어나게 잘해서 럭비 선수로 대학을 들어갔다. 케임브리지 대학교에서 그는 고전을 공부했으며 1888년에 첫 학위를 받았다. 그 무렵에 그는 사회적 사건들에 대하여 독단에 치우치지 않는 사회학적 견해를 가지고 있었다.

배들리는 사상적으로 칼라일(Carlyle), 러스킨(Ruskin), 모리스(Morris), 카펜터(E. Carpenter)의 저서를 통해 큰 영향을 받았음에도 불구하고, 새생명협회(Fellowship of the New Life), 파비안협회(Fabian Society), 독립 노동당(the Independent Labour Party)과 같은 단체에는 참여하지 않았다. 그 대신 그는 여러 책과 팸플릿을 읽고 그 단체들의 지도자들과 대화를 나누며 다른 이들을 자신에게로 이끌었다. 예를 들면, 카펜터는 애보츠홈(Abbotshelm)에서 그를 처음 만난 이후로 그가 하는 바가 레디보다 더 설득력 있다고 판단하여 배들리와 계속적인 친교 관계를 맺어 갔으며, 맥도널드(R. Macdonald)는 제1차 세계 대전 이후에 그의 두 아이들을 그에게 보내었다. 배들리는 웹스(Webbs), 쇼(G. B. Shaw), 웰스(H. G. Wells)를 만나면서 노동운동에 적극적으로 참여는 하지 않았지만 깊은 동감을 느끼고 있음을 기록으로 남겼다(Stewart, 1968: 272). 그는 세기의 말 무렵에 사회주의를 버렸지만 정치적인 권리에 대해 급진적인 면모를 가지고 있던 레디와 달리, 배들리는 1888년 케임브리지 시절 이후 국가 통제를 신뢰하지 않은 스펜서와 같이 모호한 사회주의자로 계속 남아 있었다.

1889년 10월에 그는 더비셔(Derbyshire)에 소재하고 있는 레디의 새학교, 애보츠홈에서 교사 생활을 하기 시작했다. 레디는 열정적인 에너지와 학문적 탁월함, 그리고 교육적 이론과 실제와 관련하여 신선하고도 비판적인 마음가짐을 지닌 배들리와 같은 사람을 원했다. 더욱이 배들리는 럭비(Rugby), 케임브리지(Cambridge)에서 고전적 학문의 정통을 이은 경력과 극단에 치우치지 않는 온건한 성격의 소유자였다.

애보츠홈에서 교사생활을 했던 3년 동안 배들리는 그 학교에서 가장 중요한 인물이었으며, 그가 레디로부터 굉장히 많이 배웠다는 것은 틀림없다. 배들리는 음악교사인 그의 부인 애미 가레트(Amy Garrett)가 이 학교에서 활동을 하고자 했지만 레디가 학교에서 여성의 영향에 반대한다는 것을 알았다. 배들리는 결국 그의 부인과 함께 학교를 운영해 나가기로 마음먹고 비데일즈 학교를 설립하기로 결정하였다.

배들리에 의하면, 레디는 배들리 부부가 레디가 주장하는 방향으로 예비학교를 애보츠홈에서 시작해야 한다고 제안하였으나, 배들리는 좀 더 나이가 많은 아동들과도 함께 공부할 수 있는 자유를 원했기 때문에 그 제안을 거절하였다. 그래서 그는 레디가 비데일즈의 설립에 대해 레디의 영향이 실제로 확장된 것으로 이해해 주기를 희망했다.[12]

(2) 학교의 설립과 교육의 목적

배들리는 서식스(Sussex)의 헤이워즈 히스(Haywards Heath) 근처에 비데일즈(Bedales)로 명명된 학교를 설립했다. 그리고 여기에서 그와 그의 부인은 1893년 1월에 아홉 살에서 열다섯 살의 소년들을 가르치기 시작하였다. 1898년에 비데일즈에 4명의 소녀들이 입학함으로써 애보츠홈과 뚜렷이 구분되는 남녀공학 학교로서의 비데일즈의 정체성이 확립되기 시작하였다.

그는 특정한 정치적·종교적 계층에 치우침 없이 학생들이 자기 자신에 대해서 깊은 성찰을 할 수 있도록 격려해 주는 것을 학교의 목표로 삼았으며, 그것을 시종일관 유지했다. 배들리는 새로운 학교의 설립을 통해 그의 도덕적 신념을 실천하고, 사람들 사이의 이상적인 삶의 양식을 보여 주려 하였다. "모든 학교는 의식하건, 의식하지 못하건 간에 사회 목적의 체현이다. 나는 나의 이상을 실현시키기 위하여 비데일즈를 '공동체'의 정체성에 대한 역동적 모델로서 제시할 것이다"(Stewart, 1968: 273).

배들리에 의하면 교육의 목적은 배움 자체가 아니라 삶에 있는 것이다. "교육의 목적은 배움이 아니라 삶에 있는 것이다. 교육은 삶을 위해 배우는 것이며 전 인류의 선생은 경험이다. 학교는 앞 세대가 남긴 지식과 경험의 정수를 제공해야 할 뿐만

---

12) 배들리가 레디와 애보츠홈을 인정했음에도 불구하고 레디는 1893년 비데일즈의 창립을 배신적 행위로 여겼다. 이 두 사람은 그 후 거의 30년이 지난 다음 딱 한 번, 두 사람이 모두 연설하는 회의에서 만났다. 배들리는 그때 레디가 인격이 원만하고 친절하며 예의 바르다 하였다. 1939년 애보츠홈의 창립 50주년을 맞아 배들리는 애보츠홈에 돌아와 *Jubilee Volume*을 집필한다(Stewart, 1968: 278).

아니라 실제 경험, 즉 그가 지닌 현재의 요구에 부응하고 그의
마음을 사로잡고 있는 충동을 표현할 수 있는 수단을 제공함으
로써 발달을 촉진시킬 수 있는 살아 있는 경험을 제공해야 한
다"(J. Badley, 1923: 16-17).

　교육목적에 대한 이러한 포괄적인 전제에서 배들리는 학교교
육이 해결해야 할 교육적 과제를 개인적 차원과 사회적 차원으
로 나누어 파악하였다. 우선 개인적 차원의 경우, 교육은 개개인
이 그 자신의 활동에 의해 가능한 최대한의 발전을 할 수 있도
록 이끌어 주어야 한다. 그리고 사회적 차원에서의 교육은 학생
개개인에게 가능한 많은 과거의 지혜를 제공하고 공동체 사회의
일원으로서 그의 책임을 다할 수 있도록 준비시키는 것이다.

　첫 번째 측면에서 학교의 기능은 학생의 능력을 개발시키기
위해 다양하고 풍부한 개인적 경험들을 접할 기회와 이러한 경
험의 기회를 충분히 활용할 수 있도록 건강하고 행복한 생활환
경을 제공하는 것이라 할 수 있다. 여기에서 교사의 역할은 적
절한 환경이 조성되었다면 학생이 성장해야 할 방향을 결정해
주기보다는 학생이 스스로 결정할 수 있도록 용기를 불어넣어
주는 것이다. 결정 자체는 학생 자신의 몫이다. 두 번째 측면은
공동체 구성원으로서의 시민자질 형성과 관련되어 있다. 즉, 학
교는 복잡한 현대 사회를 살아가는 데 필수적인 지식과 기술의
기초, 그리고 건전하고 유익한 행동 습관과 동기를 체득하는 데
필요한 규율을 제공해 주어야 한다. 여기에서 교사의 주된 역할
은 학생들이 올바른 규율을 습득하도록 조력하는 규율형성의 촉
진자다(Badley, 1923: 29).

　우선, 학생들의 자기실현을 돕는 것이 교육의 가장 근본적인

임무 중 하나라는 점에서 볼 때, 학생 개개인의 개별적 측면을 우선시 하는 것이 필요하다. 개인의 개별적 발전을 위해서 학교의 교육은 어떻게 전개되어야 하는가? 여기에 대해 배들리는 학교란 학생의 능력에 알맞도록 신중하게 선택된, 전형적이고 잘 짜여진 경험의 장소이어야 한다고 이해한다. 이때 경험의 선택은 그 학생이 언젠가 그의 삶 속에서 가장 필요로 할 것이 무엇인가에 달려 있다. 학교에서 제공하는 경험은 실제 인생의 보통 경험을 보완하고 단순화하고 구조화한 것이다. 학교의 가장 중요한 기능은 바로 겉으로 보기에 너무 복잡한 경험을 걸러내어 학생들이 쉽게 소화할 수 있도록 보다 단순하고 규칙적인 형태로, 그리고 해당 학생의 발달 단계에 가장 적합하고 필요한 경험의 일부분만을 선택하여 제공하는 것이다(Badley, 1923: 18).

또한 학교는 앞 세대가 남긴 지식과 경험의 정수를 제공하는 것과 함께 실제 경험, 즉 그가 지닌 현재의 요구에 부응하고 그의 마음을 사로잡고 있는 충동을 표현할 수 있는 수단을 제공함으로써 발달을 촉진시킬 수 있는 살아 있는 경험을 제공해야 한다. 그러한 경험은, 첫째, 몸과 마음의 성장에 적당한 것이어야 하며 학생의 능력과 어울리는 것이어야 한다. 둘째, 가능한 최대한 학생의 능력을 사용할 수 있도록 장려하는 환경을 제공해야 한다. 그리고 이 환경에는 학교의 교우관계와 사회적 훈련에서 경험하는 자극도 포함된다(Badley, 1923: 20).

(3) 단계에 따른 교육의 과정

교육의 초기 단계에서 그 목적은 학생들에게 보다 단순한 지식의 기초를 제공하고 그의 능력을 발휘하는 데서 오는 강렬한 즐거움을 느끼도록 하기 위해 학생 자신의 흥미를 일깨우고 많은 종류의 경험들을 접하게 하는 것이다. 이후의 단계에서는 특정한 방향으로 흥미를 강화하고, 특별한 지식을 얻는 수단으로써 특정한 종류의 지적인 훈련을 진행하는 쪽으로 방향이 잡힌다. 이 지적인 훈련에 덧붙여 학교는 공동체적 삶의 바탕을 이루는 행동양식들, 즉 생각과 감정과 행동을 적절하게 조절하며, 이기심을 사회적 동기들로 대체하는 훈련도 함께 제공해야 한다(Badley, 1923: 26).

이를 보다 구체적으로 제시하면 다음과 같다.

먼저 교육 시스템은 보통 교육을 받을 수 있는 각각의 학생들을 대상으로 최소한의 문화적인 생활을 꾸려 가는 데 지장이 없을 정도의 기본적인 경험지식과 기술을 갖추고 있는지 살펴보아야 한다. 이것은 초등교육의 임무다. 둘째로 중등교육 시스템은 보통 교육 이상을 받을 수 있는 모든 학생이 몇몇 특별한 지식과 기술을 학습하기 위해 다양한 방면에서 보다 폭넓고 과학적인 경험지식과 기술을 습득할 방법을 중심으로 구성되어야 한다. 이 단계에서 학생들은 보다 전체적으로 어떤 현상이 일어나는 원인과 그 현상의 일반적인 규칙들, 기대하는 결과를 얻기 위해 거쳐야 할 필요 과정들에 대해 배우게 된다. 이것이 바로 중등교육이 보다 전문적이고 기술적인 훈련에 들어갈 최종 단계를 앞두고 준비해야 할 과제다. 최종 단계의 교육은 대학, 워크숍, 실무 등을 통해 이루어진다(Badley, 1923: 24). 여기서 배들리는 단계별 교육에 따른 교육의 과제를 다음과 같이 세 가지로 정리하였다.

직업적인 삶과 내면적인 삶에 덧붙여 우리는 또한 한 시민으로서 공공의 삶을 살아간다. 그리고 교육은, 삶을 위한 훈련이라는 측면에서 이 세 가지 삶 모두를 위한 것이어야 한다. 여기에서 학교의 세 번째 과제가 주어진다. 학교는 실용적이고 전문적인 훈련의 기반으로서만이 아니라 또 다른 의무들과 필요들을 위해서, 다시 말해 직업적인 생활뿐만 아니라 정신적인 삶과 공동체의 삶을 위해서 지식과 경험의 기초를 구축해야 한다.

교양 있는 삶을 위해 필요한 최소한의 지식과 기술을 제공하는 초등교육, 기술적인 직업을 위해 필요한 도구(tools)를 제공하는 중등교육, 이들 교육과 함께 이루어지는, 내면의 삶을 발전시키고 공동체 의식을 키우는 사회적 훈련과 정신적 성장, 이 세 가지가 바로 학교가 수행해야 할 교육의 과제다. 여기서 우리가 해야 할 것, 그리고 우리가 하고자 하는 것은 많은 양의 지식을 제공하는 것이 아니라 그 지식을 얻는 방법, 즉 필요한 도구들과 그것을 사용하는 방법을 제공하는 것이다 (Badley, 1923: 25).

즉, 개인을 문명화된 존재로 만들고 또 그가 계속해서 기술적이고 전문적인 훈련을 받을 수 있도록 준비시키는 것이 학교가 해야 할 일이다. 그런데 만약 교육이 삶을 위한 훈련이라면 앞서 제시한 두 가지의 요구만으로는 충분하다 할 수 없을 것이다. 왜냐하면 어떤 기술적인 일을 통해 얻은 일부의 삶이 전체 삶은 아니기 때문이다. 손을 쓰든, 머리를 쓰든 직장인이라는 점을 제외하고도 우리들 각각은 자기 자신의 내면세계를 지닌 채 생각하고 느끼는 존재다. 그리고 이 내면의 삶은 외부의 삶과 마찬가지로 그것을 성장시킬 수 있는 적당한 내용과 그것의 능력을 훈련하도록 용기를 줄 적당한 조건들을 필요로 한다. 이

조건들 가운데 가장 중요한 것은 공동 사회 속의 생활이라 할 수 있다. 이를 위해서 학교는 단지 많은 양의 지식을 제공하는 것이 아니라 그 지식을 얻는 방법, 즉 필요한 도구들과 그것을 사용하는 방법을 제공해야 한다.

비데일즈가 추구하는 이러한 교육의 목표를 잭스(H. Jacks)는 '균형'이라는 개념으로 제시하였다. 여기서 균형이란 단순히 균형 있는 정신이나 균형 있는 판단을 의미하는 것은 아니다. 도덕적 균형, 신체적 균형, 정신적 균형, 영적 균형, 정서적 균형 등의 여러 측면에서의 균형들이 있으며 이들 모두가 균형 잡힌 인성을 형성한다. 이러한 균형 잡힌 인성이야말로 교육의 목표이며, 단순히 '훌륭한 시민'이 되는 것보다 현대 사회에서 더 요구하는 가치라고 할 수 있다. 모든 측면에서 균형은 비데일즈가 추구해 온 가치다(H. Jacks, 1934: 40).

배들리가 이상의 목표와 원칙에 입각해서 1893년에 설립한 비데일즈는 그 기본 틀은 애보츠홈을 따랐지만 소녀들을 받아들였다. 또한 자아실현을 강조하였고 삶의 성장 단계들에서 저마다 다르게 나타나는 학생들의 관점을 보다 잘 파악하였다는 점이 애보츠홈과 달랐다. 비데일즈는 이러한 다른 기호와 기질에 적합하도록 광범위하게 다양한 활동을 제공하였다. 보통의 소년들은 그들의 선배들에게 통제되어야 하는 피지배자로 간주되지 않았으며, 시민으로서 학교 회의에 참석할 자격을 부여받았다. 첫 4년 동안, 11~18세 범위의 소년들만이 학생이 되었다. 그러고 나서 실험적인 수준에서 소녀들이 받아들여졌고 그 수는 제1차 세계 대전 후까지 점차 증가하여 소년들만큼 많은 수가 되었다. 소녀들은 소년들과 분리된 기숙사에서 살았다. 그러나 다른 면에서 소년들과 소녀들은 모든 것을 공유하였다.

　이러한 비데일즈의 선구적인 남녀공학 교육은 기숙학교 생활을 인간화하는 통합적인 부분이었다. 비데일즈의 남녀공학이 보여 준 교육적 효과는, 첫째, 단지 책을 통해서가 아니라 나날의 일상생활 속에서 남녀학생이 이성에 대한 실제적인 지식과 이해를 갖게 된다는 점, 둘째, 학습에 있어서 서로의 차이가 정서적이고 지적인 자극을 주게 된다는 점, 그리고 소년들과 소녀들이 서로를 단지 성적 대상이 아니라 인간으로서 이해하고 상호작용하게 된다는 점이었다(J. Henderson, 1978: 143-144).

　비데일즈의 교육내용을 보면, 배들리는 과학적이고 민주적인 시대의 요구에 밀접히 관련된 커리큘럼을 제공하고자 했다. 현대 언어와 자연과학들은 현대 자유주의 교육에서 필수적인 요소로서 과학적인 시야와 방법들에 대한 훈련을 제공하기 위한 교과들로서 가르쳤다. 특히 비데일즈와 같은 전원기숙학교는 도시의 청소년들에게 자연과 시골생활이 제공하는 다양하고 건강한 체험 속에서 생활의 대부분을 보내도록 하였다. 즉, 전원에서의 교육적인 공동체가 가능하게 되었다. 그에게 자연의 교육은 책에서의 학습보다 더 중요한 것이었다. 수공기술과 섬세한 기예는 활기차고 즐거운 공동체 속에서 적절히 가르쳐야 하는 중요한 교육내용이었다(B. Holmes, 1995: 57-58).

　종교 교육의 경우 배들리와 레디가 비록 같은 방식은 아니었지만 그들의 종교적인 관점은 인습적이지 않았다. 레디는 특별한 채플이 있었고, 지금도 있는 애보츠홈에서의 예배의식을 발달시켰다. 이와 달리 비데일즈는 1901년에 비록 찬송가와 찬송집을 가지게 되었지만, 예배를 위해 강당을 사용했다. 배들리는 종교적인 상징물에 대해서는 그다지 관심을 가지고 있지 않았으며 그의 종교관은 교리적이기보다는 유일신교에 기초한 다소 도덕주의자적 위치에 있었다. 배들리가 레디보다 덜 지시적이었기 때문에 학교생활에 있어서 비데일즈가 애보츠홈보다 더 많은 자유가 있었다고 할 수 있다.

(4) 교육의 성과

배들리가 비데일즈에서 확립한 교육의 원칙은 자기 활동, 개성의 균형 있는 발달, 폭넓은 자유, 전원에서의 생활들이다. 이러한 목표를 성취하기 위해 학생들이 수업에 필연적으로 종속되기만 하는 전통적인 기계적인 수업은 폐지되었다. 비록 개인들이 사회 공동체적인 생활의 훈육을 받아야 했지만 그와 함께, 광범위한 경험과 기회가 개개인들의 개성을 발달시키도록 제공되었다. 남녀공학과 자치(Self-government)는 이러한 목적들을 증진시켰다. 과학과 수학을 통한 인간성의 통합과 16세까지의 일반적인 커리큘럼에 춤, 음악, 드라마의 포함은 비데일즈에 도입된 개혁성이었다. 만약 애보츠홈이 '새학교(New School)' 운동을 개척했다면 비데일즈는 영국의 진보적인 교육자들에게 더 많이 수용되는 모델이었다(Holmes, 1995: 58).

소위 '학과' 위주의 교육과 대학 시험에 대해서 말할 때, 비데일즈는 현대 교육에서 필요로 하는 요건을 보다 더 잘 갖추고 있다고 할 수 있다. 특히 학생의 인성적 측면을 전혀 해치지 않고도 이 교육을 가능케 하는 데 성공했다는 평가를 받았다. 이러한 성과에 대해 잭스는 "이것이 의미하는 바는 우리가 그동안 실제 믿고 있던 것들을 포기하는 것이며, 이는 또한 매일의

일상생활에서 대부분의 학교가 주지적인 교과수업을 위해 반드
시 필요하다고 여기는 시간만큼 주지적인 교과수업을 하지 않
는다는 것을 뜻한다. 심지어 더 적은 시간을 '학과' 위주 과목
에 할당했음에도 불구하고, 동일하게 좋은 학업성취도를 달성
하는 것이 가능하다는 것을 증명해 보였다."(Jacks, 1934: 39)고
평했다.

비데일즈의 커리큘럼과 조직은 애보츠홈의 것과 유사하다. 심
지어 레디와 배들리 둘 다 신뢰했던 자연적인 순환에 기초한 노
천 화장실 위생설비를 포함한다. 신체적이고 손을 이용하는 기
술, 예술적 상상력의 발달, 문학적·지적인 성장 그리고 도덕
적·종교적인 훈육은 애보츠홈에서와 같은 방식의 교육체제를
가지고 있었다. 이로 인해 초기에 비데일즈는 애보츠홈에서 단
지 파생된 학교로 알려졌다. 이것은 배들리가 레디의 영향을 크
게 받았음을 뜻하며, 배들리 자신도 이를 인정한다.

> 내가 교육 분야에서 새로운 시기를 열고, 널리 확산시킬 수 있는 이
> 상적인 조건하에서 창조적인 활동의 즐거운 느낌을 나누고, 그것의 처
> 음 시작을 알고 있는 사람들 가운데 한 사람으로 회고해 보건대……
> 그것은 레디의 이상이었고 진짜 천재적인 뛰어난 부분을 가지고 있는
> 한 사람에 의해서 이루어진 것이다. …… 애보츠홈으로부터 그 이후의
> 새학교 설립자들의 영감과 새학교의 일반적인 양식이 비롯되었다는
> 점에서 애보츠홈은 상이한 형식의 매우 많은 '새로운 학교들' 가운데
> 한 본보기다(Stewart, 1968: 279).

그러나 배들리가 레디의 교육적 목적과 적용의 많은 측면이

옳다고 수용했지만, 그의 공동체에 대한 이해에 대해서는 비판을 가했다. 배들리에게 있어서 하나의 지역사회나 국가 안에서의 독재뿐만 아니라 학교 안에서의 독재도 단기간의 결과에 상관없이 장기간 비난을 면하기 어렵다고 판단했다. 그리고 그는 레디의 사고하는 법과 학교를 세우는 법은 수용하고 배웠지만, 그것을 교실 현장에서 실현하고 실천하는 방법론에 있어서는 거의 수용하지 않았다(Stewart, 1968: 275).

배들리는 애보츠홈에서 그 기원을 빌렸지만, 그의 학교는 세운 지 10년 안에 아주 다른, 여러 가지 면에서 애보츠홈보다 인습적이지 않은, 덜 교조적인, 그리고 더 민주적인 학교가 되었다. 즉, 비데일즈는 그 자신만의 색깔로 발달했고 애보츠홈과는 아주 다른 정체성을 확립하였다. 확실히 배들리의 급진주의는 레디의 것보다 덜 교조적이었으며 학교운영에서 더욱 성공적이었다.[13] 또한 비데일즈 학교는 자립형 사립학교 교육(independent school)의 맥락에서 학생들에게 불합리한 두려움과 경쟁을 유발하지 않으면서도 인간적인 남녀공학 기숙학교가 크게 발전할 수 있음을 증명했다(Henderson, 1978: 147). 이런 연유로 인해 몇몇 논평가들은 영국에서 진보적인 운동의 어버이로서 비데일즈를 간주한다. 특히 맥(E. C. Mack)과 같은 학자는 배들리(Badley)를 영국에

---

13) 배들리와 레디는 각각 법률상으로 그들 학교의 소유주였고, 레디는 37년 동안, 배들리는 아내와 두 누나들과 함께 40년을 학교에서 생활하게 된다. 애보츠홈은 1927년에 문을 닫게 되는 위협을 겪게 되는데(68세의 레디와 두 명의 제자만이 남게 됨), 그는 동창회에 학교 운영권을 넘겨줌으로써 학교를 구할 수 있었다. 배들리는 1935년(그의 나이 70세)에 은퇴를 결정했다. 그 당시 학교의 학생들이 150명에 다다랐다.

서의 진보적인 움직임의 아버지로 임명하고 애보츠홈에 대해서
는 언급하지 않았다(Holmes, 1995: 57). 이는 비데일즈가 애보츠
홈을 모체로 하여 탄생하였지만 애보츠홈의 한계를 적극적으로
보완하여 보다 완성된 형식의 새로운 학교 모델을 제시하였음을
보여 준다.

 이상에서 고찰한 애보츠홈과 비데일즈는 20세기 서구 신교육
운동의 선구적 학교들로서 비권위주의적인 교육적 요소를 공유
하고 있음을 알 수 있다. 우선, 기존 퍼블릭 스쿨(public school)의
한계에 대한 비판에서 새학교가 출발했다는 점, 교육의 목적이
경쟁과 협동, 개인과 시민 사이의 균형을 추구하였다는 점, 전원
에 설립된 전원기숙학교들로서 전원 속에서의 활동을 중요한 교
육적 가치를 가진 활동들로 인식하고 교육과정의 일부가 되게
했다는 점, 교육의 과정과 방법에서 예술과 실과교육을 강조하
고 워크숍을 포함한 체험학습을 중시했으며, 학교교육내용이 직
업세계와 연결성을 갖도록 한 점, 그리고 포상제도를 없앰으로
써 학습 외재적 가치보다 내재적 가치에 입각한 교육이 이루어
지도록 했다는 점 등이 이들 두 학교의 공통된 교육적 요소들이
라는 것을 확인할 수 있다.
 애보츠홈과 비데일즈의 공통점과 차이점에 대한 논의는 우리
에게 비권위주의적인 바람직한 학교란 어떤 조건을 충족해야 하
는가를 이후의 새로운 교육운동에 시사해 주었다.
 우선 교실 위주의 교육에서 벗어나 교실 밖의 다양한 장소에
서 자발적인 참여에 기초한 교육을 할 수 있도록 하는 것이 하
나의 요건이다. 또한 남녀학생이 모두 함께 교육을 받는 환경도

반드시 필요하다. 남녀 분리의 교육에서는 진정한 발전은 불가능하다. 따라서 가르치는 것 그 자체는 단지 교육의 일부분에 불과하다는 것을 받아들여야 한다. 이를 위해 교사는 어디에서건 항상 가르치기 위한 준비가 갖춰져 있어야 하며, 학생이 교사를 존경하는 것과 함께, 교사 자신이 학생을 존중하는 것이 더 중요하다는 인식이 필요하다. 학생들이 그들 자신의 수준에서 합당하게 행복함을 느낄 수 있는 생활방식 또한 필요하다. 이것은 자유로운 자기훈육(self-discipline)을 의미한다. 즉, 소위 엄격함으로 인해 유발되는 긴장과 두려움, 지나친 억압과 통제로부터 자유로워지는 것이며, 이러한 요소는 일반적으로 학생의 성장에 매우 부정적이라고 할 수 있다. 이와 함께, 자율적으로 운영하고 자립하는 학교가 필요하다. 이러한 학교는 자율적으로 학업 시간표를 조직한다. 즉, 예체능, 과학, 종교, 체육, 지리학, 원예, 수학, 음악, 크리켓, 공예, 역사, 취미활동, 외국어 등 이 모든 과목이 동등하게 중요하다는 것을 인식한다. 이는 각 과목의 내재적인 가치보다는, 각각의 과목이 학생들에게 개별적인 저마다의 성장을 하는 데 필요한 조건을 제공한다고 생각하기 때문이다. 끝으로, 특히 비데일즈의 경우에서 보듯이 학교가 살아 있는 유기체처럼 그를 둘러싼 시대적 상황과 변화와의 능동적 상호작용을 통해 계속 성장해야 한다는 것이다.

이들 애보츠홈과 비데일즈를 기원으로 하는 영국의 새로운 학교들은 두 가지 측면에서 공교육에 영향을 주어 왔다고 지적되었다(Henderson, 1978: 147). 우선, 공교육 내에서 다양한 견해를 가진 교육자들에게 하나의 살아 있는 교육모델이 됨으로써 그들 교육자들이 자신들의 목적에 적합한 요소들을 새학교들로부터

취하여 공교육에 적용하도록 했다는 점이다. 이와 함께 젊은 교사들에게 새로운 학교에서 자신들의 아이디어를 실천해 볼 수 있는 기회를 제공함으로써 이후에 그들이 행정가로서, 혹은 다른 학교의 교사로서 보다 책임 있는 자리에 있을 때 학교교육에 변화를 가져오는 데 기여하도록 했다는 점이다.

따라서 20세기 영국의 교육시스템 안에서 애보츠홈과 비데일즈 학교들로부터 촉발된 신교육운동이라 불리는 새로운 학교교육운동이 표방하는 진보적 교육사상은 영국의 교육발전에 지대한 영향을 주면서 커다란 기여를 해 왔다고 할 수 있다.

3. 비권위주의 교육운동의 전개

1) 영국 신교육운동의 전개 과정

1914~1918의 전쟁은 관련 국가의 교육에 심오한 영향을 초래했다. 짧은 전쟁 기간 동안 세 가지 국면이 확연하다(Boyd & Rawson, 1965: 36). 첫째는 1916년까지 혼란의 시간에 교육과 관련된 모든 것이 중지되었다. 새학교도 없었고, 실험은 드물었으며 계획은 제한되었다.[14] 두 번째 국면은, 1917년 전쟁 시기에

---

14) Stewart는 이와 관련, 세 가지 이유를 제시하고 있다. 첫째, 신교육운동의 선구적 학교들인 애보츠홈, 킹알프레드 학교들의 설립자들은 자신들이 새로운 학교를 설립, 운영하는 데 그쳤을 뿐, 이후의 새로운 학교들이 설립되는 데에 적극적으로 지원하지 않았다는 점이다. 선구적인 학교들은 그 학교들 설립에 한정되었다. 둘째, 1890년경부터 1910년경 사이에 국가교육체제가 계획되고 또 실행되기 시작하고 있었다는 점이다. 이는 교육적인 의

서부 유럽 국가 사람들은 전쟁 후에 올 그들이 희망하는 새 나라에 대해 생각하기 시작했고, 교육 재구성을 강조하면서 새로운 교육을 위한 계획을 중시하기 시작했다. 분위기는 낙관적이었다. 그러나 이어지는 국면이란, 국가는 전쟁에 쏟은 거대한 노력으로 인해 재건의 여지가 없었다는 점이다. 경제 · 정치적 어려움은 교육과 그 밖의 개혁들의 발목을 잡았다. 이러한 상황에서 의식 있는 개인들이 설립한 새학교는 중요한 역할을 했다. 그들은 더 좋은 교육을 이룰 수 있는 방법에 대한 생각을 가진 흥미 있는 사람들의 협력을 모으는 장을 형성하였다. 미국에서 듀이와 파커의 제자들이 이를 성공적으로 수행하여, 1919년에 '미국 진보주의 교육협회(the Progressive education Association of America)'를 창설하였다. 스위스에서는 전쟁 기간 동안에도 '국제 새학교 사무국(Int'l Bureau of New Schools)'과 '루소 연구소(Rousseau Institute)'가 새로운 교육운동과 관련된 활동을 지속하였다. 이들 기구들이 갖는 주요 관심사 중의 하나는 자유의 이상과 민주적 생활을 일반학교에서 실천할 수업과 조직의 방법들을 고안해내는 것이었다. 이러한 움직임들은 1921년에 새로운 교육운동의 조직적이고 국제적인 협력단체인 '신교육협회(New

---

지를 가진 많은 사람의 힘을 국가단위 교육에 집중하게 하였으며, 결과적으로 민간 차원에서 활발한 신교육운동은 전개되지 못했다. 셋째, 1900년경부터 활발해지기 시작한 노동운동은 중산층 자녀들이 다니는 새로운 학교의 확산을 더욱 어렵게 했다. 즉, 새로운 학교들은 재정적으로나 지성적인 측면 모두에서 노동계층 자녀들이 입학하기에는 부적절했으며, 1902년 밸푸어 법령(Balfour Act) 이후 공립 초등학교들은 선구적인 새학교들의 교육원리와 실천을 수용할 경험도, 의욕도, 확신도 가지고 있지 않았다(Stewart, 1972: 173-174).

Education Fellowship)'를 창설하기에 이른다.

새로운 교육에 관심을 가진 이들 개혁가들은 여러 측면에서 기존 학교에 대해 만족할 수 없었고 그 대신 더 나은 무엇인가를 찾고자 했다. 불만족의 이유들도 달랐다. 비판의 중요 근거는 예상된 구태의연한 행위를 하는 일반 전통적인 학교의 실패였다. 즉, 그것의 생명력의 결핍, 수동성, 어리석은 순종, 불만족스러운 결과, 개인차를 무시한 미래를 위한 희생, 어른들에 의한 아이들의 지배였다. 더 나은 학교와 사회를 강조하는 사람들도 있었고 더 나은 아이들(the better child)을 강조하는 사람들도 있었다. 그들 뒤의 이상적인 영감은 개인 가치에 기초한 민주적 개념이었다(Boyd & Rawson, 1965: 34). 새학교들은 아이들 생활에 이상적인 이러한 것을 실현시킬 다른 방법을 찾고 있었다. 그들의 공통된 목표는 아이들에게 가능한 최대로 자연 상태의 개인적인 성장의 기회를 주는 것이었다. 그들의 신념은 학교와 집의 제약이 부재한 가운데 잘 조절된 자유가 허용된 아동들은 훌륭하고 유능한 사람들이 될 기회를 가질 것이란 점이다.

이처럼 제1차 세계 대전 이후에 활발하게 전개된 신교육운동은 그 이전의 선구적인 학교들에 비해서 학생들에게 보다 많은 자율성과 그에 기초한 창의성을 발달시키는 것을 교육의 주안점으로 삼았다. 즉, 비권위주의적 교육의 성향이 더욱 뚜렷해졌는데, 이러한 교육개혁운동의 시작에 커다란 기여를 한 인물이 에드먼드 홈스(Edmond Holmes)다. 장학관으로서의 현장경험을 바탕으로 새로운 교육의 비전을 제시한 그의 대표적 저서, 『교육의 현재와 미래(*What Is and What Might Be*)』는 1911년에 발간되어 1917년까지 8쇄를 거듭할 정도로 많은 교육자에게 읽히면서 지대한 영향을 주었다. 그의 저서를 통해 그는 맹목적이고 수동적이며 비지성적인 복종이 서구 교육체계의 기초였음을 비판하였는데, 전통적인 교육이 아동의 자발성과 창의성을 말살시키고 있으며, 특히 성과별 보상체제에 의한 편협한 교육과정과 경직된 교수법이 학교교육을 3Rs과 기계적인 학습으로 축소시켰다고 지적했다. 이를 개혁하기 위해서 그가 강조한 것은 자유의 중요성이었으며, 이는 아동을 선천적으로 '벌을 받아야 할 아동(child of wrath)'이 아니라 스스로 자아실현의 길을 가는 '신의 아동(child of God)'으로 인식해야 한다는 아동에 대한 이해의 전환을 요청하였다(Selleck, 1972: 23-25).

홈스가 교육개혁가로서 끼친 영향은 적지 않았다. 즉, 그 이후 다수의 교육개혁가들이 홈스에게서 강한 영감을 받았다고 할 수 있는데, 새들러(M. Sadler)는 그를 '교육혁명에 앞서 등장한 루소'라고 평했으며, 심프슨(J. Simpson)은 홈스의 책이 자신의 교육의 일대 전환점이었다고 진술했다. 또 스미스(E. S. Smith)는 홈스의 책이 '신세계의 발견'이었다고 고백하였으며, 오닐(E. O'Neill)은 충격과 영감으로 다가온 책이었다고 평했다. 또한 신교육운동의 국제적 연대를 가능케 한 신교육협회(New Education Fellowship)의 창립멤버인 베아트릭 엔소어(Beatric Ensor) 여사도 홈스의 책에서 영감을 받았으며, 그 밖에 교육개혁가들인 닐(A. S. Neill), 콜드웰 쿡(Caldwell Cook), 노먼 맥먼(Norman MacMunn), 린치(A. Linch), 레니(B. Rennie)가 홈스의 책에 찬사를 표했다(Selleck, 1972: 25).

홈스에 이어서 비권위주의 교육운동의 씨를 뿌린 사람은 호머 레인(Homer Lane)이었다. 레인은 미국 뉴햄프셔(New Hampshire)

주 허드슨(Hudson)에서 출생, 성장하였으며, 철도 노동자, 우체부, 가구상, 슬로이드(sloyd) 교사 등 다양한 직업 경력을 가지고 있었다. 특히 포드 리퍼블릭(Ford Republic)이라고 하는 비행 청소년 감화시설의 책임자로 일하면서 프로이트(S. Freud) 정신분석학의 독자적인 해석에 기초한 레인 특유의 직관과 독특한 방식을 활용하여 비행청소년을 모두 정상적인 소년으로 변화시켰다. 이때 레인이 사용한 방법이 자율의 원리에 기초한 자치(self-government)였으며, 레인은 비행청소년에게 최대한의 인정과 자유를 부여함으로써 그들 마음 안에 내재해 있는 증오로부터 벗어나게 하여 스스로 정상적인 소년들이 되게 하였다. 이러한 교육적 성과로 인해 1913년, 레인은 영국의 샌드위치 백작에게 초청되어 포드 리퍼블릭과 유사한 교육시설인 도어셋(Dorset)에 소재한 리틀 코먼웰스(Little Commonwealth)의 책임자가 된다. 여기서 레인은 문제아동들에게 최대한의 자유와 신뢰가 주어졌을 때 그들이 긍정적으로 변화되어 가는 것을 실증하였으며, 이러한 교육의 원리와 실천 과정은 동시대의 많은 교육가들에게 커다란 경탄을 불러일으켰다. "레인의 실천은 우리의 확신이 실현되는 것을 직접 보게 함으로써 용기와 희망을 갖게 했다"(E. Bazeley, 1928: 27). 리틀 코먼웰스에서 레인이 행한 실천은 대단히 급진적인 것으로서, 그가 아동들에게 부여한 자유와 아동들에게 보여 준 신뢰는 일찍이 유례가 없었던 수준이었으며, 이는 적지 않은 반향을 일으킴으로써 비권위주의 교육운동의 불씨를 지피는 역할을 했다.

레인의 뒤를 이어서 신교육운동의 전성기인 1920년대 초 가장 급진적인 비권위주의 학교인 서머힐 학교(Summerhill School)를 레이스턴(Leiston)에 설립하여 커다란 영향을 준 인물은 닐(A. S. Neill)이었다. 그에게서 새로운 교육의 본질은 곧 불안과 죄의식—이 병든 사회가 유아와 아동에게 주입한—으로부터의 자유를 의미했다. 이를 위해서 요구되는 것은 아동에 대한 전적인 신뢰였으며, 이 신뢰를 바탕으로 그는 아동의 자율적인 성장과 가로막는 일체의 도덕적이고 종교적인 억압을 학교교육에서 제거하였다. 그 대신 각자가 자신의 자발적인 자기선택의 원리에 의해 학습을 포함한 일체의 생활을 자율적으로 주도하게 하였으며, 공동체적 생활에 필요한 규칙과 질서도 자치(self-government)에 의해서 만들어가게 함으로써 그 어느 학교보다도 학생들에게 포괄적인 자유를 부여하는 비권위주의 학교의 전형이 되었다.[15] 이러한 닐의 사상과 실천은 많은 영국사람들에게 영향을 주었으며 그의 서머힐 학교는 신교육 자체였다고 할 수 있다(Boyd & Rawson, 1965: 64-65).

제1차 세계 대전을 전후한 비권위주의 교육운동의 본격적인 확산에 심리학적인 방법론의 기초를 제공한 인물은 몬테소리(M. Montessori)였다. 1912년에 그녀의 대표적 저서인 『몬테소리 방법(*The Montessori Method*)』이 영국에 소개되었고[16] 여러 학교들이 그녀의 방법을 적용하기 시작하였으며, 1919년 그녀가 영국을 방문하였을 때 대대적인 환영을 받았다. 영국에서 몬테소리교육은 더욱 넓게 확산되었고 그녀의 교육적 영향력은 크게

---

15) 닐의 서머힐 학교에 대해서는 다음 장에서 보다 상세히 서술할 것이다.
16) 1911년에 에드먼드 홈스는 이탈리아로 가서 직접 몬테소리를 방문했으며, 그녀의 저서 『몬테소리 방법』 영역판의 서두 부분에 그녀의 업적에 대한 열정적인 소개를 쓰기도 했다(Selleck, 1972: 28).

평가되었으며, 그녀의 이상과 방법의 확산을 위한 국가적이고 국제적인 몬테소리 협회가 형성되었다. 몬테소리의 아동교육 철학과 방법은 새로운 교육에 대한 이상을 확산시키는 데 기여하였다.

이상 서술한 여러 인물이 널리 전파하기 시작한 교육개혁 사상들은 제1차 세계 대전 기간, 그리고 전후 4, 5년 동안에 많은 적극적인 동조자들을 형성하였다. 즉, 새로운 학교들이 출현하였고, 새로운 교수법과 학교조직이 도입되었으며, 새로운 교육 단체들이 결성되었다. 이 시기는 새로운 교육을 위한 열정적인 활동의 시기였다. 새들러(M. Sadler)는 "우리는 새로운 시대(new era)의 문턱에 있다. 우리의 사고의 많은 부분이 근본적으로 변하고 있다."라고 이 시기를 요약적으로 표현했다(Selleck, 1972: 30). 거대한 교육적인 힘들이 하나의 초점으로 모아지고 있었으며, 다양한 사람들이 나라의 여러 곳에서 갑자기 출현하여 힘을 모아 국가가 필요로 하는 것에 교육적으로 부응하고 있었다.

볼르노(O. F. Bollnow)는 이러한 새로운 교육적 운동이 국제적으로 활발하게 전개된 사상적 배경으로 인간에 대한 긍정적이고 낙관적인 이해의 확산을 지적하였다. 즉, 1920년대의 교육학적 열정은 전적으로 특정한 인간 이해에 바탕을 둔 것으로서, 그것은 인간이 지닌 창조적인 능력에 대한 믿음이었다. 이러한 능력들은 아동기를 거치는 동안 부서지거나 오염되지 않도록 보호되어야 하며, 성인들은 그러한 능력들을 일깨우고 무엇보다도 손상되지 않도록 보호해야 한다는 것이다. 세기의 전환기의 감격 속에서 사람들이―미래에 대한 확신에 차서―어린이의 세기에 대해서 이야기하였을 때, 그것은 어린이에게 관심의 초점을 맞추는 것과 동시에 마찬가지로 인간 자신의 본질에 대한 성찰을 의미하는 것이었다. 이러한 인간의 본질은 한편으로는 변질된 문화 안에서 타락해 버렸고, 따라서 이제 새로운 교육을 통해서 다시금 활성화되어야만 하는 것이다. 이미 루소에게서 그 뿌리를 찾을 수 있는 이와 같은 믿음은 곧바로 새로운 사회 인식에 연결되어 있고, 이러한 사회 인식에로의 연결은 1920년대의 교육학적 운동의 결정적인 요소였다(Bollnow, 2008: 16).

이와 같은 믿음은 인간의 근본적으로 선한 핵심에 대한 신뢰에 뿌리 내리고 있으며, 또한 완전히 근절되어 버리지 않는 한 그 자신의 고유한 방법과 고유한 법칙에 따라 피어날 수 있는 인간의 내적인 능력에 대한 믿음에 근거하고 있다. 이러한 이해에 따르면 모든 악은 단지 우연의 소산이며, 근본적으로 외적인 영향에 의해서 야기된 것이다. 따라서 보다 나은 교육을 통해서 다시금 배제할 수 있는 것이다. 그 당시 운동의 본질적인 요소를 이루었던 아동에 대한 정향은 이와 같이 근본적으로 인간의 선한 본성에 대한 믿음에 바탕을 둔 것이다. 이러한 아동과 인간에 대한 신뢰는 아동 저마다가 스스로 꽃피울 수 있도록 폭넓은 자유를 허용하는 비권위주의 교육의 활발한 전개를 가져왔다.

이 시기, 즉 제1차 세계 대전 직후부터 1920년대 후반까지의 기간 동안에 설립된 대표적인 새학교들을 일별해 보는 것은 신교육운동의 흐름을 이해하게 해 준다는 점에서 가치가 있다.

포터 형제(P. M. Potter & L. M. Potter)가 노동자 계층(working class)의 자녀들을 위한 새로운 기숙학교로 설립한 콜더컷 커뮤니티(Caldecott Community) 학교(1917), 맥먼(N. MacMunn)이 전쟁

고아들을 위해 설립한 팁트리 홀(Tiptree Hall) 학교(1919), 심프슨 (J. H. Simpson)의 렌드콤(Rendcom) 학교(1919), 신지학자들이 설립한 아룬데일(Arundale) 학교(1918), 공립초등학교로서 진보적인 새로운 학교가 된 오닐(E. O'Neill)의 프레스톨레(Prestolee) 학교 (1918), 가장 급진적인 진보적 학교인 닐(A. S. Neill)의 서머힐 (Summerhill) 학교(1921), 아동들에 대한 심리학적 연구 수행을 목적으로 설립된 파이크(G. Pyke)의 몰팅하우스(Malting House) 학교(1924), 그리고 런던의 스트리트햄(Streatham)에 설립된 영국 최초의 슈타이너 학교(1925)가 있었다. 이밖에 학부모들이 자기 자녀들을 위해 직접 설립한 학교들로서, 엠허스트(Elmhirst) 부부 가 세운 다팅톤 홀(Dartington Hall) 학교(1926)와 러셀(Russell) 부부가 설립한 비콘힐(Beacon Hill) 학교(1927) 등이 있었다(Selleck, 1972: 31-39; Boyd & Rawson, 1965: 61-62).

이들 새학교들은 전원 속에서의 작업 활동이 교육과정의 일부분이 되면서 교육과정은 보다 비형식적이 되었고, 훈육은 크게 완화되었으며 아동을 위한 자유가 학교의 특징이 되었다. 아동의 흥미를 충족시키는 다양한 교육적 노력이 이루어졌고, 학교는 자치의 원리를 따랐으며 남녀공학이었다. 이들 특징들은 대부분의 새학교들이 공유하고 있는 특징이기도 했다.

2) 의 의

1920년부터 1990년까지의 기간 동안 많은 진보주의적 교육철학은 영국학교에서 받아들여진 실제 그들의 사례에서 찾아볼 수 있다. 이러한 생각이 유입되어 온 정확한 길을 추적해 보는 것은 용이하지는 않지만, 교육철학의 자취는 마치 소설의 주제가 바

닥에서부터 비롯되는 것과 같이 학교나 지역기관 수준에서 그리
고 서서히 국가 수준으로까지 퍼져 왔다.

진보주의적 교육철학은 교육관련 공식적 문서와 다양한 교육
법령의 제정, 그리고 확인 가능한 진보적 교육운동에 내재하고
있었다. 비록 직접적으로 지식인간의 교류가 있었을지라도 영국
에서의 신교육은 미국의 진보주의 교육과 일치하지 않았다. 곧
영국에서는 국제적인 이해와 화해에 대한 교육이 더욱 강조되었
다. 이는 진보주의 교육철학이 단일의 공통된 개념 체계를 가지
고 있지 않으며, 하나의 뿌리에서 파생된 여러 교육철학적 견해
를 아우르는 이론의 성격을 가지고 있음을 보여 주는 측면이기
도 하다. 즉, 거기에는 무엇이 중요한 것인가에 대한 여러 다른
관점들이 있었고, 어떤 의미에서 분열과 불일치가 있었으며, 이
로 인해 '진보적 철학'에 대한 명백한 개념 규정은 사실상 어려
운 일이다. 또 영국에 듀이(J. Dewey)와 같은 저명하고 뛰어난
신교육의 전문가가 없다는 사실은 이러한 철학적 이론화의 작업
상황을 더욱 어렵게 했다고도 할 수 있다(D. Turner, 1995: 335).
그럼에도 새로운 교육적 사고의 선상에서 폭넓게 연관된 철학적
집합의 결과라고 할 수 있는 여러 과목들의 영역 통합에 기초한
학습자중심 교육과 경험중심 교육, 그리고 지역사회의 경제적·
사회적 환경과 연동하는 학교들에 대한 강조가 있었다는 점에서
영국 신교육운동의 실천의 폭과 깊이를 한편 확인할 수 있다.

또한 영국에서의 진보적 교육사상의 발전은 앞서 살펴보았듯
이 일률적이고 보편적으로 이루어지지 않았다. 시기에 따라서
어떤 영역이 먼저 발달하기도 하고 상대적으로 다른 영역은 뒤
처져서 발달하기도 했다. 1920년대부터 1967년까지 진보적 사상

은 커리큘럼에서, 특히 초등학교의 교수법과 커리큘럼에서 가장 뚜렷하게 확인되었으며, 1975년부터는 정부의 반진보적인 발언에도 불구하고 학교 운영과 학부모의 선택과 관련하여 진보적 사상의 실천을 확인할 수 있다(Turner, 1995: 347).

결국 20세기 영국의 교육시스템 안에서 신교육운동이 표방하고 있는 진보적 교육사상이 지대한 영향을 주면서 영국의 교육발전에 커다란 기여를 해 온 것은 부인할 수 없는 사실이며, 이러한 영국의 신교육운동은 비권위주의적인 교육을 향한 개혁운동과 관련하여 우리에게 시사하는 바가 크다고 할 수 있다.

4. 신교육운동의 국제적 연대

20세기 초반 신교육운동(New Education Movement)에 의해 만들어진 교육의 진보는 몇 가지 측면에서 주목할 만한 것이다. 우선 세계의 여러 다른 지역에서 새로운 학교들(New Schools)이 탄생했다는 점이다. 이들 학교들은 그 수가 아주 많은 것은 아니었지만 새로운 교육에 대한 깊은 열망을 갖게 했다. 그리고 이들 새학교들이 적극적으로 활용했던 새로운 교육의 방법(New Methods)들은 기존의 학교들의 교사들도 사용 가능한 방법들이었다는 점이다. 나아가서 이러한 교육의 부흥(educational renaissance)과 전 세계로의 확장을 갈망하는 여러 다양한 사람들과 단체들이 함께 모여 국제적인 연대를 형성했다는 점이다(Boyd & Rawsons, 1965: 57). 여기서 신교육운동이 갖는 국제적 성격은 여타의 교육운동과 구별되는 특징이라고 할 수 있다. 뢰어스(H. Röhrs)는 이를 신교육운동의 국제주의(internationalism)라고 지적하면서 이 국제주의는 신교육운동 혹은 진보적 교육운동의 교육개혁 이상 속에 구조적으로 내재하고 있는 기본적인 특징이라고 간주한다. 즉, 개혁에의 의지는 한 국가의 테두리 안에 한정될 수 없는 것이며, 그 시작부터 진보적 교육운동의 기본적인 특성이라고 하는 것은 새로운 교육의 형식과 학교 구상에 대해 개방적인 의사소통을 통한 추구였으며 이는 또한 동과 서(East and West), 그리고 남과 북(South and North)의 모든 사람들의 요구에 동등하게 부응해야 하는 것이었다. 따라서 이러한 개혁의 중요 부분은 국가 간의 경계를 초월한 개혁의 보급이었다(Röhrs, 1995a: 13-14).

특히 제1차 세계 대전(1914~1918)은 모든 사람으로 하여금 인간의 삶과 관계의 모든 측면에 대해 재검토하게 만들었다. 그 당시의 교육적 상황 속에서 국제연맹(League of Nations)과 협력하여 전후 교육문제를 담당할 국제기구가 있었어야 함에도 그러한 기구는 부재했으며, 결국 이러한 과제는 자발적으로 결성된 신교육협회(New Education Fellowship: 이하 N.E.F.)와 그 밖의 국제단체들이 수행하게 되었다. 이들 단체들 중 N.E.F.가 가장 많은 회원을 거느리고 세계 여러 지역의 다수의 국가들이 참여하여 제2차 세계 대전 직전까지 가장 활발히 서구 교육개혁운동의 국제적 연대를 주도해 온 단체라는 점에서 대표적인 단체라고 할 수 있다.

1921년에 결성된 N.E.F.는 급조된 단체가 아니었다. 이미 여러 나라들에서 19세기 말부터 시작된 교육 개선을 위한 꾸준한 활동들이 존속해 왔었기 때문에 가능했다. 즉, 다양한 실험학교는 아동과 청소년의 교육에 대해서 다시 생각하도록 기여했으며 다수의 학부모와 교사가 그들 자신의 교육실험을 지속해 왔다. 무엇보다도 국제적인 관심과 전망을 가진 단체들이 있었으며 이들 단체들이 새로운 교육자들의 포괄적인 연대의 길을 마련했다. 특히 스위스, 영국, 독일, 프랑스, 미국의 다섯 나라가 이러한 연대를 위해 주도적인 역할을 수행했다.

범세계적 교육공동체(global educational community)의 형성을 목표로 신교육운동의 국제적인 연대를 주도한 N.E.F.의 설립 이전에 유럽의 새학교들에 대한 폭넓은 조사를 통해 '새학교'의 국제적 기준을 제시하고 국제적 교류를 촉진시켰던 '국제 새학교 사무국(International Bureau of New Schools)'은 의미 있는 역할을 수행하였다. 이 기구를 먼저 살펴보는 것은 국제적 연대를 이해하는 데 유용하다고 할 수 있으며 이어서 신교육협회의 설립과정과 그 역할 및 의의를 살펴본다.

1) 국제 새학교 사무국

(1) 설립과 활동

이 기구의 설립과 그 활동은 스위스의 아돌프 페리에르(Adolf Ferriere)라는 열정적인 인물에 의해 거의 독자적으로 이루어졌다고 할 수 있다. 그는 19세였던 1898년에 드몰랭(Demolins)의 저서, 『앵글로 색슨인들의 우월성은 어디에서 오는가』를 읽게 되었다. 그는 철학, 사회학, 동물학 등의 포괄적인 대학 교육을 받았으며, 사회학에서는 박사학위를 취득했다. 드몰랭의 영향으로, 페리에르는 처음으로 레디(Reddie)와 그의 학교 애보츠홈(Abbotsholme)을 접할 수 있었고, '새교육운동'에 사명감을 갖고

가르치는 일을 소명으로 삼기로 결심하였다. 그는 1900년, 독일
의 일젠부르크(Ilsenburg)에서 헤르만 리츠(Hermann Lietz) 지도
아래 가르치기 시작했으며 거기서 *Emlohstobba*를 읽었다. 그리
고 그는 1901년에는 하우빈다(Haubinda)에서 레디를 만날 수 있
는 기회를 갖게 되었으며, 그의 지적인 기상과 강렬한 흡인력을
간파했다고 한다(Stewart, 1968: 73).

1899년 페리에르는 스위스 보드(Vaud) 주의 레 라이아데 슈르
블로나이(Les Rleiades-sur-Blonay)에 '국제 새학교 사무국'을 설
립했다. 사무국의 주요 목적은 새학교의 구성 요건을 명확히 제
시함으로써 훌륭한 새학교들이 획득한 명성이 상업적으로 도용
되는 것을 막는 것이었다(Boyd & Rawsons, 1965: 15-16). 그는 거
의 직원 없이, 또 사재를 동원해서 거의 모든 일을 스스로 해야
했다. 하지만 그는 방대한 서신 교류와 방문을 통해 자료를 주
고받으며 수많은 사람과 접촉했고, 레디-리츠(Reddie-Lietz)의 새
학교를 다르게 모방한 학교들이 많았기 때문에 새학교에 대한
뚜렷한 정의의 확립을 위해 수년간 노력했다. 이런 작업 속에서
페리에르는 새학교를 '자치적인 전원기숙학교로서 이는 모든
교육이 개인적인 흥미와 경험에 기초하고 있으며, 작업장과 모
든 분야에서 지적 활동과 수공적인 활동이 결합됨을 의미하는
학교'로 규정하고 제시했다(Stewart, 1968: 74).

페리에르는 '국제 새학교 사무국'의 목적을 확장시켰다. 그는
전 세계에 걸쳐 있는 교육단체의 목록을 만드는 것을 희망했고,
개혁가들이 함께 만나 아이디어를 교환하고 정보를 공유하며 회
합을 갖도록 격려코자 했다. 그는 다국어로 쓰인 교육적 정기간
행물의 발행을 희망했고, 다양한 리서치를 행하는 연구소의 설

립을 희망했는데, 이는 국가 정책에 영향을 끼칠 진보적인 교육
사상과 지식의 보급을 목적으로 하고 있다. 그의 주된 목적은 전
쟁의 급증으로 인해 보류되었으며, 1918년의 화재로 인해 거의
모든 기록이 소실되었다. 하지만, 1921년에 출범한 N.E.F.와 함
께 계속 일을 해 나갔으며 1922년에 N.E.F.의 기관지인 「새시대
(*Pour L' Ere Nouvell; New Era*의 불어판)」의 편집장이 되었다.

　1926년 국제 새학교 사무국은 '국제 교육 사무국(Bureau
International d'Education)'과 합병했다. '국제 교육 사무국'은
1925년에 루소(Jean-Jacques Rousseau) 연구소의 후원 아래 록펠
러 재단의 기부금에 의해 제네바에 설립되었다. 1929년부터 연
구소는 제네바와 스위스의 다른 주들에 의해 공식적으로 지원을
받음으로써 독립적인 기구로서의 위치를 유지시키면서도 자발
적인 기부에 의존하지 않아도 되게 되었다. '국제 교육 사무국'
의 출판활동은 더 이상 '새학교들'에의 흥미에만 국한되어 있지
않았고, 페리에르의 작업은 1922년 이래 N.E.F.와 그 간행물인
Pour L' Ere Nouvelle(독일어 간행물은 *Das Werdende Zeitalter*)
등을 통해 진행되었다. 그의 '국제 새학교 사무국'의 포괄적인
목적은 새교육협회의 프로그램을 통해 실현되었다.

　(2) '새학교'의 기준

　1921년 1월 「새시대(*New Era*)」에서 페리에르는 오랜 시간에 걸
쳐 얻어낸 조사 결과들을 개괄했다. 여러 종류의 질문지를 작성
하여 새학교의 특징을 서술하려 했다. 또한 그의 30여 개의 중점
적인 문항에 대한 답변의 결과로 얻은 내용을 정리하였다.

　그는 문항의 각 조건이 충족되었을 경우 점수를 부여해서 '진

보지수(Progressiveness Quotient)'라고 간주할 수 있는 것을 만들어
냈다. 그는 '새학교'가 구체화시켜야 하는 것이 무엇인지를 제정
했다. 예를 들어, 'Pass mark'가 50%라고 가정하면 평균 15점 이
상을 받은 학교는 새학교의 범주에 속한다고 할 수 있고 그 이하
점수의 학교는 새학교가 아닌 것이다. 관심의 초점은 일반적인
조직의 방향, 신체적인 삶, 지적인 삶 혹은 연구조직, 사회교육,
미적 교육 그리고 도덕교육 등등의 분야에서 이런 학교들의 특
징이 무엇인지 설명하고 제시하는 것이다. '새학교 사무국'이 제
시한 '새학교'의 기준들은 다음과 같다(Stewart, 1968: 75-76).

① 학교는 실험적인 교육을 위한 실험실이다.
② 가족들의 영향이 긍정적일 경우 그것은 기숙학교보다 아이
   들에게 더 좋다고 인정되더라도 새학교는 기숙학교다.
③ 전원 속에 설립되어 있다.
④ 10명에서 15명의 남학생과 여학생들이 하나의 가족을 이루
   고 있으며, 최소한 부모 역할의 여성이 있다.
⑤ 남녀공학으로 이루어져 있다.
⑥ 적어도 매일 1시간 반 정도 약간의 수공예 작업 시간을 갖
   는다.
⑦ 목공예는 이런 수공작업들의 첫 번째가 된다.
⑧ 선택적 작업의 기회가 주어진다.
⑨ 신체적인 훈련은 야외에서 하게 되며, 아이들은 아예 벌거
   벗거나 거의 가벼운 복장으로 한다. 게임과 육상을 위한 시
   설이 있다.
⑩ 도보여행, 자전거 여행, 식사준비가 포함된 야영은 적극 장

려된다.

⑪ 학업에서는 암기보다 추론하는 것을 더 중요시한다.

⑫ 교육은 일반적인 것에서 전문적인 영역으로, 각자의 흥미로부터 출발해서 미래의 작업에 연관된 능력을 키우는 것으로 진행된다.

⑬ 가르침은 사실과 관찰을 촉진하는 질문행위에 기초한다.

⑭ 가르침은 그 학생의 개인적인 독창력에 근거해서 진행된다.

⑮ 가르침은 아이들의 본능적인 흥미를 적극 고려한다.

⑯ 아이들은 신문, 책을 통해 조사활동을 해야 한다.

⑰ 협동작업을 통해 발행된 훌륭한 학급 문집은 학급 안에서 교과서로 활용될 수 있다.

⑱ 지적 훈련은 오전 8시에서 정오까지 이루어진다.

⑲ 몇 개의 기본적인 과목은 한 학기 동안 가르친다.

⑳ 이러한 과목들은 매일 가르치며, 가능한 활동적인 방법을 사용한다.

㉑ 학생들은 최소한의 통제 아래서 자신의 판단에 따라 자유로운 도덕적 선택을 한다.

㉒ 아이들과 선생님에게 있어 민주주의에 대한 차선은 입헌군주제다. 여기서는 아이들이 반장을 스스로 선출한다.

㉓ 모두는 학교라는 사회를 위해 서로서로 도움을 주고받는다.

㉔ 창조적인 활동이 장려된다.

㉕ 모든 처벌이나 징계는 규칙위반 행위와 관련되어 있다.

㉖ 비교는 아이들이 저마다 정한 자신의 기준과의 비교가 있을 뿐 다른 사람과의 경쟁을 통한 비교는 존재하지 않는다.

㉗ 학교는 아름다움의 장소다.

㉘ 악기, 노래, 관현악단, 연주회로 이루어진 음악예술이 있다.
㉙ 이야기는 그들의 도덕적인 판단을 일깨워 주는 것을 목적으로 어린 아동들에게 들려준다.
㉚ 다양한 관점에 따른 정신적인 이상(spiritual ideal)과 관용을 볼 수 있다. 종교적인 태도는 무교 혹은 자신이 가지고 있는 종교에 맡겨진다.

이것은 제법 까다로운 목록이지만, 데크롤리(Ovide Decroly) 박사는, 부모가 학교의 경영에 협력해야 하는 부분이 생략되었다고 지적했다. 30여 개의 항목을 전제로 한 조사 결과, 오덴스발트(Odenswald) 학교는 최고 점수인 30점을 받았으며 애보츠홈(Abbotsholme)은 22 1/2로 근소하게 리츠(Lietz) 학교를 앞섰고 로쉬 학교(L'Ecole des Rohes)는 17 1/2로 겨우 승인되었다.

우연하게도, 단지 애보츠홈과 비데일즈 학교만 영국 학교의 목록에 포함되어 있고 모든 다른 학교들이 외국 학교들인 것을 볼 때, 페리에르의 사무국이 포괄하는 범위가 그 당시 제한적이었음을 알 수 있다. 그럼에도 그는 1922년 *Pour L'Ere Nouvelle*에서 애보츠홈 학교를 모태로 하여 탄생한 67개의 학교는 '새학교'의 목록에 포함시킬 수 있으며, 그 당시 진보 교육에 관한 관계 서적을 모두 정리하면 3백 권 이상이 될 것이라고 말한 바 있다(Stewart, 1968: 77).

2) 신교육협회

자유로운 교육개혁가들로 구성된 국제적 단체 결성에 관한 계획은 많은 다른 국제적 계획처럼 미국이 주도하는 것이 자연스

러웠던 당시에 영국이 주도하게 되었다. 이러한 배경으로 보이
드(Boyd)는 우선 영국 문화가 갖는 수용적 태도를 지적한다. 즉,
영국은 다른 지역에서 발생하고 전개된 사상과 방법들에 대해서
일반적으로 포용적이어서 그것들을 자국에서 시도해 보는 경향
이 있다는 것이다. 더욱이 영국은 독립적인 사립학교들이 많으
며 그 학교들의 상당수는 기숙학교들로서 모든 형태의 실험들이
이루어질 수 있는 조건들을 가지고 있었다는 점이다. 따라서 새
로운 교육의 이상들이 중산층의 부모들에게 알려짐에 따라 그들
은 자신의 자녀들을 위한 새로운 종류의 학교들을 모색하기 시
작하였으며, 이것이 새로운 교육에 대해 그들이 관심을 갖게 된
실제적인 이유라고 할 수 있다(Boyd & Rawsons, 1965: 61-62).
즉, 기존의 제도권 학교들에서는 그들이 원하는 교육을 행하는
학교를 찾을 수 없게 되자 새로운 학교들을 직접 설립하거나 설
립을 지원하게 되었고, 결국 영국은 새로운 학교설립을 통한 새
로운 교육실험이 가장 활발한 나라가 되었다. 이는 새로운 교육
운동의 국제적 단체 설립을 주도하게 된 계기들을 영국이 가지
고 있었다는 것을 말해 주며, 여기에 더하여 영국에서는 교육문
제에 적극적 관심을 가진 신지학자들이 이 단체 설립에 관여하
였다.

(1) 설립과정

N.E.F.와 같은 국제적 운동단체의 창설은 결코 한 개인의 힘
으로 이루어질 수 없는 것은 명백하지만 그럼에도 그 최초의 영
감과 출발이 한 인물로부터 시작되었으며, 그 인물은 다름 아닌
베아트리체 엔소어(Beatrice Ensor)라는 사실에는 의문의 여지가

없다(Boyd & Rawsons, 1965: 67). 마르세이유(Marseille)에서 태어나서 이탈리아에서 일부 교육을 받았던 그녀는 국제적인 배경을 가지고 있었으며, 1910년에는 영국 최초로 글래모르건 카운티 의회(Glamorgan County Council)의 여성 장학관이 되기도 했다. 그녀는 다양한 교육행정 경험을 가진 인물이지만 무엇보다도 그녀가 신지학회의 지도자 중 하나였다는 사실이 N.E.F.의 설립과 밀접하게 관련되어 있다. 즉, 영국에서의 신지학회(Theosophical Society)의 활동이 바로 N.E.F.의 탄생 배경이 되었다고 할 수 있다.

1875년 뉴욕에서 최초의 신지학회가 창립된 이래 1907년 무렵에는 신지학회 지회가 전 세계에 걸쳐 650여 개가 있었으며, 영국지회는 교육에 종사하는 많은 수의 회원들이 활동하고 있었다. 베산트 여사(Mrs. Besant), 아룬데일(George Arundale), 시네트(A. P. Sinnett)와 그 밖의 사람들은 1910년부터 1915년 무렵 신지학을 거의 유행처럼 만들었다. 신지학회가 추구한 일반적인 목표는 민족, 성별, 종교, 인종 혹은 신분에 대해 차별이 없는 인류 동포애의 토대를 형성하는 것이었다. 그 외에 좀 더 실험적인 두 개의 목표가 있었는데, 첫째는 비교 종교(comparative religion), 철학, 과학의 연구에 대한 장려이고, 둘째는 밝혀지지 않은 자연의 법칙과 인간의 능력에 대한 연구다(Boyd & Rawsons, 1965: 54).

신지학 회원들은 대부분 교육에 대해 많은 관심을 가지고 있었으며 교육에 대한 진보적이고 자유로운 견해를 가진 사람들의 비공식적인 모임이 규모가 커지면서 '교육에서의 새로운 이상(New Ideals in Education)'이란 조직으로 성장했다. 레니(Miss Bell Rennie), 로오슨(Wyatt Rawson), 베아트리체 드 노먼(Beatrice de

Norman, 훗날 엔소 여사가 됨), 심프슨(J. H. Simpson), 알리스 우즈 (Miss Alice Woods), 그리고 후일의 브라이언스톤 학교(Bryanstone School)의 교장인 코드(T. F. Coade) 등은 이 그룹의 강력한 후원 자들이었으며, 1914년 노픽(Norfolk)의 이스트 런튼(East Runton) 에서 공식적인 첫 번째 회의가 개최되었고 그 주제는 몬테소리 (M. Montessori)의 이론과 실천에 관해서였다. 이 회의가 천명한 것은 '아동의 개성에 대한 존중, 그리고 개성은 자유의 분위기에 서 가장 훌륭하게 성장할 수 있다는 신념'(Selleck, 1972: 44)이었 다. 이 모임의 목적은 특정 그룹을 지원하는 것이 아니라 이러한 신념을 공유하는 모든 사람들에게 모임장소를 제공함으로써 다 양한 사고와 경험과 실험들, 그리고 역경들을 서로 나누게 하려 는 것이었다. 그 이후 매년 회의는 제2차 세계 대전이 시작되기 바로 직전까지 연속적으로 이어졌다.

이러한 신지학회의 교육모임인 '교육에서의 새로운 이상'의 테두리 안에서 교사들이 중심이 된 또 다른 교육모임인 '교육에 서의 신지학 형제단체(Theosophical Fraternity in Education)'가 1915년에 형성되었다. 이 모임은 엔소어 여사가 신지학회가 가 지고 있는 교육적 이념, 즉 아동에 내재하고 있는 영적인 힘에 대한 믿음과 이 힘들이 실현될 때 새로운 세계가 도래할 것이라 는 신념을 교육적 활동의 기초로 삼고 있는 진보적인 교사들의 그룹을 신지학회 안에서 만들려는 의도에서 비롯되었다. '교육 에서의 신지학 형제단체'는 본래 그 회의를 '교육에서의 새로운 이상'의 연례회의 안에서 개최하였으나 1920년경에는 회원들이 500명 이상 되면서 자신들만의 회의가 필요하게 되었고 레치워 스(Letchworth)에서 독자적인 회의가 개최되었다. 이 회의에서 제시된 단체의 목표는 두 가지로서, 첫째, 사립과 공립학교들의 교육개척자들을 전 세계적으로 연대시키는 것, 둘째, 평화를 위한 교육이었다(Boyd & Rawsons, 1965: 67-68). 또한 이 회의에서는 교육을 통한 세계평화를 도모하기 위한 국제적인 기구인 N.E.F.를 탄생시킬 목적을 가지고 1921년 프랑스에서 새로운 교육자들의 국제총회를 소집하기로 결정했다.

따라서 N.E.F.는 '교육에서의 신지학 형제단체'에서 발전되어 나온 국제적인 조직임을 알 수 있다. N.E.F.가 성장하면서 '교육에서의 신지학 형제단체'는 쇠퇴했다. 그럼에도 N.E.F.의 설립 과정에서 차지하고 있는 신지학회의 위상에 대해 다음과 같은 엔소어의 지적에서 확인할 수 있다. "주로 신지학자들이었던 N.E.F.의 초기 회원들이 협회에 영적인 자극을 주어 협회가 창조적이고 역동적인 힘을 갖게 되었다고 해야 할 것이다(Stewart, 1968: 56).

(2) N.E.F.의 활동

엔소어는 1920년 1월에 「교육 재건 촉진을 위한 국제 계간지, 새시대를 위한 교육(*Education for the New Era, An International Quarterly Journal for the Promotion of Reconstruction in Education*)」이라는 잡지를 발행하기 시작했다. 새시대(*The New Era*)는 국제적인 성격을 가지고 있었으며, 실험적인 교육의 성장을 기록하여 제시하고자 했고 연차회의를 통해 교사들의 국제적인 연대를 구상했다. '교육에서의 신지학 형제단체'가 주축이 되어서 국제적인 첫 회의가 1921년 칼레(Calais)에서 열렸다.[17]

칼레 회의

'아동의 창조적인 자기표현'을 주제로 1921년 6월 30일부터 8월 12일까지 프랑스의 칼레에 소재한 소피-베르틀로 대학(College Sophie-Berthelot)에서 처음으로 교육에 관한 새로운 시대의 국제적인 회의가 개최되었으며, 14개국에서 100명 남짓의 회원들이 참석했다.

회의의 보고서는 아동의 자기 표현에 대한 견해들에 있어 적어도 세 가지의 주요한 차이가 있었음을 보여 준다(Stewart, 1968: 218-219). 스위스의 누스바움(Robert Nussbaum)은 아동들이 그들의 가족과 사회로부터 도출된 생각들에 의존하는 모방자이고, 그들의 활동은 이런 견해에서 봐야 한다는 내용을 근거로 창조적인 자기표현에 대한 전반적인 견해들에 대해 의문을 제기했다. 몬테소리의 추종자들은 아동들의 상상력이 풍부한 활동의 전반적인 개념을 불신했다. 왜냐하면 몬테소리가 옹호했던 학습 상황들은 매우 조직적이라서 자유로운 범위의 활동들이 제한되어 있으며 필요한 학습이 자진해서 아이들에 의해 수행되는 환경이 중요하다고 보았기 때문이다. 닐(A. S. Neill)은 한편으론 자기표현에 관해 훨씬 더 많은 자유를 원했으며, 아동들의 자발적인 새로운 학습성취 방식의 강조보다는 도덕주의자들의 구속을 제거할 것을 요구했다.

---

17) 전체 기획의 주체가 Theosophical Fraternity였기 때문에 첫 번째 국제회의가 신지학운동과 동일시되는 것을 막기 위해 Ensor 여사가 발행하는 *Education for the New Era*의 이름으로 초대장이 발송되어 회의 명칭은 'The New Era International Conference on Education'이었다(Boyd & Rawsons, 1965: 69).

국제위원회(International Committee)의 제안에 따라서 두 개의 다른 간행물이 새시대와 같은 수준으로 발간되도록 확정되었다. 하나는 불어판으로서 1899년 새학교 국제 사무국(International Bureau of New Schools)을 시작한 스위스의 페리에르에 의해 편집되었다. 그리고 나머지 하나는 퀘이커 교도로서 영국에서 일했던 엘리자베스 로튼(Dr. Elizabeth Rotten)에 의해 독일어판이 편집되었다. 새시대는 서구 세계의 세 개 주요한 언어로 발간되었고, 모든 구독자들은 자동적으로 N.E.F.의 회원들이 되었다. 「새시대」, *Pour L'Ere Nouvelle*와 *Das Werdende Zeitalter* 이 세 가지 저널들의 편집장들에게는 국제적으로 함께 수행할 프로그램들을 정하기 위한 2년마다의 회의를 소집할 과제가 부여되었다.

1922년 초에 세 저널들은 칼레에서 보편적으로 동의했던 N.E.F.의 새로운 교육 원칙들을 정리, 발표하였다.

① 모든 교육의 본질적인 목적은 아동이 그 영혼의 주권을 자신의 삶에서 찾고 실현하도록 준비시키는 것이다. 교육자들이 어떤 다른 견해를 갖든지 간에 교육은 아동에게 정신적인 힘을 증가시키고 유지하는 데 목표를 갖는다.
② 교육은 아동의 개성을 존중해야 한다. 이러한 개성은 아동 내부의 정신적인 힘들을 자유롭게 하는 원리에 의해 발전될 수 있어야만 한다.
③ 공부와 삶을 위한 전반적인 훈련은 아이의 타고난 흥미에 자유롭게 작용되어야 하며, 그 흥미는 아동 안에서 자발적으로 일깨워져서 다양한 수공의 지적이고 심미적이며 사회

적인 다른 활동들 속에서 표현된다.

④ 각각의 연령은 그 자체의 특별한 성격을 가지고 있다. 이런 이유로 개별적이고 집합적인 훈육은 아동들이 그들의 교사들과 함께 협동하여 스스로 구성할 필요가 있다. 이러한 훈육을 통해 개별적이고 사회적인 책임감이 더욱 깊어질 수 있도록 해야 한다.

⑤ 이기적인 경쟁은 교육에서 사라져야 하고, 아동 스스로 공동체에 봉사하는 것을 가르치는 협동으로 대체되어야 한다.

⑥ 남녀공학—가르침과 교육 모두에 있어서—은 두 성을 동일하게 다루는 것을 의미하는 것이 아니라, 각 성이 다른 성에게 건전한 영향을 행하도록 해 주는 협력을 의미한다.

⑦ 새로운 교육은 아동이 그의 이웃들, 국가, 나아가 인류에게 그의 의무를 다할 수 있는 한 시민이 되게 하는 것뿐 아니라 개인적인 존엄에 대해 의식하는 인간 존재가 되게 해야 한다(Boyd & Rawsons, 1965: 73-74).

이상의 N.E.F.가 제시한 교육 원칙이 추구하는 것은 전통적인 교사 위주의, 또 가르침 위주의 권위주의 교육에서 벗어나 학생이 배움의 주체가 되어 균형 있는 시민으로 성장할 수 있도록 아동의 흥미와 자율성을 중시하는 비권위주의 교육임을 알 수 있다.

이러한 비권위주의 교육의 성격을 띤 새로운 교육운동들은 스위스, 프랑스, 네덜란드, 이탈리아, 스페인, 벨기에, 독일, 오스트리아, 덴마크, 스웨덴, 핀란드, 러시아, 폴란드, 에스토니아, 체코슬로바키아, 헝가리, 불가리아, 유고슬라비아, 이집트, 일본,

중국, 미국 등지에서 각 국가마다 다양하게 전개되었다. 후에 인도, 파키스탄, 실론섬, 남아프리카, 호주, 뉴질랜드도 국제적인 회의들에 많은 대표자들을 파견함으로써 새로운 교육운동의 국제적 연대를 확장시켰다.

칼레 회의는 N.E.F.를 출범시킨 국제적 회의로서 세계의 교육이 추구해야 하는 방향과 원칙에 대해 국제적 합의가 도출된 최초의 국제회의라고 할 수 있다. 또한 이 회의는 특정의 교육문제들을 포함하여 교육의 이념적 기초와 방향에 관해 다양한 견해들이 교류되고 공존하는 열린 교육토론의 장이었으며, 동시에 새로운 교육에의 접근과 교수법들에 대한 학습의 장이기도 했다. 이러한 회의의 성격은 제2차 세계 대전까지 내내 지속되면서 범세계적인 교육공동체를 추구하는 N.E.F.의 정체성을 확립시켰다.

니스 회의

N.E.F.가 주관한 회의 중 창립회의였던 칼레 회의와 더불어 비중이 큰 회의가 1932년 프랑스 니스(Nice)에서 개최된 니스 회의다.

주제는 '교육과 변화하는 사회'였다. 변화하는 국제 정세 때문에 좀 더 명확한 교육적 형식들이 요구되었고, 세계 평화를 보존하는 역할을 할 수 있는 각 교육 분야에 관심을 가졌다. 몬테소리 박사는 어른과 아이 사이의 전쟁이 끝나야 함을 요구했고 로텐(Rotten) 박사는 건설적인 교육가들이 진실로 그들 자신에 내재해 있는 압박감을 극복해야 하며, 이것은 불과 몇 년이 아닌 수십 년이 걸리는 일이라고 강조했다. 네덜란드의 반 데르

류(J. J. Van der Leeuw) 박사는 균형의 필요성을 말했고, 예술은 개인의 삶과 세계 사이의 평형을 지탱하는 독특한 힘을 가졌다고 선언했다. 베커(Becker) 박사는 오늘날 세계는 공통의 시발점도 없고, 공통의 도덕성도 없는 실정이기 때문에 새로운 교육은 이런 차이점들을 인식하고 이해해야 한다고 단언했다. 프랑스 참가자들은 인류를 위한 공통의 인간문화에 대한 윤곽을 그리는 데 관심을 가졌다.

이 회의에서 소개된 아시아의 두드러진 인물 중의 한 사람이 일본 출신의 모토코 하니 여사(Mrs. Motoko Hani)로서 일본의 새 학교의 설립자였다. 그녀는 일본의 최초 여성 저널리스트였으며, 일본의 중등교육에 불만족하여 1921년 도쿄 근처에 '자유학원'이라 불리는 중등학교인 자유학교(free school)를 설립했다. 이 자유학교는 하니의 견해, 즉 만약 지식인들이 일상생활에 요구되는 가정의 허드렛일을 하는 것과 음식을 요리하는 그런 기쁨들과 고통들을 직접 경험하지 않고는, 결코 새로운 세계를 세울 수 없다는 견해에 입각하여 세워졌다. 1932년에 학교는 학생이 300명까지 늘었다. 학교는 각각 5명 또는 6명의 소녀들로 이루어진 50가구로 나뉘어 있다. 30개의 학생 위원회가 두 달 동안 학교 운영에 도움을 주는 동안, 가족 '리더들'은 매일, 그리고 학급 리더들은 6주마다 교체함으로써 모든 소녀로 하여금 지배하고 지배받는 기회를 가지게 하였다. 현대적인 교육과정을 가진 학교의 역사는 오늘날까지 이어지면서 소년이 학교에 입학하는 남녀공학 학교가 됐고, 상호 협력적인 교육이 가능하게 되었다. 전쟁 이후에 학교는 전보다 더 번창하였고, 지금은 1,000명 이상의 학생들을 보유한 학교가 되었다.

이와 같이 니스 회의에서 일본의 자유학교에 대한 소개가 상세히 이루어진 것을 통해 우리는 N.E.F.에의 참여 범위가 극동으로까지 확대되었을 뿐 아니라 N.E.F.가 의도했던 교육개혁의 전 세계에로의 전파가 일정 부분 성과를 거두고 있음을 짐작할 수 있다.

아울러 니스 회의에서는 모든 사람을 자유롭게 만드는 것을 위협하는 요소를 보다 명확히 인지하게 하는 새로운 교육의 원칙이 1921년에 제시된 원칙을 대신하여 등장했다(Stewart, 1968: 226).

① 교육은 아동들이 우리가 살고 있는 이 시대의 사회적이고 경제적인 삶의 복잡성을 이해할 수 있도록 해 주어야 한다.
② 교육은 각기 다른 기질을 가진 아동들의 다양한 지적인 욕구와 감정적인 욕구를 충족시킬 수 있도록 계획되어야 한다.
③ 교육은 아동들이 개인적인 독창력과 책임감을 발달시킴과 동시에 사회적 삶의 요구에 즐거이 적응할 수 있게 도와주어야 한다.
④ 교육은 교사와 아동 모두가 다양한 성격의 중요성과 독립적인 사고의 중요성을 깨닫게 함으로써 협동을 증진시켜야 한다.
⑤ 교육은 아동들이 국가적인 유산을 올바르게 인식할 줄 알고 다른 모든 국가들에 의해 형성된 인류 문화에 특별히 이바지하는 것을 기꺼이 받아들이도록 이끌어 주어야 한다.

1939년 이전까지 N.E.F.가 관심을 가지고 다루었던 총회 강연과 토론의 일반적인 주제는 '아동의 창조적인 자기 표현' '창조적인 역할을 위한 교육' '새로운 교육운동을 벌이고 있는 학교들' '교육에 있어서 자유의 의미', 프로이트(S. Freud), 아들러(A. Adler), 융(C. G. Jung), 피아제(J. Piaget)의 '새로운 심리학과 교과과정의 관계' 등이었다.

이러한 주제들은 모두 인간적인 역동성에 의한 교육적이고도 개인적인 자기실현과 관련이 있었고, 거의 모두 제한된 합리성을 강조하는 교육에 비판적이었으며, 자유를 통해 인간의 발전에 헌신하는 정신을 가지고 있어서 비권위주의 교육을 범세계적으로 추구하고 확산시키고자 하였다.

1939년 이전까지 N.E.F.의 활동

1920년대와 1930년대의 국제회의는 국제적 조직을 통해 교육의 혁신에 관한 아이디어의 범세계적인 교환이 이루어졌다. 1921년 칼레 회의를 시작으로 1936년 첼트넘(Cheltenham) 회의에 이르기까지 모두 7차례 국제회의가 개최되었으며 몬테소리, 프로이트, 융, 아이삭(S. Isaacs) 등의 저명인사들이 초빙되어 회의 주제를 이끌어 갔고 회의 규모가 클 때는 1,000명 이상의 세계 각국의 참석자들이 성황을 이루면서 열띤 토의와 의사교환을 통해 새로운 교육의 아이디어와 방법들이 활발히 교류되었다. 신교육운동의 국제주의적 성격은 N.E.F.가 전개한 국제회의와 회원국의 각 지회 활동에서 여실히 드러나고 있다. 그러나 1937년부터 전쟁으로 인한 적자 재정이 위험 수위에 이를 정도로 증가하게 되어 대규모의 국제적인 활동들을 발전시키기가 어려워졌다.

따라서 N.E.F.가 주관하는 국제회의의 명성은 제2차 세계 대전의 시작과 함께 내리막길을 걷게 되었다.

1939년 이후의 N.E.F.

1939년부터 1945년까지 N.E.F.의 공식적인 국제 업무는 중지되었지만 미국과 영국에서의 국내 활동은 왕성하게 진행되었는데 이는 전쟁을 피해 이들 두 나라로 지식인들이 대거 유입되었기 때문이었다. 그럼에도 이 시기에 향후 어린이 교육을 위한 기본적인 헌장이 제시된 소위 어린이 헌장(Children's Charter) 회의가 개최되었다.

1942년 N.E.F.는 청소년 시기의 교육과 사회적 문제에 관한 회의를 개최했고 나중에는 전후 유럽 교육의 사회적 목표에 관한 회의를 열었다. 1942년 이 두 번째 회의와 관련하여 소위 말하는 '어린이 헌장(children's charter)'이 작성되었다. N.E.F.는 1942년 4월 11일에서 12일 양일간 런던에서 있었던 국제 연맹 회의에서 동맹국들의 정부가 아래의 어린이 헌장을 성과 인종, 국가, 종교 혹은 계급의 차별로부터 벗어나 어린이들이 보호받고 올바로 인도될 수 있는 최소한의 가장 기본적인 권리로 채택하기를 요청하였다.

① 어린이의 인격은 신성한 것이다. 모든 좋은 교육적 시스템은 어린이의 필요에 근거해야 한다.
② 모든 어린이의 적절한 음식과, 의복 그리고 거처에 대한 권리가 국가 예산의 첫 번째 항목으로 수용되어야 한다.
③ 모든 어린이는 항상 의료상의 진료와 치료를 받을 수 있어

야 한다.

④ 모든 어린이들이 국가의 지식과 지혜의 창고에 공평하게 접근할 수 있는 기회를 가져야 한다.

⑤ 모든 어린이를 위한 종일반 학교교육이 있어야 한다.

⑥ 모든 어린이에게 종교적 양육이 열려 있어야 한다(Boyd & Rawsons, 1965: 122).

런던, 워싱턴, 모스크바에 세워진 국제 교육 사무국(International Office of Education)은 이러한 어린이 헌장이 이행되도록 계획된 위원회로써, 전후의 교육 재건의 책임을 부여받았다.

1947년 이래 N.E.F.는 UNESCO의 여러 프로젝트에 참여해 왔다. 일례로 교과서들을 조사하는 연구 또는 UN 산하의 세계보건기구(WHO), 국제노동사무국(ILO), 식량농업기구(FAO)와 공동으로 각 국가의 보건, 영양, 신체교육 등에 관한 통계 및 자료수집을 수행하여 연감을 제작하는 일에 참여해 왔으며, 텐션 프로젝트(Tension Project)에 참여하여 인간의 갈등과 편견, 판에 박힌 사고의 원인을 탐색하는 연구에 참여하기도 했다.[18] 이들 프로젝트와 여러 활동으로 인해 N.E.F.는 UNESCO로부터 재정적 지원을 받아 왔다. 그렇지만 이러한 사실이 N.E.F.가 UNESCO에 종속되어 자율성을 상실했음을 의미하지는 않는다. 국제이해와 바람직한 세계 건설을 위한 학교와 교사와 학생의 역할, 균형 잡힌 역사인식을 가르치는 것 등에 관한 N.E.F.의 편견 없는 관

---

18) UNESCO와의 관련 속에서 N.E.F.가 수행한 다양한 활동들의 자세한 서술은 Boyd & Rawsons(1965: 155-163)을 참조.

심은 내내 지속되어 왔다.

(3) 의의

20세기 초반의 신교육운동이 보여 준 국제적 성격은 교육학적 문제가 전 지구적 성격을 가지고 있음을 최초로 명백히 보여 주고 있다. 특히 한 국가의 교육문제가 완전히 고립된다는 것은 거의 불가능하다는 것이 주지의 사실로 확인되는 오늘날에 신교육운동의 국제적 연대는 시대를 선도하는 의미마저 담고 있다.

이처럼 국제적 수준에서 전개된 신교육운동이 교육의 이념과 과정에 미친 효과는 결코 간과될 수 없는 것이다. 즉, 시대의 요구에 발맞춰 학교가 어떻게 구성되어야 하며, 지지되어야 하는 기본적인 교육적 태도가 무엇이고, 교사와 학생의 관계가 어떠해야 하는지에 대한 사고는 그 시대의 핵심적인 교육적 물음들로서 새로운 패러다임을 제시하는 물음들이기도 했다. 또한 이러한 맥락에서 몬테소리와 발도르프 교육에 내재하고 있는 교육적 신념들은 국제적인 운동으로 발전되었으며, 그 영향력은 실지로 전 지구적인 것이었다. 이들보다는 상대적으로 영향력이 적었지만 예나 플랜(Jena Plan), 킬패트릭(Kilpatrck)의 프로젝트 방법(Project Method), 프레네(C. Freinet)의 교육적 접근 등도 국제적으로 인정되는 교육적 실례들이 되었다(H. Röhrs, 1995a: 16).

나아가서 국제적인 신교육운동은 그 가장 진보된 형식에서 평화교육의 목적을 포함하는 민주주의 교육 이상의 모델을 대표한다고 할 수 있다. 평화와 민주주의는 상호 의존적이며, 이는 새로운 진보적 교육이 의도하는 것으로서 국가적인 요소를 지나치게 강조하면서 군국주의적이고 민족주의적인 이데올로기가 지

배하는 경우를 제외하고 신교육운동은 평화를 지향하는 교육의
과정을 촉진하고 제도화하는 이상적인 역할을 했다(Röhrs, 1995a:
20-21).

　신교육운동이 세기 초에 전개된 역사적인 현상임에도 불구하
고 그 사상과 수행한 기능들은 여전히 의미가 있으며 특히 그
운동이 보여 준 교육에 있어서의 형식주의와 획일성의 거부를
통해 권위주의적 교육에 저항하고 진정한 교육적 권위를 통해서
아동의 자발적인 배움과 성장을 촉진해 온 것은 오늘날까지도
지속되는 교육의 오래된 미래라고 할 수 있다.

4 비권위주의 교육의 범례
-닐의 서머힐 학교-

　20세기 초 영국을 비롯해서 서구에서 진행된 신교육운동의 흐름 속에서 다양한 비권위주의 교육의 형식들이 시도되었으며 비권위주의 교육을 추구하는 다양한 학교들이 영국, 독일, 프랑스, 미국을 위시해서 서구 지역과 가까이는 일본에까지 설립되었고 그들 중 적지 않은 숫자의 학교들이 지금까지도 존재하며 비권위주의 교육의 살아 있는 사례들이 되어 왔다. 이들 학교들 중 비권위주의 교육을 가장 급진적으로 실천한 사례가 바로 닐(A. S. Neill)의 서머힐 학교(Summerhill School)라고 할 수 있다. 닐은 아동에게 강제되고 부과되는 일체의 외적 권위를 배격하고 철저히 아동 스스로의 선택에 의해 자신의 배움과 삶을 이끌어 가도록 아동들에게 수업출석의 자유를 포함한 최대의 자유를 허용하였으며, 동시에 자유가 방종이 되지 않도록 공동체 자치를 통해 아동이 자신의 자유에 대해 스스로 책임의식을 가지도록 하였다. 서머힐의 폭넓은 자유 속에서 아동들은 서로 간에, 그리고

교사들과 격의 없고 인간적이면서 민주적인 관계 속에서 저마다
'자기 자신이 되는 삶'의 과정으로서의 교육과 삶을 경험하였다.

1. 닐의 생애

A. S. Neill(1883~1973)

서머힐 학교의 설립자 닐(1883~
1973)은 1883년 스코틀랜드의 에든버
러(Edinburgh) 시 북방 동해안 지방인
포퍼(Forfar)에서 태어나서 1973년 잉
글랜드의 서퍽(Suffolk)에서 세상을 떠
난 20세기 급진적 자유주의 교육사상
가이면서 교육실천가다.

닐의 가문인 맥닐(MacNeill) 가(家)는
원래 스코틀랜드 서해상에 있는 바라
(Barra) 섬에서 스코틀랜드로 이주해
와서 에든버러 근처의 트래넌트(Tranent) 읍에 정착하여 광부집
안이 되었다. 따라서 닐의 삼촌들은 모두 광부가 되었으나 닐의
아버지 조지 닐(George Neill)만은 몸이 약하고 공부도 잘해 결국
교사가 되었다. 아버지는 누구와도 이야기도 잘 안 했고 술 담
배도 하지 않았으며 검약하는 사람이었다. 닐의 어머니 메리 서
덜랜드(Mary Sutherland)는 결혼 전에 에든버러 근처인 리스
(Leith) 읍의 학교에서 아버지와 함께 근무한 적이 있었으며 이것
이 인연이 되어 두 사람은 결혼하게 됐다. 닐의 외할아버지는
부두 노동자였고, 외할머니는 노동일을 하면서 생계를 꾸렸기

때문에 이런 가정환경에서 자란 닐의 어머니는 자기 집안이 사회적으로 높은 지위에 있는 것으로 보이기를 몹시 바랐고 그래서 그녀는 자기 자녀들에게 몹시 엄격하게 대했다고 한다. 닐은 이러한 어머니를 한편으로 속물적인 인간이었다고 회상했다.

8남매 중 3남이었던 닐의 소년시절은 그 당시 대부분의 스코틀랜드 소년들이 겪는 경험들과 별로 다를 바 없는 평범한 생활이었다. 다만 후일 그의 종교적 태도에 영향을 준 것은 소년시절 경험했던 수정된 켈비니즘이었다. 천국과 지옥은 각자 자유의지에 따른 선택의 결과로써 계율에의 철저한 복종이 구원으로의 길이라면 성(性)과 절도 거짓말, 욕하기, 주일을 경건히 지내지 않기 등은 명백히 파멸에 이르는 길로 여겨졌다. 그리고 그 자신을 포함한 그의 형제들은 너무 잘 길들여졌기 때문에 계율에의 불복종은 상상할 수 없었다고 한다.

닐은 소년시절 독서를 많이 하지 않았지만 얼마 안 되는 독서를 통해서 훗날 그의 사고에 영향을 주게 되는 웰스(H. G. Wells), 제이콥스(W. W. Jacobs), 호프(Anthony Hope) 등을 접할 수 있었다.

닐의 어린 시절 아버지란 존재는 부정적인 이미지로 다가오는 가장 가까운 인물이었다. 그는 그의 아버지에 대해 확실히 불안을 가지고 있었으며 성년이 되어서도 그 불안으로부터 완전히 벗어나지 못했다고 고백할 정도로 닐에게서 아버지는 엄격하고도 무서운 존재였다(Neill, 1992a: 160). 즉, 닐에 의하면 그의 아버지는 마을학교의 교사였지만 결코 아동들을 좋아하지 않았으며 놀 줄도 몰랐고, 아동의 마음을 결코 이해하지 못했다고 한다. 그의 아버지가 칭찬하고 높이 평가하는 아이가 있다면 그것은 수업시간에 다른 아이들을 앞서가는 아이뿐이었으며, 닐은 수업에 흥미가 없었기 때문에 당연히 아버지의 애정이나 관심을 얻을 수 없었다.

소년 닐은 학구적이지 않아서 그의 형들처럼 대학 진학은 생각할 수도 없었다. 그리고 학력이 곧 삶의 지위상승을 의미한다고 믿는 부모 밑에서 닐은 열등한 존재였으며 그 수준에 맞는 진로를 택하게 할 수밖에 없다고 여겨졌다. 그래서 닐은 열네 살에 에든버러에 있는 가스측정기 제조회사의 소년 서기로 7개월간 일하게 되는데 이 경험은 열악한 환경에서의 단조로운 노동세계의 비천함을 경험케 한 시간들이었으며 닐은 이를 계기로 공부에 눈을 돌려 자신의 적성을 찾는 적극적 행보를 시도하게 된다. 닐은 우선 공무원이 되기 위해 공부를 시작했지만 여전히 그는 학습에 집중할 수 없었고, 결국 우여곡절 끝에 아버지가 교사로 재직하는 킹스뮤어(Kingsmuir) 학교의 견습교사를 하게 된다. 그나마 닐에게 적합했고 할 수 있었던 일이란 가르치는 일이었던 것이다. 닐은 어린 소년 소녀에게 읽기 등을 가르치면서 교육적인 사실 하나를 깨닫는데 그것은 그 무엇인가를 배우는 최선의 길은 그것을 가르치는 것이라는 점이다. 닐은 이 발견이 하나의 계기가 되어 학습에의 길이 열리기 시작했다. 이 시절 그는 포퍼 학원(Forfar Academy)의 수학 주임이었던 벤 톰슨(Ben Thomson)을 만나 수학을 사사하면서 수학을 살아 있는 지식으로 배우게 되었으며 가까운 도서관에서 많은 책을 빌려 왕성한 독서를 하게 된다.

4년간의 견습교사 생활을 마친 후 닐은 에든버러 근처의 비니릭스(Binnyrigs)에서 교직을 얻게 된다. 이어 2개월 후에는 더 나은 보수를 위해 파이프(Fife)의 킹스케틀(Kingskettle) 학교로 옮기는데 이들 학교들의 공통점은 학생들을 철저히 체벌을 통한 엄격한 훈육에 의해 길들이고 있다는 점이며 이는 그 당시의 일반적인 학교교육의 현상이기도 했다. 닐은 이 당시 학교교사 경험이 주는 지배적인 느낌을 두려움이라고 묘사하고 있다(Neill, 1992a: 168). 즉, 지각에 대한 두려움, 교장이 실시하는 닐의 학급에 대한 시험에 대한 두려움, 교장에 대한 두려움 등등 킹스케틀 학교에서의 생활은 부정적이고 불행한 경험의 시절이었다.

한편 이 시절에 닐은 문학에 흥미를 갖기 시작했다. 캐나다 사람인 건 고든(Gunn Gordon)과의 사숙을 통해 희랍어를 배우고 『오디세이』, 『헤로도토스』를 읽게 된다. 이 사숙은 닐의 문학적 관심과 재능을 일깨우는 계기가 되었다.

닐은 뉴 포트(New Port) 학교의 교사로 재직 시 대학진학을 결심한다. 그 구체적인 이유는 언급되지 않지만 정식 교사자격증 획득을 위해 여러 분야의 공부—문학, 수학, 물리학, 희랍어, 라틴어 등—를 하면서 공부 자체에 대한 흥미와 욕구가 커지고 동시에 더 넓은 세상으로 나가기 위해서는 대학 공부가 필요하다고 판단한 듯하다.

닐의 에든버러에서의 대학생활은 전반적으로 행복하지는 않았다. 그는 이 대학시절 수학의 경험이 시간이 지나면 거의 쓸모없는 것이 되거나 혹은 자기 자신의 지식이 되지 못하는 '~에 관한(about)' 사실, 지식들을 배우는 데 그쳤음을 회고한다(Neill, 1992a: 175). 이것은 닐로 하여금 일방적인 주지교육의 한계를 실감케 하고 반주지주의적 성향을 갖는 계기가 되었다.

닐은 에든버러 대학 4학년 때 학보, *The Student*의 편집장 일을 하면서 본격적으로 글쓰기를 시작한 듯하다. 이후 닐은 거의 죽기 전까지 칼럼 류의 글들과 책의 형태로 많은 글을 써서 남긴다.

닐이 에든버러 대학을 졸업하면서 선택한 진로는 가르치는 일이 아니라 저널리즘 분야였다. 닐은 그때 가르치는 일은 두 번 다시 하고 싶지 않았다고 술회한 바 있다. 닐은 T. C. & E. C. Jacks라는 출판사의 백과사전 편찬의 부편집인 일을 맡게 되었고 1년 후 출판사의 편집실이 런던으로 이전할 때 닐도 함께 런던으로 가서 사전 편집과 그 밖의 일들을 하게 된다. 그러나 제1차 세계 대전의 발발로 런던에서의 저널리즘적인 일들을 중지하고 킹스뮤어(Kingsmuir)로 돌아와 그레트나 그린(Gretna Green) 학교의 임시 교장직을 맡게 된다. 이 시기의 경험과 생각을 정리한 책이 닐의 최초의 저서인 『교사의 수기(A Dominie's Log)』이며, 그 이후에 나온 『해고된 교사(A Dominie Dismissed)』는 닐이 나중에 쓴 픽션이다. 결과적으로 닐이 저널리즘 분야에서의 성공과 군 입대 모두가 좌절되었을 때 어쩔 수 없어 선택한 것이 교직이었다는 것은 아이러니라고 할 수 있다.

닐의 사상 형성에 결정적 영향을 미친 인물 중에 하나인 호머 레인(H. Lane)과의 만남은 운명처럼 이루어졌다. 닐의 초기 교사 경험을 정리한 『교사의 수기(A Dominie's Log)』를 읽은 어느 여성의 소개로 닐은 레인을 알게 되고, 1917년 사관학교 복무 시 도싯(Dorset)에 소재한 레인의 비행 청소년 치유 캠프인 리틀 코먼웰스(Little Commonwealth)를 방문하여 레인과 직접적인 대면을 하게 된다. 닐은 레인을 그가 그때까지 만났던 사람들 중 가장 인상적인 인물이었다고 회고했다(Neill, 1992a: 194). 닐은 군복

무를 마치고 레인의 리틀 '코먼웰스'에서 함께 일하고자 했으나 여러 사정으로 인해 작은 공화국이 폐쇄되는 바람에 레인과의 관계는 개인적인 만남의 형식을 띠게 되었으며 이 만남을 통해 닐은 정신분석학에 입문하게 되고 그의 사상적 기초를 형성하게 된다.

이 시기에 잠시 닐은 그 당시 진보적 학교로 평판이 나 있는 '킹 알프레드 학교(King Alfred School)'의 교사로 재직한다. 그 학교는 상과 시험점수, 체벌을 없애 버린 매우 진보된 학교였지만 외부에서 강제로 부과되는 도덕적 기준에 의해 학생들을 교육시키는 학교였으며, 이는 닐이 원하는 자유로운 학교와는 거리가 먼 학교였다. 결국 닐은 이 학교를 떠나게 된다.

닐이 교직생활을 했던 이상의 학교들은 철저히 훈육 위주의 전통적인 학교들로부터 제법 진보적인 학교에 이르기까지 여러 수준의 교육형식을 경험하게 한 계기들이었으며 이러한 경험들, 즉 포괄적으로는 반자유주의적 교육형식의 경험들은 닐로 하여금 더욱더 철저히 자유에 입각한 교육을 시도케 한 동인이 되기도 했다.

닐은 킹 알프레드 학교를 떠난 후 베아트리체 엔소어(Beatrice Ensor) 여사와의 만남을 통해 신교육운동에 직접적으로 관여하게 된다. 우선 급진적 성향을 띤 「새시대」라는 잡지의 편집을 맡아 당시의 학교교육을 자유롭게 비판하는 글을 쓰고 편집하는 일을 하면서 1921년에는 칼레(Calais)에서 열린 '교육동지회의(Educational Fellowship Conference)'에 참가하기도 한다. 그리고 이 시기에 닐은 드레스덴(Dresden) 근교의 헬레라우(Helleraw)에서 노이슈테터(Neustatter) 박사 부녀와 건축가 칼 베어(Karl Baer)

등과 서머힐 학교의 효시인 국제학교(International School)를 설립한다. 이 국제학교는 유리드믹스(Eurythmics), 외국인 학생부, 독일 학교의 세 부분으로 구성되었으며 닐은 외국인 학생들을 맡아 독일 학생 이외의 외국 학생들을 맡아 가르쳤다. 닐은 자신의 학생들을 자신의 방식대로 교육하였으며 이 시기가 자신의 생애에서 가장 신명나는 시기였다고 술회했다(Neill, 1992a: 197).

1924년 닐은 국제학교의 외국인 학생부에 있던 학생들을 데리고 영국으로 돌아와 도싯의 라임 레지스(Lyme Regis)에서 학교를 시작했다. 이 학교의 명칭이 서머힐(Summer Hill)로써 이 명칭은 1927년 현재의 위치인 레이스턴(Leiston)의 서퍽(Suffolk)으로 학교가 이전할 때도 그대로 이전되어 우리 모두가 알고 있는 닐의 급진적 자유주의 학교의 이름이 되었다.

닐의 교육사상은 서머힐 학교에서 행해진 닐의 교육실천의 집합체라고 할 수 있다. "나의 저술의 대부분은 지난 50년 동안

닐의 생일(1961)

아동들과 함께 생활하면서 그들을 관찰한 결과 위에 기초하고
있다"(Neill, 1992a: 241). 따라서 닐의 사상은 그가 서머힐 학교에
서 행한 전기적이고 포괄적인 교육실천의 내용들과 일치하고 있
다. 즉, 학교라는 성격화된 공간 안에서 수십 년 동안 진행된 교
육에 관한 실존적 기록이 닐의 교육사상이라고 할 수 있다.

　닐은 생애에 두 명의 아내를 두었다. 첫 번째 부인은 1921년
에 설립된 국제학교에서 만난 노이슈테터 박사의 부인으로 그녀
는 남편과의 이혼 후 닐과 결혼하였으며, 1944년 제2차 세계 대
전 중 병사하였다. 두 번째 부인은 서머힐 학교의 보조교사로
있던 에나(Ena)로 닐과의 사이에 딸 조이(Zoë)를 하나 두었다.
에나는 닐의 남은 생애 동안 함께 서머힐 학교를 운영하였고 닐
사후에는 닐의 뒤를 이어 서머힐 학교의 교장 일을 맡았다. 닐
은 이들 두 부인들이 모두 유능하고 이해심이 많은 사람이었다

는 점에서 자신은 매우 운이 좋은 사람이라고 술회한 바 있다
(Neill, 1992a: 226).

2. 아동의 본성에 대한 이해

아동이 성장과정에서 최대한의 자유가 허용되었을 때 자율적
인 인간으로 성장하는가에 대한 물음은 아동의 본성, 나아가서
인간의 본성에 대한 이해와 직결되어 있다. 이는 자율적인 인간
으로서 성장에 있어서 아동 내재적인 조건에 관한 이해의 문제
이기도 하다. 일반적으로 인간의 본성을 보는 관점은 대별하여
두 가지 관점으로 제시되었다. 패터슨(C. H. Patterson)에 의하면
첫 번째 관점은 인간이 주어진 환경에 반응하든, 혹은 성적 충
동이나 욕구에 반응하든 간에 하나의 반응적이고 피결정적인 존
재라고 보는 관점으로서, 인간을 자극에 의해서 통제되며 주어
진 환경 또는 내적인 욕구와 충동에의 결과물이라고 보는 입장
이고, 두 번째 관점은 인간을 형성과정에 있는 존재(a being in
the process of becoming)로서 의식을 가지고 있고 미래지향적이
며 자신의 행동과 환경, 운명을 통제하는 능동적인 존재로 이해
하는 입장이다(Patterson, 1983: 96-97).

한편 카(D. Carr)는 인간의 본성에 대한 이해는 전통적으로 두
가지 양극적인 시각이 존재해 왔다고 전제하면서, 그 하나의 시
각은 인간은 본질적으로 반사회적이고 타락된 속성을 가지고 있
어서 문명생활의 규칙이나 구속적인 규제들, 자발적이나 강제적
인 순종을 통해 교정되어야 한다는 부정적 이해의 시각이라면,

또 다른 시각은 인간은 근본적으로 순수하고 선하며 다만 문명 세계의 악한 요인들과의 불행한 접촉으로 인해 변질된 것뿐이라는 긍정적 이해의 가설이다. 홉스(T. Hobbes)로 대표되는 정치적 보수주의자들과 전통주의적 교육가들(educational traditionalist)은 전자의 이해의 시각에서 인간 본성의 원초적 타락성과 권위와 훈육을 통한 구원의 필요성을 강조해 온 반면, 루소로 대표되는 정치적 급진주의자들과 진보주의적인 교육개혁가들은 인간의 근본적인 선함과 자애심에 대해 일종의 낙관주의적 견해를 고수해 왔다(Carr, 1984: 51-52).

이 두 가지 인간의 본성에 대한 가설들 중 어느 한편이 전체를 설명할 수 없으며, 저마다 각 입장마다 인간에 대한 설명력을 지니고 있다. 여기서 중요한 것은 흑백논리적인 선택이 아니라 특정 입장의 선택 결과가 인간과 삶, 교육에 대한 접근 방식에 있어 근본적인 상이성을 초래하게 된다는 사실이다. 패터슨의 지적처럼 우리가 결정론의 기본 가정을 받아들이느냐 혹은 자유의 기본 가정을 받아들이느냐에 따라서 인간에 대한 개념 구성과 인간을 대하는 방법이 근본적 차이를 유발한다는 사실이다. 즉, 인간을 자유로운 존재로 본다는 것은 그를 완전하게 결정된 존재로 볼 때와는 인간을 다르게 취급한다는 것을 의미한다(Patterson, 1983: 98). 마찬가지로 인간의 본성에 대한 긍정적 이해의 시각의 편에 선다는 것은 부정적 이해의 시각 편에 설 때와는 인간과 삶, 그리고 교육에 대한 접근태도와 방식이 근본적으로 다르게 됨을 의미한다고 할 수 있다.

닐은 아동의 본성을 다음과 같이 진술했다.

어린이는 태어날 때부터 본성적으로 슬기롭고 실제적이라는 것이 나의 생각이다. 어른들이 간섭하지 않고 그에게 맡겨 둔다면 어린이는 자기가 발전할 수 있는 최대한도에까지 발전할 것이다(Neill, 1987: 21). 필요한 것은 어린이는 결코 악하지 않고 선한 존재라고 하는 확고한 신념이었다. 어린이의 선성(善性)을 믿는 이 신념은 지난 40년간 전혀 동요된 일이 없고 오늘날에 와서는 최종적인 확신으로 굳어졌다(Neill, 1987: 20-21).

닐의 이러한 진술은 닐이 앞서 패터슨이 제시한 인간 본성에 대한 자유의 기본 가정과 함께 인간 본성에 대한 긍정적 이해의 시각을 견지하고 있음을 단적으로 나타내고 있다. 즉, 닐은 인간의 본성 속에는 선을 바탕으로 한 고도의 현실성과 자발성이 내재해 있다고 확신하며, 이러한 본성을 긍정할 때에만 인간의 진정한 성장이 있다고 이해한다. 이것은 로저스(C. Rogers)의 지적처럼 자신의 근본적인 욕구 충동들(basic impulses)을 신뢰할 때 인간은 자기 자신이 되어 갈 수 있음을 뜻한다. "자기 자신이 되는 것은 ……유기체의 수준에서 존재하는 복잡하고 다양한 느낌들 및 성향들에 대한 신뢰와 애정이 점차적으로 증가하는 것을 의미한다"(Rogers, 1955: 268).

또한 인간의 본성에 대한 긍정적 이해의 시각은 지시 및 강제에 의한 교육과 삶의 불필요성을 요청한다. "만약 인간이 그 근본에서 선하다면 그 어떤 것도 추가되거나 강제될 필요가 없으며 비지시(non-direction)는 정당한 것일 뿐 아니라 당위적인 것이기까지 하다"(D. Walker, 1956: 90). 닐의 사상을 분석한 베로우(R. Barrow)도 닐이 인간 개개인 속에는 생래적으로 선을 지향하는 본질적인 핵(essential core)이 존재하며 이 핵의 발달을 자연적인 성숙의 과정으로 이해했다고 지적했다(Barrow, 1980: 82).

인간의 본성에 대한 긍정적 가정이 설명해야 하는 하나의 문제는 인간이 나타내는 파괴적인 측면에 관한 것이다. 즉, 인간의 긍정적인 본성을 전제로 할 때 파괴성 내지는 범죄성의 기원과 형성과정을 어떻게 해명하는가다. 닐에 의하면 인간은 범죄의 본능도, 악을 선호하는 본성적 경향도 갖고 있지 않으며, 아동의 범죄는 사랑이 변형된 형태로서 그 원인은 사랑의 결핍[1]에 있다(Neill, 1991: 171). 닐은 사랑의 욕구가 좌절되어 아동은 증오심을 갖게 되며 소위 반사회적 행위라고 하는 것은 이 증오심의 표현에 불과하다고 이해했다.

> 범죄란 분명히 증오심의 표현이다. ……이것은 상처받은 자아에 관한 것이다. 우리는 어린이들이 이기주의적이라는 것을 잊어서는 안 된다. 이것이 가장 중요한 점이다. 자아가 충족되었을 때 비로소 우리는 선이라 부르는 것을 행하게 된다. 자아가 위축당하게 될 때 범죄의 가능성을 갖게 되는 것이다. 일종의 사회에 대한 복수라 할 수 있는 데 그것은 사회가 그에게 사랑을 줌으로써 그의 자아를 인정하지 않았기 때문이다(Neill, 1987: 273).

성장하고자 하는 자연스러운 자아의 욕구가 외부의 강제적인 요인들로 인해 억압, 위축될 때 필연적으로 발생하는 것이 증오이며 그 증오의 표출이 일체의 반사회적 행위라는 닐의 이해는 다음과 같은 프롬(E. Fromm)의 진술에 의해서도 지지된다. 즉,

---

1) 닐은 아동을 사랑한다는 것은 아동을 인정하고 자유를 주는 것임을 강조한다(Neill, 1987: 24-25 참조).

"삶은 그 자신의 내적인 동력을 가지고 있다. 삶은 성장하고 표현하며 생존코자 한다. 만일 이와 같은 삶의 경향이 방해받을 경우에는 삶을 향한 에너지가 분해의 과정을 밟아 파괴를 향한 에너지로 바뀌는 것이다. 이를 달리 표현하면 삶을 위한 충동과 파괴를 위한 충동은 서로 독립적인 요인이 아니라 역관계로 서로 의존하는 것이다."(Fromm, 1985b: 227-228). 유아의 연구 결과를 토대로 뷸러(C. Buhler)도 유아가 어떤 좋은 것이 나타나리라는 기대를 가지고 현실에 접근하는 원초적인 성향성을 갖고 있다는 증거를 보여 주고 있으며, 이때의 현실이 해롭거나 혹은 위압적으로 여겨질 때에 한해서 퇴행이나 방어와 같은 반응이 나타난다고 지적했다(Buhler, 1961: 71). 비브링스(E. Bibrings)도 공격성이 생명본능(the life instincts)이나 자아본능(the ego instincts)이 위협상태에 노출되었음을 때만 대부분 나타난다는 사실을 지적하면서 "공격성이 자아 보존적 기능이라는 영역 밖에서 일어날 수 있는가?"라고 의문을 제기한다(Bibrings, 1985: 474-498).

이처럼 인간의 파괴성이라는 것이 원초적인 잠재력을 실현시키지 못하는 한에서만 명백해지는 부차적이고도 부정적인 잠재력이라고 가정하는 것이 옳다면, 인간의 본성은 결코 악하지 않으며 다만 그 성장과 발달을 위한 적절한 조건들이 결여된 경우에만 악해진다고 할 수 있다. 그래서 닐은 악이란 선천적으로 내재하는 것이 아니라 후천적으로 획득되는 것으로 이해했다. "인간은 본래 사악하지 않다. 그는 단지 다른 사람들에 의해서 사악하도록 만들어질 때만 사악해진다."(Neill, 1967: 115).

아동의 본성, 나아가서 인간의 본성에 대한 긍정적 이해의 가

설과 그에 기초한 자유교육사상 및 교육실천은 닐이 정신분석학의 영향을 받았음에도 프로이트의 정신분석학과 구별되게 하는 단적인 부분이다.[2] 카(D. Carr)도 지적하듯이 프로이트와 정신분석학 연구자들은 원초적 본능에 대한 일정한 정도의 억압과 방어기제(defense mechanism)를 통한 본능적 욕구들의 재지시(redirection) 및 방향수정(rechannelling)은 문명생활의 요구에 개인이 적응하기 위해서는 필요불가결한 것으로 간주하는 반면, 닐의 경우 그러한 억압은 개인의 삶에서 근본적으로 파괴적인 힘이며 건강하고 통합적인 인성발달에 유해한 것으로 간주된다(Carr, 1985: 52). 이는 프로이트와 닐이 완전히 상반되는 인간 본성에 대한 가설 설정으로부터 연유하는 필연적인 결과다. 프로이트는 인간의 본성 속에 공격본능과 파괴본능을 상정하고 있는 데 반해[3] 닐은 진술했듯이 인체의 악은 생래적인 본성 속에 내재하지 않는 것으로 가정하고 있다. 따라서 프로이트에게 있어서 윤리와 문화의 건설은 본성의 억압을 필수적으로 요구하고 있다면, 닐의 시각에서는 정반대로 본능적 욕구의 자유로운 발산과 표현이 자연스러운 도덕성의 발달과 바람직한 인간 문화의

2) 닐은 초기에 레인(H. Lane)과 라이히(W. Reich)와의 관계를 통해 정신분석학의 영향을 지대하게 받았지만 장기간에 걸친 서머힐에서의 실천 속에서 기존 정신분석학의 여러 가설 및 주장 들을 거부, 수정함으로써 독자적인 자기 이해에 도달하였고, 그 결과 프로이트의 정신분석학에 대해 소극적인 의미부여에 머무르게 되었다(Neill, 1945: 20-21, 25 참조). 닐은 정신분석학이라는 집의 입구에 다른 사람들과 함께 들어갔지만 그가 나온 출구는 다른 정신분석학자들과는 상이한 출구였다고 할 수 있다.
3) 프로이트는 본능이 삶의 본능과 죽음의 본능이라는 두 그룹으로 구성되어 있으며 죽음의 본능의 유도체로 공격본능과 파괴본능을 지적하고 있다(C. S. Hall, et al., 1985: 152-156).

성립 조건이 된다.

이처럼 닐이 아동을 정신분석학에 입각한 내부적 충동에 의해 결정되는 결정론적 관점에서 이해하지 않고 있음을 특히 다음의 서술 속에서 확인된다.

> 우리들은 어린이들을 위해 무엇이 가장 좋은 것인지를 알지 못한다고 솔직히 고백해야 한다. 왜냐하면 우리들은 어린이가 어디로 향해 가고 있는지 정말로 모르기 때문이다(Neill, 1991: 98).

닐은 아동이 외적·내적 자극에 이해서 결정되는 존재라기보다는 형성과정에 있는 능동적 존재로 이해하였다. 프로이트의 정신분석학이 인간성을 성적 충동에 의해 결정되는 반사회적인 것으로 보는 데 비해 닐은 인간이 근본적으로 선하다는 신념 위에서 인간 형성에 관한 내적·외적 결정론을 모두 배격하였다(강영혜, 1982: 21).

이상의 서술에서 확인되듯이 닐에 의하면 아동의 본성은 특정한 방향을 가지고 있다. 즉, 닐은 아동의 본성 내지는 인간의 본성 속에는 생래적인 반사회성이나 악의 경향성은 부재하며 그 대신 생긍정적(pro-life) 경향성을 가지고 있다고 이해한다. 인간의 본성이 갖는 생긍정적 경향성이란 프롬(Fromm)에 의하면 "유기체는 모두 그들의 특유한 잠재력을 실현시키려고 하는 타고난 성향을 가지고 있으며 인간생활의 목적은 인간 본성의 법칙에 따라 인간의 능력을 전개시키는 것"임을 의미한다(Fromm, 1985b: 24). 이와 같이 인간의 본성이 특정한 방향을 가지고 있다는 것은 인간이란 존재가 대부분의 문화 양식에 자신을 거의 적응시킬 수 있지만 적어도 그것이 인간 본성에 역행하는 것에 한하여 자신의 본성을 변화시킬 수 없는 까닭에 정신적·정서적 장애를 나타냄을 함의하고 있다. 즉, 인간이란 로크(J. Locke)의 진술처럼 문화가 그 내용을 써 넣는 백지(tableau rasa)가 아니며, 아동의 정신이란 부모나 교사가 원하는 것을 무엇이든지 기록할 수 있는 백색의 판이 아닌 것이다. 오히려 무엇이든지 기록 가능한 대상이라고 이해하고 일방적으로 주입할 때 존재의 왜곡이 시작된다. 따라서 닐은 아동의 타고난 긍정적 본성을 실현시키는 자율적인 성장에 필요한 조건을 제시한다. '자유'가 그 전제 조건이며, 제시된 다양한 삶의 내용의 자발적 선택이 자유의 구체적 내용이다. 닐은 프롬(Fromm)과 마찬가지로 인간의 가장 적절한 제각기의 성장을 촉진하고 생명증진적 증후군(life furthering syndrom)의 발달을 촉진하는 특정의 환경적 조건이 있다고 보는 것이다(Fromm, 1989: 106 참조).

끝으로, 닐의 아동의 본성에 대한 이해는 사변적인 결론이 아니라 철저히 경험에 근거한 관찰과 통찰의 결과라는 사실이다. 우선 닐은 아동의 본성에 대한 이해가 독단적으로 단정을 내릴 수 있는 성질의 것이 아니라고 보고 현상학적 접근이 필요함을 제시한다. "우리는 감히 인간의 본성에 관해서 독단적인 단정을 내리려는 것이 아니다. 우리가 할 수 있는 전부는 그 본성이 무엇인지를 발견하려고 시도하는 것일 뿐이다"(Neill, 1983: 80). 프롬에 따르면 인간의 본성에 대한 확인은 그 자체로서 관찰될 수 있는 것이 아니라 특수한 환경 속에서 나타나는 독특한 표현을 통해서 관찰이 가능하다(Fromm, 1985b: 28). 닐의 경우 이 특수한 환경은 포괄적 자유를 허용하는 서머힐이며 닐은 자유 속에서 생활하는 아동을 통해서 비로소 아동의 본성이 파악 가능하다고 다음과 같이 지적한다.

> 우리는 어린이들이 어떠한 존재인가를 알아보기 위해 그들에게 자유를 주었다. 그것이 어린이들을 다루는 단 한 가지 가능한 방법이다. 미래의 혁신적인 학교가 만약 어린이에 대한 지식과 또한 그보다 더욱 중요한 어린이의 행복에 공헌하려고 한다면 이 방식을 따라야 한다 (Neill, 1987: 123-124).

이것은 이미 서술한 바와 같이 아동의 본성을 실현하는 조건이 자유인 것처럼 아동의 본성 파악을 가능케 하는 조건도 자유임을 뜻한다. 이런 전제에서 닐은 아동의 본성에 대해 기술하고 있으며 이들 기술의 내용들은 철저히 서머힐의 경험에 기초하고 있다. "학자는 아동들에 관해 생각하지만 나는 그들과 함께 산다"(Neill, 1983: 81).

3. 비권위주의 교육의 실천

아동의 본성에 대한 긍정적인 이해와 신뢰를 바탕으로 닐은 서머힐의 아동들에게 대단히 폭넓은 자유를 허용하였다. 아동들에게 부여된 서머힐의 자유는 소극적 측면과 적극적 측면으로 대별할 수 있다. 적극적 측면의 자유는 자율성 발달을 직접적으로 조장하는 자유로서 자율적 책임에 근거하여 행위를 선택하는 자유다. 이와 관련 서머힐의 아동들에게는 학습과 놀이에 대해

거의 제약 없는 자유가 주어졌다. 한편 소극적 측면의 자유는
자율성 발달을 구속하는 외적 요인들로부터의 자유로서 일체의
억압이나 불필요한 간섭이 부재한 상태를 지칭하는 자유다. 이
와 관련하여 성인이 주도하는 도덕적이고 종교적인 훈육이 아동
들에게 부과되지 않았으며, 특히 성적 억압이나 왜곡이 발생되
지 않도록 서머힐의 아동들은 성에 대해서 자유로이 탐색하고
호기심을 충족시킬 수 있는 자유가 허용되었다.

1) 학습의 자유가 있는 교육

닐은 서머힐의 학생들에게 학습과 관련하여 최대한의 자유를
허용하였다. 학습하고자 하는 학과목의 선택, 학습동기 및 목표
의 선택, 학습방법 및 학습속도의 선택 등에 관해 학생들로 하
여금 철저히 자율적인 결정을 하도록 했으며 수업 출석의 자유[4]

---

4) 수업 출석의 자유는 닐이 전통적 학교뿐만 아니라 진보적 학교들과도 구별

를 허용함으로써 수업 출석 자체를 선택의 대상으로 설정했다.
나아가서 학습시간을 특정 교과수업 시간에 국한시키지 않고 아
동들이 학습하고자 하는 것은 언제나 학습할 수 있도록 학습의
기회와 선택을 최대한 개방시켰다.[5] 이와 같이 닐이 서머힐의
학생들에게 부여한 학습과 관련된 폭넓은 자유를 통해서 파악되
는 학습의 자유는 학습자가 학습하고자 할 때 학습하는 자유와
동시에 학습하고자 하는 것을 학습하는 자유 모두를 포함한다.
서머힐에서 수업은 필수가 아니라 선택이며 학교 다니는 내내
수업을 듣지 않아도 괜찮고 원하는 수업만 들어도 상관없는 것
이다. 실제 서머힐 졸업생이 말하는 서머힐 수업에 대한 자유는
다음과 같다.

　　물론 모두가 나처럼 아홉 살에 수업을 시작하는 것은 아니다. 훨씬

되게 하는 요점이다. 닐은 전통적인 교육이 견지하는 수업 출석의 의무 근
거, 즉 "학생들이 그들의 사회에서 생존하기 위해 필수적으로 알아야만 하
는 것들이 있으며 그들은 사회공동체의 일원이 되고 나아가서 올바른 개별
적인 선택을 학습할 필요가 있다"(Chamberlin, 1989: 106-107). 강제적인
수업출석의 합리화 근거를 거부하며, 동시에 진보적 교육가들이 발견학습
및 탐구학습 등의 교수법을 통해 지식을 교묘히 주입시키고 있다고 비판했
다(Hemmings, 1972: 92). 달링(J. Darling)은 수업 출석 의무에 대한 닐의
이러한 비판적 태도로 인해 닐을 급진적 교육가의 대표로 분류하고 있다
(Darling, 1987: 159).
5) 서머힐 졸업생의 다음과 같은 진술은 서머힐의 학습의 자유의 폭을 보여
준다. "교사들은 비록 학생들이 배우고자 하는 것이 정규 교육과정 속에 포
함되어 있는 것이 아닌 경우에도 그들이 알고 있는 것을 무엇이든지 학생
들에게 가르치는 것을 즐거워한다. 서머힐에 있던 마지막 학기 동안에 나
는 영어교사였던 웨일즈 여선생에게서 가라데를 배웠고, 생물교사로부터는
궁술을 배울 수 있었다"(Popenoe, 1970: 65).

서머힐 교장 조이 닐 레드헤드(Zoë Neill Readhead)

일찍 혹은 늦게 시작하는 이들도 많고, 다들 듣는 과목과 양이 다르다. 무엇보다 누구도 수업을 강요하지 않는다.

그렇게 내버려 두면 대개의 아이들은 자기가 좋아하는 것을 찾아 스스로 배우려고 노력한다. 각자 자기 시기가 있고, 그 시기가 되면 알아서 열심히 하기 때문에 오히려 억지로 일찍 시작한 경우보다 더 공부를 잘할 때가 많다.

서머힐에서는 학생 수가 적어 반이 크지 않기 때문에 선생님들이 개개인에 맞춰 줄 수 있다. 아이들 한 명 한 명을 밀접한 거리에서 보기 때문에 맞춤형 교육이 가능하고, 따라서 늦게 배우기 시작하더라도 진도가 빨리 진행되곤 한다. 늦은 것이 결코 늦은 것이 아니다(채은, 2014: 43).

또한 근래 서머힐의 수업이 어떻게 구성되어 있는지 살펴보면 나이별로 클래스 1(만 5~8세)과 클래스 2(만 9~12세), 그 위의 나이 학생들이 듣는 클래스 3과 사인업(Sign-up)으로 이루어져 있다. 클래스 1과 2는 자기들만의 교실이 따로 있어서 대부분의 수업을 교실에서 담임선생님과 함께한다. 반면 클래스 3과 사인 업은 해당 과목 교실에서 과목 담당선생님과 수업을 한다. 기본 적으로 과학, 음악, 영어, 수학, 언어, 음악, 미술 교실과 담당선 생님들이 있다. 특정한 악기나 컴퓨터, 연극 같은 과목은 외부 강사가 가르치기도 한다. 또한 목요일 오후마다 있는 일종의 특 별활동인 activity 시간에 선생님들은 자신의 취미에 따라 정원 가꾸기, 비즈공예, 뜨개질, 요리 등을 학생들과 함께한다(채은, 2014: 42-43; 101).

이처럼 닐이 서머힐의 아동들에게 학습에 있어서 최대한의 자 유를 부여한 근본 이유는 강제된 학습은 학습을 이끌어 가는 강 한 추동 요인인 정서의 경직, 정서의 부자유를 유발하기 때문이 었다. 즉, 닐은 정서적 자유가 지력 발달의 선행조건이라는 점을 통찰했다. "정서(emotions)가 자유롭다면 지력(intellect)의 문제는 저절로 해결이 되며 정서적으로 자유로운 아동은 무엇을 선택해 서 학습해야 할지를 알고 있다"(Neill, 1945: 48). 정서적 자유는 정서가 억압, 왜곡됨이 없이 자유롭게 표현됨을 뜻하며, 닐은 이 러한 정서적 자유 속에서만 정서의 발달이 가능하다고 보았다.

그러나 정서 자체를 교육시킨다는 것은 불가능하며 다만 정서 가 활발히 표현될 수 있는 환경을 통해서만 정서의 발달은 가능 한 것이다.[6] "우리가 할 수 있는 최대치는 정서를 구속하여 죄 책감이나 증오심으로 변화시키는 일체의 속박들을 제거하는 것

---

6) 정서의 발달에 대한 닐의 이러한 입장은 정서와 지력의 분리를 전제로 정 서 자체의 교육에 초점을 맞추는 기존의 정의교육과 근본적으로 상이하다.

이다"(Neill, 1989: 159). 따라서 서머힐과 같이 포괄적인 자유를
허용하는 환경 속에서만 정서는 일체 억압되거나 왜곡됨이 없이
자유로운 표현을 통해 발달 가능하게 된다.[7]

널은 정서의 문제를 학습을 포함한 교육과 삶의 문제의 핵심
으로 파악했으며, 주지주의(intellectualism) 일변도의 학교교육 체
제가 초래하는 정서의 부자유[8]는 지력의 발달과 정서의 성숙한
표출 모두를 저지한다고 이해했다. 그 결과 그가 학교를 떠나게
되면 배운 교과내용들은 모두 뒤로한 채 통속적인 일요신문과
같은 저급한 읽을거리를 좋아하게 된다. 음란물들, 범죄 이야기
들, 스캔들 등에 학생들의 유아기적 정서들은 이끌리는데 그 정
서들은 건강한 출구를 발견할 기회를 학교생활에서 거의 갖지
못한 채 단지 억압되고 또 왜곡된 것이다(Neill, 1960).

이처럼 정서적 불균형은 생활과 정서의 유리로부터 연유하며,
학습상황에서는 강제된 학습이 정서와 학습을 분리시킴으로써
발생한다. 따라서 학습을 통해 지력의 발달과 정서의 성숙 양자
를 도모할 수 있는 길은 정서에 의해 학습이 인도될 때만 가능
하게 된다. 즉, 학습자의 흥미에 의거해서 학습이 진행될 때 학
습자의 정서와 학습행위는 일체가 되는 것이다.

---

7) 프리드먼(N. Friedman)은 닐이 지적한 정서 발달의 조건에 입각해 닐이 의
   미하는 정서를 두 가지로 파악했다. 첫째, 아동들은 그들 자신의 성
   (sexuality)을 건강하고 자연스러운 것으로 받아들임으로써 죄책감을 가진
   억압된 성인들이 되지 않도록 조장되어야 한다. 둘째, 그들의 아동기를 의
   무나 훈육, 일 등이 부과됨이 없이 마음껏 놀면서 보내도록 허용되어야 한
   다(Friedman, 1974: 510-511).
8) 닐은 정서의 부자유로 인한 불균형한 정서의 상태를 미성숙한 정서
   (underedeveloped emotion), 왜곡된 정서(perverted emotion), 유아기적 정
   서(infantile emotion)로 나열하였다(Neill, 1968a: 37).

닐도 루소나 듀이와 같은 다른 비권위주의 교육 사상가들과 마찬가지로 학습자의 흥미를 학습의 핵심요인으로 간주함으로써 흥미를 고려하지 않은 채 외적 강제성으로 이끌어 가는 일체의 학습을 철저히 교육에서 배제하였다. 이는 닐이 배움에서 아동의 흥미(interest)[9]에 깊은 주의를 기울였음을 말한다. 즉, 닐은 흥미 자체가 철저히 자발적인 그 속성으로 인해 강제될 수 있는 것이 아니며 동시에 흥미는 환경과의 상호작용 과정에서 자연스럽게 발생하는 연유로 인해 추구될 수 있는 것이 아니라고 이해하고 흥미의 속성을 다음과 같이 기술했다.

> 흥미라는 것은 사람의 전 인격(whole personality)에서 솟아나는 생명력이다. 주의(attention)는 의식에 속하는 것이다. 칠판에 주의를 기울이면서 해적들에게 흥미를 가질 수는 없다. 그러나 우리가 억지로 흥미를 갖게 할 수는 없다. 아무도 내게 억지로 우표수집 같은 것에 흥미를 느끼게 할 수는 없다. 나 자신마저도 내가 우표수집에 흥미를 느끼도록 강요할 수는 없다(Neill, 1991: 130-131).

이러한 흥미의 속성에 비추어 볼 때 배움이란 강제할 수 없는

---

9) interest는 흥미, 관심 두 가지 모두로 번역되는 단어다. 각각의 사전적 정의를 보면 흥미는 '좋아하는 느낌'이고, 관심은 '마음이 이끌림'이다(이상 민중 엣센스 국어사전 참조). 닐의 흥미에 대한 규정은 관심에 가까우며, 캘란(E. Callan)에 의하면 관심을 갖는다는 것은 일정한 방식으로 노력을 견지한다는 것을 의미하며 이는 단순히 좋아함(liking)과 구분되는 행위로서 좋아함은 관심 갖는 것에 비해 그 정신적 몰입의 정도가 상대적으로 깊지 않으며 그 지속성도 낮다(Callan, 1988: 29). 따라서 닐이 규정하는 흥미는 관심과 동일한 의미라고 볼 수 있으며, 다만 아동을 대상으로 한 언어의 일반적인 사용에 따라 '흥미'라고 번역된 것이다. 이 책에서 흥미와 관심을 문맥에 따라 적절히 혼용한다.

것이 된다. 흥미가 없는 배움은 배움의 형식만 있지 진정한 성
장으로서의 배움은 일어나지 않기 때문이다. 흥미와 유리된 배
움이란 엄밀하게는 존재하지 않는 것이다.

서머힐 학생들에 대한 장기간의 관찰결과 흥미에 기초한 자발
적인 학습의 특성들은 다음과 같이 파악되었다. 첫째, 학습의 지
속성이다.[10] 일례로 서머힐의 한 아동이 일단 수업에 참석하기
로 스스로 결정하면 결석하는 일은 거의 없으며, 동시에 그의
학급동료들은 수업진행에 지장을 받지 않도록 그가 계속 출석할
것을 기대한다(Neill, 1987: 30). 둘째, 학습의 효율성이다. 자발적
인 학습은 일반학교 학생들의 학습에 비해 높은 효율성을 보인
다고 닐은 지적했다. 일례로 대학을 진학하기로 결정한 서머힐

---

10) 다음의 예는 학습이 지속성을 보여 주는 극적인 예다. "아홉 살 난 데이
    비드(David)가 백일해에 걸려 다른 어린이들로부터 격리시켜야만 했다. 그
    랬더니 그는 '로저(Roger) 선생님의 지리시간에 빠지기 싫어!' 하며 몹시
    울었다"(Neill, 1987: 23).

의 학생들은 국가고시에 필요한 학과공부에 전념하여 일반학교 학생들이 8년이나 걸려 쌓는 실력을 단 2년여 만에 성취한다 (Neill, 1987: 129). 셋째, 창의성의 발달이다. 자발적인 학습은 흥미와 노력을 동반하며, 이들 요소들은 문제해결의 길을 스스로 발견한다는 점이다.[11] "나는 창조를 지지하며…… 이는 창조가 흥미와 노력을 수반하기 때문이다"(Neill, 1964). 닐은 서머힐의 학생들이 일반학교 학생들에 비해 학과지식은 부족할 수 있지만 창의성의 측면에서는 월등하다고 보고하고 있으며(Neill, 1987: 23), 서머힐의 졸업생들이 진출하는 직업세계가 대부분 창의성을 요하는 직업 분야들이었음이 이를 입증하고 있다.[12]

닐은 흥미를 유도하는 교수법이 주도하는 학습에 대해 매우 회의적이다. 그는 서머힐 아동들이 보여 주는 학습의 특성들은 철저히 자발적 흥미에 의거하여 학습을 개시하고 진행하는 학습자들의 자율성의 결과 획득되는 것이었으며, 교수의 측면에서 교수학에 기초한 의도된 교수행위의 결과가 아니었기 때문이다. 따라서 교수법은 학습자의 흥미에 의해 인도되는 학습에서 지극히 부차적인 의미만을 갖는다.[13]

---

11) 윌슨(P. Wilson)에 의하면 대상에 대한 관심은 그 대상과 내재적 가치 (intrinsic value)와 연관을 갖기 때문에 대상에 대한 탐구와 파악의 관점을 동반하며(Wilson, 1971: 66), 프롬(Fromm)도 사고하는 사람의 흥미가 충족되지 않고 성취된 발견이나 통찰은 거의 없으며 실제로 흥미가 없다면 사고는 무용하며 무의미해진다고 지적하고 있다(Fromm, 1985b: 93).

12) 번스타인(E. Bernstein)의 서머힐 졸업생들에 대한 연구를 참조(5절).

13) 크리슈나무르티도 동일한 지적을 하고 있다. 참조하고자 하는 내적 충동은 스스로 고유한 방식을 이끌어 낸다는 것이다. 일례로 아동이 그림을 그리고 싶은 창조적 충동에 사로잡힐 때는 어떻게 그릴 것인가 하는 기교 따위는 관심 갖지 않고 단지 그려 나갈 뿐이다(Krishnamurti, 1997: 52).

우리 학교에서는 어떤 새로운 교수방법을 쓰고 있지는 않다. 그 이유는 어떻게 가르치느냐 하는 교수법 자체가 그다지 큰 문제가 된다고 생각하지 않기 때문이다. 나눗셈을 잘 가르치는 특별한 교수법을 학교가 사용하느냐 사용하지 않느냐는 별로 중요하지 않다. 왜냐하면 배우고 싶어 하는 사람들은 그것이 어떤 방식으로 가르쳐지든지 별 상관없이 배워 낼 것이기 때문이다(Neill, 1987: 21).

닐의 교수법에 대한 이러한 입장은 학습지의 흥미가 교수-학습에서 차지하는 위치 및 비중이 기존의 전통적인 일반 교육에서처럼 교수방법론의 차원에 있지 않음을 의미한다. 즉, 허스트 (P. Hirst)나 피터스(R. Peters)는 학습자의 흥미는 교육의 내용 (content of education)보다는 교수방법(method of teaching)에 더욱 관련이 있다고 주장하며(Hirst & Peters, 1970: 37), 디어든(R. Dearden)도 흥미를 유발시키는 교수방법의 개발은 지지하지만 아동의 흥미로부터 출발하는 아동중심교육(child-centered education) 에 대해서는 비판적이다(Dearden, 1987: 18-24). 비판의 요지는 교육전문가들에 의해 일단 교육과정의 목표와 내용들이 결정되면 적절한 교수방법의 개발을 통해 학습에 필요한 흥미는 유발시키고 불필요한 흥미는 억제토록 함으로써 교육과정의 목표달성에 성공적이어야 한다는 것이다. 나아가서 허스트는 아동중심교육의 전통은 새로운 흥미를 유발시키는 데 있어서 교사의 중요한 역할에 대한 인식을 결여하고 있다고 지적했다(Hirst, 1974: 17). 요컨대, 아동의 흥미에 대한 이들의 관점은 교육에 있어서 학습과의 흥미는 사전에 계획된 교육목표와 그에 따른 교육과정의 테두리 속에서 조정되어야 할 대상이지 학습의 출발점은 아니라는 것이다.

그러나 닐이 학습의 출발점으로 강조하는 아동의 흥미는 소위 교수-학습에서 교수법에 의해 조장되고 조작되는 흥미가 아니라 아동이 삶에 대해 갖는 자발적이고 창조적인 흥미다. 이 같은 흥미는 도구적 가치를 초월하는 목적적 의미[14]를 가진 흥미로서 존재 차원의 흥미다.

닐은 아동을 흥미 속에 사는 존재로 파악했다. "어린이들에게 게으름이란 없다. 게으름이라 불리는 것은 흥미가 없어서이거나 건강이 좋지 않아서다. 건강한 어린이는 게으를 수가 없다"(Neill, 1991: 101). 즉, 건강한 아동은 자신의 흥미를 추구하며 생활할 자유가 허락되면 게으를 수 없다.[15] 게으름은 강요된 학습 상황 속에서만 발생하는 증상이다.[16]

닐이 지적한 것처럼 강요된 학습이 존재하지 않는 서머힐에서 게으른 아동들은 없었다. 다만, 서머힐 졸업생의 서술처럼 '심심함'의 시간을 일정 기간 경험하는 사례들은 존재했는데 그 심

---

14) 내쉬(P. Nash)는 흥미를 수단으로써의 흥미(interest as means)와 목적으로서의 흥미(interest as end)로 구분한다. 전자는 교수-학습에서 교사가 학습에의 참여유도를 위해 사용하는 흥미라면, 후자는 창조적이고 구성적(constructive) 특성을 가진 지속적인 흥미로서 수단으로써의 흥미에 비해 더욱 큰 자유를 내포하고 있다(Nash, 1966: 131).
15) 닐의 이러한 지적을 서머힐 졸업생의 진술에서 다시 확인할 수 있다. 즉, "아이들은 배우는 것을 싫어하지 않는다. 공부를 꺼려하지 않는다. 다만 동기 부여가 안 되어 있거나 아직 때가 되지 않았기 때문이다. 나는 모든 아이들에게 놀이 본능만 있는 것이 아니라 호기심을 충족하고 배움을 목말라 하는 자연적 욕구 또한 있다고 생각한다"(채은, 2014: 46).
16) 프롬(E. Fromm)에 의하면 나태와 강제적인 활동은 상반되는 것이 아니라 인간이 가지는 적절한 기능이 교환된 두 가지 징후다. 강제적인 활동은 나태의 반대가 아니라 그 보충물이다. 이 양자에 반대되는 것은 생산성이다(Fromm, 1995: 94).

심함은 게으름 하고는 다른 성격임을 졸업생의 회고를 통해서
우리는 확인할 수 있다.

> 열두 살 무렵의 나는 심심하다는 말을 입에 달고 살았다. 다양한 활
> 동으로 가득한 서머힐에서도 한동안 나는 그 어느 것에도 흥미를 못
> 느꼈다. 게임을 좋아했지만 게임을 하고 싶지 않았고 그림 그리는 것
> 을 좋아했지만 그림 그리기도 내키지 않았다. 아무리 할 수 있는 게
> 많아도 이전에 안 해 본, 구미가 당기는 새로운 것이 없다고 느껴졌
> 다. ……심심해서 하는 일들이란 식사시간을 기다리거나…… 책을
> 읽거나…… 어슬렁대다 열려 있는 교실에 들어가 글쓰기를 해 보거
> 나…… 식당의 피아노를 쳐 보거나…… 테니스를 하루 종일 쳐 보거
> 나…… 심심하게 보낸 그 시간이 새로운 것들을 시도하는 방향으로 흘
> 러갔다. 심심함과 빈둥거림은 '아무것도 안 하는' 게으름이거나 허송
> 세월이 아니라, 무언가를 찾아가는 과정의 일부라는 생각이 든다(채
> 은, 2014: 99-104).

서머힐에서는 심심함도 학습의 일부로서 자신을 찾아가는 또
하나의 경험이요, 과정임을 알 수 있다. 이것은 서머힐이 학습을
그저 교과학습의 범주에서만 이해하지 않고 일상의 삶의 과정
전체로 학습을 확대하고 있으며 포괄적인 자유 속에서 아동들이
경험하는 것들을 그 자체로 인정하고 의미를 부여하기 때문에
가능한 결과라고 할 수 있다.

서머힐 교육에서 아동의 존재 속성이라고 할 수 있는 흥미가
학습의 출발점이 된다는 것은 다음의 의미들을 내포하고 있다고
할 수 있다.

첫째, 모든 아동에게 부과하는 획일적 교육과정에 대한 거부

다. 학습자의 흥미에 의해 학습이 주도될 때 개개인들이 자율적으로 선책하고 구성하는 개별적인 학습시간표만 존재함으로써 학습은 개별화되며, 따라서 모두에게 강제되는 획일성을 가진 교육과정은 사실상 존재할 수 없게 된다.

둘째, 학습이 공적인 구속으로부터 벗어나게 되어 철저히 개인적인 성격을 갖게 된다는 점이다. 닐은 학습을 다음과 같이 철저히 개인적인 차원의 문제라고 이해한다.[17]

> 아동이 돌을 던지지 못하게 하는 행위와 라틴어를 강제로 배우게 하는 행위 사이에는 커다란 차이가 있다. 돌을 던지는 행위는 다른 사람들을 포함하고 있지만 라틴어 학습에는 해당 소년만이 문제가 된다. 공동체는 반사회적 소년을 제약하는 권리를 가지고 있는데 그 소년이 다른 사람들의 권리를 침해하고 있기 때문이다. 그러나 공동체는 한 소년에게 강제로 라틴어 학습을 시킬 권리를 가지고 있지 않은데, 라틴어 학습은 단지 개인의 문제이기 때문이다. 아동에게 학습을 강요하는 것은 국회가 입법행위를 통해 사람들에게 강제로 특정 종교를 선택토록 하는 것과도 같다(Neill, 1992a: 103).

셋째, 학습자의 학습행위가 학습자의 자기실현 과정이 된다는 점이다. "모든 학교가 자유롭고 모든 수업이 선택하도록 되어 있다면 아동들이 자신에게 맞는 방식과 수준을 발견할 것이다" (Neill, 1992a: 103). 닐은 아동들이 학습의 자유 속에서 자기발견

---

17) 닐은 학습을 개인적 차원의 문제로 간주하지만 교육은 공적인 것임을 분명히 하고 있으며, 이는 서머힐의 교육 정신이 인류의 미래에 있어 지극히 중요하다는 닐의 진술(Neill, 1987: 106)에서 단적으로 드러난다.

과 자기실현을 가능케 하는 학습[18]을 주도해 갈 것임을 믿었고 교육실천 속에서 이를 확인했다.

이처럼 닐이 서머힐에서 적극적으로 진행한 비권위주의적 학습을 통해 강조하고자 하는 것은 학습자 자신의 특정 학습에 대한 필요성의 자각과 자발적인 흥미에 의거해 학습이 진행될 때만 특정 학습의 당위성(ought to learn)이 개별 학습자의 수준에서 구현될 수 있으며, 반대로 일반적으로 강제되는 고정적이고 획일적인 교과학습의 당위성은 실제 학습 상황에서 실현될 수 없다는 사실이다. 강제로 부과된 획일적인 교과학습 속에서는 학습의 현상은 있으나 엄밀한 의미에서의 학습은 존재하지 않는 것이다.[19] 즉, 학습의 당위성은 학습자의 주관 속에서 자각되고 구현되는 것으로서 이때 학습자의 자기실현이라는 학습의 본질에 도달할 수 있는 반면, 모두에게 요구되는 학습의 객관적인 당위성은 실제로 존재할 수 없으며 존재해서도 안 된다.

결국 닐이 서머힐의 학생들에게 급진적인 학습의 자유를 부여하여 실행한 비권위주의적 교육이 의도한 것은 학습의 회복이었다. 일리치(Illich)의 지적처럼 기존의 교육형식들이 명시된 교육

---

18) 닐이 지적하는 자기실현에 이르는 학습은 로저스(C. Rogers)의 '의미 있는 학습'과 일치한다. 즉, "의미 있는 학습은 스스로 시작한 학습이다. ……의미 있는 학습은 학습자의 행동, 태도, 심지는 인성의 변화를 가져온다. 의미 있는 학습은 학습자 자신에 의해서 평가된다. 의미 있는 학습이 학습자의 필요를 충족시키는지, 그가 알고 싶어 하는 것으로 인도해 주는지 여부를 그 자신이 알게 된다. 또 평가의 중심이 분명히 학습자 내부에 있다고 말할 수 있다. 그 학습의 본질은 의미다. 그와 같은 학습이 발생할 때 학습자에게 주는 의미는 경험 전체 속에 스며들어 간다"(Rogers, 1994: 34).
19) 이홍우는 주입식 교육의 단점을 주입에 실패한다는 사실을 지적한 바 있다(이홍우, 1989: 55).

목표와는 상치되는 효과를 낳고 있으며, 잠재적 교육과정(hidden curriculum)은 자신의 경험과 실체를 억압하고 제3자의 경험에 의한 간적접인 해석으로 대체하도록 요구함으로써 해방보다는 종속과 복종을 위한 문화적 행위양식을 형성해내고 있을 때 (Illich, 1986: 1장 참조), 닐은 학습의 자유를 전제로 학습자의 흥미가 주도하는 학습을 통해 기존의 교과교육의 장에서 학습자와 소외되어 있던 학습을 학습자의 개별적 수준에서 학습자와 일체가 되게 함으로써 학습을 회복시켰다.[20]

학습의 회복을 위해 닐은 서머힐에서 학습과 관련된 권위주의적 모든 요소를 추방하였음을 알 수 있다. 학교가 강제하는 교과과정도 없었으며 교사가 일방적으로 진행하는 수업도 없었다. 학생과 교사의 관계는 대단히 수평적인 관계였고, 교사들은 학생들의 학습을 돕기 위한 조력자들이요 전문가들이었다. 학생들은 자신의 흥미와 학습 속도에 따라 학습을 진행할 수 있었고 학습을 하는 동기도 모두 학생들 자신의 내면에 있었다. 따라서 아동들이 따라야 할 강제된 권위도 없었으며, 서머힐에서의 권위는 권위를 결코 내세우지 않는 교사와 학교에 대한 신뢰

---

20) 일리치가 학습 회복의 길을 '탈학교 사회(deschooled society)'라고 제시했다면 닐은 서머힐에서 아동들에게 학습의 다양한 시설과 자료, 수업을 개방하고 그 선택을 철저히 학습자의 자율성에 위임함으로써 소규모의 탈학교 사회(a small deschooled society)를 건설했다고 헤밍스는 지적했다 (R. Hemmings, 1972: 192). 기존의 사회와 세계가 병들어 있다고 파악하는 닐의 시각에서는 일리치가 제시하는 탈학교 사회 아동들이 더욱 부정적인 영향 속에서 성장할 수 있다는 점에서 결코 대안이 될 수 없으며, 오히려 서머힐 같은 자유의 질서가 지배하는 교육공간들의 확대가 바람직한 대안이 된다. 따라서 닐은 탈학교론자가 아니라 신학교론자(neo-schooler) 라고 볼 수 있다.

위에 있었다.

2) 놀이의 자유가 있는 교육

수업을 선택할 수 있고 나아가 수업 출석마저 선택할 수 있다는 것은 아동이 원할 때 마음껏 놀 수 있다는 것을 뜻한다. 수업 출석의 자유가 전제될 때만 놀이의 자유가 존재할 수 있기 때문이다. 놀이의 자유가 보장된 서머힐은 아이들의 천국처럼 묘사되기도 한다. 생활의 대부분이 자연스럽게 놀이로 이루어져 있고, 놀이의 종류도 매우 다양한 서머힐은 아동들이 놀기에 정말 좋은 환경을 가지고 있음을 다음과 같은 서머힐 졸업생의 서술에서 확인할 수 있다.

> 무엇보다도 서머힐에는 자연이 있었다. 학생들은 보통 70~80명, 선생님은 10~13명인 작은 학교지만, 서머힐의 자연은 드넓었다. 넓은 땅과 즐비한 나무들은 그 자체로 훌륭한 놀이터였다.
>
> 세련되게 다듬어지지는 않았지만 축구장과 농구장, 수영장에서는 언제든 스포츠를 즐길 수 있다. 원한다면 마당 한쪽에 토끼나 족제비 같은 동물을 기를 수도 있다.
>
> 그네와 트램펄린과 하프 파이프, 거대한 거미줄처럼 생긴 스파이더 웹도 바깥 놀이를 지루하지 않게 해 주는 기구다. 실내에도 놀잇거리들이 넘쳐난다. 원할 때 마음껏 칠 수 있는 피아노와 탁구 테이블이 마련되어 있고, 미술실과 목공실에는 언제든 자유롭게 드나들 수 있다.
>
> 춤추기를 좋아한다면 매주 두세 번 저녁 시간에 열리는 그램(gram, 댄스파티)에 가면 된다. 그때 하우스 라운지는 클럽으로 변한다. 형광등 대신 알록달록한 불빛이 깜박이는 아래 빵빵한 볼륨으로 무장한 스피커에서 나오는 음악에 맞춰 신나게 춤을 출 수 있다.

　도서실에는 다양한 책들이 꽂혀 있고 교실에도 여러 종류의 퍼즐과 보드게임들이 가득하다.

　나는 눈썹을 휘날리며 학교 곳곳을 누비고 다녔다. 공부는 아예 하지 않거나 내가 필요하다고 생각하는 만큼만 했다. '미팅'이라 불리는 학교 회의에서 정해진 규율은 지키되, 시간을 어떻게 보내는지는 개인에게 달려 있었다. 나는 최선을 다해 놀았다. 아니 최선을 다할 필요도 없이 서머힐은 나의 최선을 끌어냈다(채은, 2014: 27-28).

　서머힐은 놀이의 자유가 보장되어 있을 뿐 아니라 놀이의 자유를 마음껏 누릴 수 있는 환경을 갖추고 있음을 알 수 있다. 닐은 아동들이 마음껏 누리고자 하는 놀이의 특성이 무구속성이라고 파악했다. "내가 놀이라고 하는 것은 각종 운동경기나 규칙이 있는 조직된 유희를 말하는 것이 아니라 공상의 날개를 마음껏 펴 볼 수 있는 일체의 구속이 없는 놀이를 의미한다"(Neill, 1987: 76). 또한 이러한 놀이는 아동의 근본적인 성향이기도 하다. 즉,

"활동 사진이 나오기 훨씬 이전부터 어린이들은 갱단놀이를 즐겨 왔다. 이야기나 영화들이 어린이 놀이의 방향을 제시할 수는 있다. 하지만 놀이에 대한 근본적인 경향은 이미 모든 인종의 모든 어린이들의 가슴속에 자리 잡고 있는 것이다"(Neill, 1987: 76-77). 따라서 닐은 어린 시절은 놀이시절(playhood)이며, 이 사실에 대한 인식이 선행되어야 함을 강조했다. "어린이 시절은 노는 시기다. 이러한 사실을 무시하는 사회라면 어느 사회이든 간에 그릇된 방법으로 교육을 시키고 있는 것이다"(Neill, 1987: 77-78).

닐은 아동의 놀이 욕구에 대한 자유로운 충족, 곧 놀이의 자유가 갖는 의미를 다음과 같이 두 가지 측면에서 지적하고 있다.

첫째, 놀이의 자유는 학습의 선행조건이라는 점이다. 닐은 욕구가 충족되지 않는 한 학습에의 자발적이고 온전한 몰입은 불가능하다고 이해했으며, 이는 서머힐로 전학온 학생들의 행동에서 확인되었다.

다른 학교에 다니다가 도중에 전학해 들어온 어린이들은 그 지긋지긋한 수업시간에는 이제 다시는 들어가지 않겠노라고 맹세를 한다. 그들은 놀기도 하고, 자전거를 타기도 하고, 공부하는 다른 어린이들을 방해하기도 한다. 이런 상태가 때로는 몇 달씩 계속된다. 이런 상태로부터 회복되는 기간은 이전의 학교에서 심어졌던 수업 혐오감의 정도에 비례한다. 이 면에 있어 우리의 최고 기록은 수녀원 학교를 다니다 온 한 소녀가 3년간을 그저 놀기만 하면서 지낸 경우다. 대부분의 학생이 수업혐오증에서 회복되는 기간은 평균 3개월이다(Neill, 1987: 21-22).

수업혐오증이란 한편 억압된 놀이 욕구에 기인한다. 따라서 놀이 욕구의 충족은 학습이 진행되기 위한 선행조건이라고 할 수 있으며, 아동들이 놀이의 자유 속에서 학습의 지속성과 집중력을 갖게 됨을 서머힐의 교육실천 속에서 확인하였다.[21]

둘째, 놀이는 치유적 효과를 가진다는 점이다. 닐은 억압된 생활 속에서 형성된 감정들이 놀이의 자유를 통해 해소, 조절되었음을 지적하고 있다.

> 많은 반사회적 아동들을 다루어야만 했던 시절에 나는 그들 대부분이 수업이나 정신분석에 의해서가 아니라 그들의 놀이시기를 마음껏 누릴 수 있는 자유를 가졌기 때문에, 또 그들 자신이 되도록 허용되었기 때문에 치유되어 가는 것을 보았다(Neill, 1959).

르샨(E. Leshan)도 아동들의 공포, 불확실, 혼돈 등의 감정들을 처리하는 능력 등을 표출할 수 있는 사회적으로 용인된 수단이 놀이라고 지적한 바 있다(Leshan, 1993: 117). 특히 또래집단 속에서의 놀이는 아동들 각자 자기 주장의 경향성을 일부 제거하고 조절하도록 하는 기능을 가지고 있다. 놀이는 아동의 성장과정에서 사회적 발달의 기초를 형성함으로써 반사회적인 인간으로 성장할 수 있는 가능성을 미리 막는 역할을 하는 것이다.

나아가서 놀이 욕구의 자유로운 충족은 교과의 자유로운 선택에 의한 학습과 더불어 어린이에게 정서적 자유를 부여하는 중

---

21) 닐은 14세가 될 때까지 많은 시간을 놀며 보낸 서머힐의 학생들이 16세에 대학학력인정시험을 어렵지 않게 통과하곤 한다고 기술한 바 있다(Neill, 1957).

요한 기능을 한다. 앞서 서술되었듯이 서머힐의 아동들은 무제한
적인 놀이 욕구의 충족을 통해 억압된 심리 상태를 해소할 수 있
을 뿐 아니라 학습으로 대표되는 일체의 생산적 활동에 전인적으
로 몰입할 수 있게 하는 정서적 바탕, 즉 정서적 자유(emotional
freedom)의 상태에 놓이게 된다. 이를 역으로 말하면 놀이 욕구
의 억압은 왜곡된 심리를 유발하는 요인이 될 뿐 아니라 생산적
활동에의 온전한 몰입을 통한 의미 있는 성취를 제한한다고 할
수 있다. 닐은 지력의 문제를 포함해서 인성 형성의 문제에 있
어서 정서가 갖는 근원적이고 본질적인 의미와 위치에 대해 늘
강조해 왔으며, 건강하고 균형 있는 정서의 발달에서 놀이의 자
유는 학습의 자유와 더불어, 아니 그 이상으로 중요한 의미를
갖고 있다고 이해했다. 그래서 닐은 놀이의 제한으로 인해 그
욕구가 억압되어 어린이가 노는 능력을 잃어 버렸을 때 심리적
으로 죽은 것이나 마찬가지이며 이런 어린이는 다른 어린이에게
도 위험한 존재가 된다고 지적하고 있다.

이처럼 놀이 자체가 삶과 교육에서 갖는 의미가 학습 이상으
로 중요함에도 불구하고 현실에서 놀이는 어떻게 이해되고 다루
어지는가?

우선 성인들은 '어린 시절은 놀이시절'이란 사실을 시인하면
서도 많은 경우 이것을 망각하거나 무시한다. 놀이라는 것이 특
정의 것을 학습하는 것이 아니라는 이유로 시간의 낭비로 간주
한다. 그래서 많은 교실과 값비싼 교수자료를 갖춘 학교들을 세
워도 어린이의 놀이 본능을 위해서 제공되는 것은 좁은 운동장,
콘크리트 공간, 빈약한 놀이시설이 전부가 된다.

그러나 이러한 놀이를 위한 물리적인 환경의 부족보다 더욱

문제가 되는 것은 학교의 하루 일과표가 놀이를 거의 허용하지 않는다는 점이다. 극히 적은 시간을 제외하고 거의 모든 시간은 교과 공부로 채워져 있다. 닐은 이것이 성인들이 아동들에 대해 독단적 태도를 갖고 아동들의 본성과 요구는 무시한 채 교육 아닌 교육을 행하고 있음을 보여 주는 단적인 예라고 본다.

그럼 왜 성인들은 어린이들이 노는 것에 반대하는가? 닐은 그 근본적인 원인이 미래에 대한 부모의 두려움 때문이라고 지적한다.

> "나는 근심어린 질문을 수백 번도 더 들어왔다. '우리 아이가 하루 종일 놀기만 한다면 그 애가 어떻게 무엇을 배울 수 있겠어요?' 이에 대한 나의 답변은 다음과 같지만 이를 받아들이는 사람은 극소수일 것이다. '댁의 아이를 놀이를 도외시 하는 학교에서 보통 5년 내지 7년에 걸쳐 공부하게 하는 대신 놀고 싶은 만큼 실컷 놀게 하면 단 2년간 집중적으로 공부를 했어도 대학 입학시험에 합격하게 될 것입니다.'"

물론 닐은 여기서 그 아이가 대학입학시험에 합격하기를 원할 때에만 그러하다는 말을 덧붙이는 것을 잊지 않고 있다. 어린이가 놀이 욕구에 따라 놀고 싶을 때 마음껏 놀 수 있다면 마찬가지로 학습도 스스로 하게 하면 놀이에 몰두하는 것처럼 그 학습에도 고도로 집중할 것이며 이는 싫어도 억지로 해야 하는 강제적인 학습이 보여 주는 효과의 몇 배, 아니 몇십 배의 효과를 가져 올 수 있을 것이다. 그리고 이것은 서머힐의 교육에서 확인되었다.

나아가서 닐은 수업의 차원에서 놀이를 학습의 도구로 간주하는 일체의 경향들마저도 비판한다.

> 어린이가 무엇인지 배우고 있지 않으면 시간낭비를 하고 있다고 보
> 는 이 의견이야말로 수천 명의 교사들과 대부분의 장학관들의 눈을 멀
> 게 하는 저주의 말이다. 50년 전의 표어는 '행동을 통한 학습'이었는
> 데 오늘날의 표어는 '놀이를 통한 학습'이 되었다. 이리하여 놀이가
> 목적을 위한 수단으로만 사용되고 있으나 그것이 어떤 훌륭한 목적을
> 위한 수단인지 나는 모르겠다(Neill, 1987: 44).

놀이에 대해 목적적 의미를 부여하는 닐의 이 같은 태도는 일
반 교육의 시각과 양립할 수 없는 부분이다. 일반 학교교육의
테두리에서 놀이란 흥미 유발을 위한 목적적이고 주관적인 시도
들로써 가치로운 흥미(value of interest)에 대한 고려가 거의 개입
되어 있지 않다고 간주한다. 곧 지시된 놀이(directed play)만이
가치 있는 것이다. 라이트(L. Wright)에 의하면 내재적으로 가치
있는 활동들은 그 활동들에 참여하는 사람들로 하여금 상당한
기술, 지식, 신체적인 정교함, 지적 능력, 미적인 이해를 요구한
다는 점에서 어린이의 내적 즐거움 자체만을 목적으로 하는 놀
이와 구분된다(Wright, 1985: 68). 이 같은 입장에서는 놀이가 가
치 있는 활동이 되려면 학습활동과 긴밀히 연관되어 학습의 보
조적이고 도구적인 역할을 수행할 때다. 그러나 닐의 시각에서
학습을 위한 놀이의 수단화는 놀이의 고유성 상실을 초래하는
것이며 학습의 실현에도 역작용을 하게 된다. "내가 혐오하는
것 하나는 아동이 진흙파이를 만드는 것을 보고는 재빨리 분위
기를 바꾸어 해안침식에 관한 수업을 시작하는 교사다"(Neill,

1964). 이 경우 놀이도, 학습도 모두 제자리를 상실하게 된다.

닐은 놀이를 학습과의 관련 속에서만 의미를 갖는 학습의 보조적인 위치에서 파악하지 않고 독립적이고 고유한 의미를 갖는 행위로 이해하고 있다. 즉, 놀이는 일체의 구속성이 없는 비규정적 행위로서 아동기에 아동이 아무 조건 없이 또 제약 없이 누려야 하는 고유한 권리이며, 놀이에 대한 욕구가 충족될 때만 아동의 정서는 왜곡됨이 없이 올바로 발달할 수 있다. 아울러 이러한 정서적 바탕 위에서 아동은 사회성이 발달한 균형 잡힌 인성을 형성해 나갈 수 있으며 학습내재적 흥미에 기초한 자율적이고 창의적인 학습도 가능하다. 따라서 닐의 비권위주의 교육에서 놀이는 학습의 차원을 넘어서 건강한 인성의 차원, 곧 삶의 차원의 의미를 갖는다고 할 수 있다.

3) 두려움으로부터 자유로운 교육

닐은 "자유의 적은 두려움(fear)이다."(Neill, 1987: 126)라고 지적한다. 닐은 아동의 건강한 인성발달을 가로막는 근본적인 심리적 요인이 곧 두려움이며 동시에 두려움의 무의식 내재적 상태인 불안(anxiety)이라고 보고 있다.[22] 닐은 불안의 바탕에서 아동이 형성하게 되는 인성은 신경증적 인성으로서 자율적인 건강

---

22) 역사적으로 두려움(fear)과 불안(anxiety)은 구체적으로 유발단서(cue)의 존재 여부에 의해서 구별되어 왔으며, 다만 최근의 심리학 문헌에서는 이 둘을 번번이 동일하게 취급하고 있다(R. Edelman, 1992: 1). 즉, 두려움은 객관적이고 구체적인 대상에 대한 것이라면 불안은 상태에 관계되어 있어 대상을 무시한 주관적인 심리를 지칭한다. 닐이 자유의 적이라고 간주하는 두려움은 신경증적 불안으로 이해되는 두려움을 지시하며 합리적 두려움을 지칭하는 것이 아니란 점에서 두려움은 불안과 동등한 의미로 쓰였다.

한 인성과 대립되는 것으로 간주한다. 따라서 불안이 어떻게 신경증적 인성을 만들며 교육에서 왜 불안의 제거가 필요한지를 이해하는 것은 중요한 문제다.

(1) 불안과 신경증, 그리고 증오

닐은 인간의 삶에서 불안은 자기 보호를 위해 필요한 요소이기는 하지만 아동에게 강제적으로 주입되는 도덕적 · 종교적 불안 등은 아동의 자율적 성장에 해악적인 것이라고 파악했다. 닐은 삶에 필요한 합리적 속성을 갖는 불안은 '공포'라고 칭하면서 불합리한 신경증적 불안과 공포를 다음과 같이 구분하고 있다.

> 불안과 공포의 차이를 구별해 보도록 하자. 호랑이를 두려워하는 일은 자연스럽고 건강한 일이다. 거친 운전수가 모는 차 타기를 두려워하는 일도 역시 자연스럽고 건강하다. 하지만 거미나 쥐나 유령을 두려워하는 것은 부자연스럽고 건강하지 않은 것이다. 그런 유의 공포는 다만 불안일 뿐이다. 그것은 일종의 병적인 공포증(phobia)이다. 공포증은 어떤 것에 대한 비합리적이고 과장된 불안감이다. 공포증은 공포를 일으키는 대상이 비교적 해롭지 않은 것이다. 그것이 불러일으키는 불안이 분명 사실이라 하더라도 그 대상물은 한낱 상징에 불과하다 (Neill, 1987: 140).

닐이 아동의 건강한 인성 발달의 근본적인 심리적 장애요인으로 지적하는 것은 객관적이고 합리적인 공포가 아니라 신경증을 초래하는 불합리한 공포, 즉 불안이다. 닐은 신경증[23]을 교육의

---

23) 닐이 언급하는 신경증은 일반 정신병리에서 신경증 환자에게서 나타나는

중심 문제로 파악하고 있다. "학교라는 곳이 노이로제에 걸린 학자보다는 차라리 행복한 도로청소부를 길러내는 곳이어야 한다"(Neill, 1987: 21). 나아가서 신경증을 인류 전체의 삶의 문제로 지적하고 있다. "인류에 있어서 유일한 희망은 유아 시절부터 형성되어 지속되는 자율성에 의한 신경증의 예방이다"(Neill, 1983: 90). 따라서 닐은 신경증을 유발하는 불안과 이로 인한 신경증적 인성의 형성을 현대 교육이 해결해야 하는 핵심과제로 간주하고 있음을 알 수 있다.

프로이트에 의하면 신경증은 자아와 이드(Id) 사이에서 생겨난 갈등의 결과로서 자아가 이드의 강력한 본능적 충동들을 받아들이려고 하지 않거나 이드가 목표로 하는 대상에 대한 충동을 금지하는 경우 발생하며, 이 경우 자아가 억압의 메커니즘으로 본능충동에 대항해서 스스로를 방어하는 모든 과정이 신경증 상황을 유발시킨다(Freud, 1997: 198-199). 여기서 신경증적 증상은 억압 과정의 결과이며, 억압은 자아가 이드에서 생겨난 본능적 리비도의 집중과 협동하려 하지 않을 때 자아에서 발생한다. 그래서 프로이트는 '억압은 신경증의 가장 두드러진 특징'(Freud, 1994: 340)이라고 지적했다.

억압(repression)은 불안을 유발하는 이드, 자아, 초자아의 추진력이 의식계에 떠오르지 못하도록 억누르는 억지력의 작용이다(R. Osbon et al., 1985: 185). 따라서 억압의 대상이 지각이나 기

___
중상을 가리키는 표현이라기보다는 불합리한 불안에 의해 영향을 받는 인성 특성을 가리키는 말이다. 이것은 정신분석에서 '이상과 정상의 구분이 정도 차이에 불과하며 전자에게 나타나는 경향은 후자에게도 나타나는 경향이 과장된 형태에 불과하다.'(R. Osbon, 1985: 239)는 이해에 근거하고 있다.

억 또는 관념이건 간에 억압의 목적은 자아를 위협하는 내적 · 외적 위험의 존재를 왜곡 또는 부인함으로써 불안[24]을 제거하는 것이다. 이는 불안의 생성이 신경증 증상으로 표현되는 억압 형성의 조건임을 뜻한다. 그러므로 프로이트는 "불안은 신경증의 근본적인 현상이자 중심적인 문제"(Freud, 1997: 286)라고 지적했고, 호나이(K. Horney)는 "신경증적 과정을 진행시키고 계속 활동하게 만드는 원동력은 바로 불안이다."(Horney, 1994: 22)라고 진술했다.

불안에 기인하는 신경증적 성격은 건강한 성격과 상이한 경향성을 갖는다. 호나이는 이 상이성이 행위의 근본적 동기의 차이에 연유한다고 파악했다. 즉, 신경증적 경향의 지배를 받게 되면 모든 행위의 동기가 안정의 추구에 있게 되며 행위 대상 및 행위 과정은 안정감 획득의 수단이 된다. 이것은 건강한 성격의 경우, 안정이란 적극적인 동기에 의해 수행되는 행위과정에 내재하는 역동성을 띠고 있다는 점과 상이한 특성을 가지는 것이다(Horney, 1994: 92-93). 행위동기가 안정의 추구에 집중될 때 창의적이고 생산적인 활동의 상대적인 약화 내지는 결여는 필연적인 결과다. 프롬(E. Fromm)에 의하면 생산적으로 완전하게 살아가는 데 실패한 결과를 보여 주는 현상으로서 신경증 이상의 것은 없다. 모든 비생산적 활동에 공통되는 요소는 불안에 대한 반발로 행동하게 된다는 것이며 급성이거나 만성이거나 또한 의식적이거나 무의

---

24) 프로이트는 불안을 현실적 불안, 신경증적 불안, 도덕적 불안의 셋으로 분류, 서술하고 있다(R. Osbon et al., 1985: 157-168). 닐이 문제 삼는 불안은 신경증적 불안 및 도덕적 불안이며 이들 불안들은 아동의 성장과정에서 제거되어야 하는 요소들이다.

식적이거나 이러한 불안이 오늘날의 사람들에게 나타나는 광적인 몰입의 근원이기도 하다는 점이다(Fromm, 1985a: 77, 86).

이는 자아실현의 측면에서 볼 때 신경증적인 경향성에 지배되는 개인의 경우 자아실현의 충동이 변질되며 다만 존재의 제한된 상태를 유지 혹은 방어하려는 방향으로 나가게 됨을 뜻한다. 따라서 패터슨(C. H. Patterson)은 자아의 보호와 유지는 자아실현의 병리적 형태이며, 이는 위협받는 개인에게 남겨진 자아실현의 유일한 형태가 된다고 지적했다(Patterson, 1983: 104).

이상의 신경증적 경향성이 명백히 구체화된 예들을 닐은 '문제아동' 속에서 발견했으며, 문제아동의 특성을 "창조적 측면이 희생되고 소유적 측면이 장려된 어린이"(Neill, 1992b: 14)라고 파악했다. 즉, 소유적 가치를 중시하는 성인들에 의해서 창조활동이 제지되고 창조적 욕구가 억압된 아동은 수동적이고 소유적인 측면의 행위 속에서 기쁨을 찾을 수밖에 없으며 그 결과는 아동의 도벽, 성적 활동에 대한 비정상적인 흥미, 나아가서 가족을 불행하게 함으로써 기쁨을 추구하는 등의 다양한 문제의 행위, 즉 신경증적 속성의 행위들을 표출하는 것이다(Neill, 1992b: 10-16).

결국 불안의 영향 속에 인성이 놓이게 되면 인성의 균형 있는 발달 및 창의성의 발달은 사실상 지극히 제한적이 되거나 불가능하게 되며 안정감 추구를 위해 외부세계, 외부상황에 의존할 수밖에 없는 소극적이고 반응적인 성격을 형성하게 된다. 이러한 신경증의 역동성에 있어서 중요한 점은 불안과 증오—적의로 표현되기도 하는—가 복합적으로 상호 밀착되어 있다는 사실이다. 호나이에 의하면 불안은 증오를 유발하고 그 증오는 다시 불안을 야기한다. 불안과 증오는 상호 밀착되어 있는 것이다

(Horney, 1994: 90~91).

닐도 불안과 증오의 관계를 다음과 같이 서술하고 있다.

> 두려움은 완전히 제거되어야 한다. 어른들과 신에 대한 두려움, 그
> 리고 벌이나 비난을 받을지 모른다는 두려움 말이다. 미움은 두려움의
> 분위기 속에서 확대된다(Neill, 1990: 35).

닐은 불안이 증오를 낳는 원인을 아동의 성장하고자 하는 근
본적인 욕구의 억압에서 찾고 있다. 즉, 닐은 아동을 다음과 같
이 힘에 대한 욕구를 가진 존재로 파악하면서 이러한 욕구의 억
압이 문제의 인성을 만든다고 보고 있다.

> 어린이들은 항상 움직이고 싶어 하는 강한 충동을 가진 존재다. 그
> 들은 자기가 원하는 것을 행동으로 표현하려고 한다. 본래 어린이는
> 자아욕구가 강하다. 그리고 항상 자기의 힘을 시험해 보고 싶어 한다.
> 만약 성적 충동이 누구에게나 있는 것이라면 힘에 대한 충동도 누구에
> 게나 있다(Neill, 1987: 306).

여기서 아동의 힘에 대한 욕구는 단지 힘 자체에 대한 맹목적
인 추구가 아니라 그 근저에는 성장의 동기가 존재한다. "어른
이 되고자 하는 어린이의 욕망은 힘에 대한 바람이다"(Neill,
1987: 313). 여기서 힘에 대한 욕구, 즉 성장하고자 하는 근원적
인 욕구가 억압될 때 증오가 형성된다. 닐은 범죄도 일종의 증
오의 표출양식으로서, 성장하고자 하는 자아의 욕구에 대한 억
압에서 연유한다고 보았다. 즉, "범죄를 만드는 것은 법이다. 가
정에서 아버지의 금지명령이 담긴 법과도 같은 말은 아동의 자

아를 억압하며, 자아억압의 과정에서 아동은 나쁜 아이가 된다. 억압은 저항을 일깨우고 저항은 자연히 복수를 추구한다. 범죄의 많은 부분은 복수심이다"(Neill, 1992a: 58).

따라서 증오는 억압하는 대상에 대한 것인 동시에 그 대상에 대한 두려움으로부터 파생된다. 두려움을 주는 대상은 증오의 대상이기 때문이다. 닐은 이를 "아무도 자신이 두려워하는 존재를 사랑할 수 없다."(Neill, 1990: 37)고 완곡하게 지적하면서 증오의 근본원인은 사랑받지 못한 자아에 있음을 강조한다.

> 나쁜 행위를 하게 되는 것은 다만 자기가 발휘하고자 하는 힘이 외부로부터 좌절당했기 때문이다. 인간은 선하다. 그들은 착한 일을 하고 싶어 한다. 그들은 사랑하고 사랑받기를 원한다. 증오와 반항은 다만 좌절된 애정과 좌절된 힘의 다른 표현일 뿐이다(Neill, 1987: 314).

증오가 좌절된 애정과 힘의 다른 표현이라는 닐의 인식은 프롬의 인간의 파괴의식에 대한 이해와 일치한다. 즉, 인간은 창조하거나 파괴함으로써 단순한 피조물로서의 자신의 역할을 초월하려는 근원적 동기를 가지고 있으며, 성장과정에서 창조의 능력이 발달하지 못한 자는 자신에게 부정적 태도를 보인 삶에 일종의 복수를 하기 위해 파괴의 방식으로 피조물로서의 자신을 초월하는 것이다(Fromm, 1996: 28-29). 레인(H. Lane) 또한 인간의 본래적 경향성은 사랑이며 증오는 또 다른 표현양식이라고 지적한 바 있다. "사람은 누구나 모든 인류와 우주를 생래적으로 사랑하고 있다……. 만약 증오하고 있다면 그는 행동의 역추진 장치를 통해 그 사랑을 표현하고 있는 것이다"(Lane, 1982:

104-105).

결국 불안은 자율성의 발달을 가로막고 신경증적 경향의 지배를 유발하는 강력한 심리적 동인(動因)임을 알 수 있다. 이것은 역으로 인성의 신경증적 경향성의 제거란 곧 모든 불합리한 불안들을 교육과 삶에서 추방하는 것을 뜻한다. 그리고 닐에 의하면 불안의 제거는 불안을 유발하는 모든 불합리한 훈육을 제거하는 것이다.

(2) 도덕적 훈육이 사라진 교육

닐은 불안이 모든 훈육(discipline)에서 연유하고 있다고 주장한다. "불안을 낳는 것은 바로 훈육이다"(Neill, 1992a: 4). 이것은 자율성의 발달을 저해함으로써 신경증적 인성을 초래하는 불안은 훈육에 의해서 매개됨을 뜻한다. 닐은 아동이 포괄적인 자유의 체험을 통해 자율성을 발달시키기 위해서는 훈육의 성격을 갖는 모든 묵시적 도덕률, 종교적 가르침 등을 재고할 것을 강조했다.

닐은 아동을 대상으로 성인들이 행하는 도덕적 훈육은 아동의 생래적인 긍정적 본성에 대한 불신으로부터 연유하고 있다고 이해했다.

대개의 부모들은 자신의 자녀에게 도덕교육을 시키지 않으면, 다시 말해서 무엇이 옳고, 무엇이 그른가를 끊임없이 지적해 주지 않으면 자녀들을 저버리는 것이라고 믿고 있다. 따라서 모든 부모는 자녀들의 신체적 요구를 보살피는 일은 별 문제로 하고 여러 가지 도덕 가치를 주입시키는 일이 자신들의 첫째 의무라고 생각하고 있다. 이러한 교육을 시키지 않으면, 어린이는 자신의 행동을 조절하지 못하고 남을 조금도 생각할 줄 모르는 야만인으로 자라게 될 것이라고 생각하는 것이다(Neill, 1987: 251-252).

닐의 이러한 지적은 훈육의 필요성에 대한 일반적인 견해를 반영하고 있다. 클라크(F. Clarke)에 의하면 일반적으로 훈육의 필요성은 개인과 사회의 안정과 성장을 위해 불가결한 요소로서 정당화되어 왔다. 즉, 번영과 자유, 양자 모두를 성취하기 위해서는 질서와 훈육이 필수적인 것이며, 다만 질서를 유지하기 위한 강제적인 훈육의 실시로 인해 자유가 상실될 경우, 지적으로 고양된 양심이 양자 간의 조화를 달성하도록 조정해 갈 것이라고 여겨 왔다. 따라서 교육의 첫째 과제는 문화의 측면에서 볼 때 그 문화가 요구하는 질서에 아동이 순응토록 인위적으로 유도하는 것이며, 이 경우 순응은 자유의 필요조건이 되는데, 이는 자유가 인간이 그가 태어난 문화에 인내심을 갖고 적응할 때만 획득할 수 있는 인간의 속성으로 간주되기 때문이다(Clarke, 1948: 29-32).

그러나 이처럼 질서와 훈육으로부터 자유가 성장한다는 사고는 닐의 사고와는 상반되는 것이다. 닐은 질서와 훈육은 자유로부터 발전되어 갈 때만 바람직한 것으로 이해하며 그 역은 성립할 수 없다고 본다. "자유는 스스로를 질서 지울 수 있지만 외부 권위(external authority)에 의해서 질서 지워질 수 없다"(Neill, 1945: 105). 오히려 권위주의적인 훈육이 구성해 가는 질서는 아동의 생래적인 선성 및 자율적 능력의 왜곡 내지는 상실이라는 대가를 통해서만 획득 가능한 것이다. 따라서 닐은 다음과 같이 도덕적 훈육의 속성을 긍정적인 본성의 억압으로 이해하고 있다.

마치 양배추나 새끼 호랑이에게 악의가 없듯이 갓난아기에게도 악의가 없다는 사실을 우리는 안다. 어린 아기는 생명력을 가지고 태어난다. 그런 아기의 의지력, 즉 무의식적인 본능은 살려는 힘이다. 이 생명력이 그에게 음식을 먹게 하고 신체를 탐색하게 하며 자신의 여러 가지 욕구를 충족시키도록 촉진시킨다. 그는 신의 뜻에 따르고 있는 것이다. 그런데 어른들은 이 신의 뜻을 악마의 뜻으로 본다. 그래서 모든 부모는 어린아이들에게 어떻게 살아야 할 것인가를 가르치기 시작한다. ……아기는 여러 가지 금지의 벽에 부딪히게 된다. ……어린이를 나쁘게 만드는 것은 다름 아닌 바로 이 도덕교육이라고 나는 믿는다(Neill, 1991: 13). …… 훈육은 인간성에 좋지 못한 것만을 야기 시킬 뿐이다. 나는 인간본성에 악의가 본래부터 자리하지 않았다는 것을 확신한다. 개 목에 사슬을 걸면 원래 좋았던 개도 나빠진다. 아이를 규제해 보라. 착한 성품의 아이도 진실하지 못한 적대자로 변한다(Neill, 1990: 7).

모든 훈육의 공통적인 특징은 내쉬(P. Nash)의 지적처럼 아동의 자발적이고 자연스러운 욕구들과 행위들에 대해 일정한 제약을 외부에서 가한다는 점이다(Nash, 1966: 111). 여기서 훈육이 갖는 강제성은 외부에서 부과된 특정의 규칙들에 불복종했을 경우 수반하는 처벌에 의해서 발생하며, 따라서 훈육은 징벌의 강제(punitive coercion) 속에서 수행된다(R. Smith, 1985: 61). 왜냐하면 닐은 불안의 원천이 곧 훈육이라 했을 때 그것은 훈육이 언제나 처벌을 수반하기 때문이다. 즉, 훈육에 대한 불안은 바로 훈육이 전제하는 처벌에 대한 두려움이며, 이 처벌에 대한 두려움을 통해 훈육은 훈육으로 존립 가능한 것이다. 닐은 이것을 "처벌은 불안을 통해 억제작용을 한다."(Neill, 1953: 65)고 표현했다.

일반적으로 처벌은 훈육이 추구하는 목표를 달성하기 위한 필
수적인 수단이며, 권위의 우월한 주체가 권위의 요구에 복종하
지 않는 훈육대상에 행해진다. "처벌은 권위가 내리는 심판을
의미하는데 그 권위란 부모나 교사, 경찰, 의회 등을 지칭한다"
(Neill, 1953: 63). 여기서 권위를 기초로 한 처벌의 성격은 도덕적
이라는 점이다. "벌은 고도로 도덕적이다. ……벌이라고 하는
것은 인간이 그 자신을 하느님과 동일시하여 도덕적인 재판석에
앉는 행위다"(Neill, 1987: 181). 닐이 문제시 하는 점도 바로 벌이
항상 도덕관념을 내포하고 있다는 점이며, 이로 인해 벌은 벌이
의도하는 도덕적 개선과는 완전히 상반되는 증오심과 반도덕성
을 아동의 내부에 형성하는 역설적 결과를 초래한다고 닐은 파
악했다.

> 매질이 악이라는 도덕과 연관될 때 그 매질은 어린이에게 공포심만
> 을 안겨 줄 뿐이다. 만약 진흙덩이를 내 모자에 던지는 개구쟁이 녀석
> 을 붙잡아 뺨을 한 대 올려붙였다면 그 소년은 내 행동을 자연스러운
> 것으로 생각할 것이다. 따라서 그 소년의 정신에 아무런 해도 끼치지
> 않을 것이다. 그러나 만약 내가 그가 다니는 학교 교장선생님을 찾아
> 가 그 못된 짓을 한 녀석에게 벌을 주도록 요구했다면 벌에 대한 공포
> 가 그 소년에게 해를 끼칠 것이다. 그 문제는 곧 도덕과 벌의 문제가 되
> 어서 그 어린이는 자기가 죄를 지었다는 죄책감을 느끼게 될 것이다
> (Neill, 1987: 180-181).

아동의 문제 행위에 대해 성인들이 행하는 '처벌'이라는 도덕
적 관여가 문제를 더욱 악화시킬 뿐이며 심한 경우 아동의 심리

를 병적인 상태[25]로 만든다고 닐은 지적하면서 문제행위에 대해 다음과 같은 두 가지 접근 태도를 요청하고 있다. 첫째, 아동의 문제행위에 대해서는 도덕적 접근이 아니라 합리적 접근을 해야 한다. 이것은 아동이 어떤 그릇된 행위를 했을 때 그 그릇된 행위가 다른 사람에게 피해를 준다는 사실을 자각시키는 것으로 성인들의 반응은 한정되어야 하며 선악이라는 도덕관념을 결부시켜서는 안 된다는 점이다. 다음의 예는 이것을 잘 보여 준다.

> 어느 해 봄, 내가 수주일 걸려 애써 심어 놓은 감자를 6월이 되어 누군가가 여덟 포기나 뽑아 놓은 것을 보았을 때, 나는 한바탕 소동을 벌였었다. 하지만 이 경우 내가 야단법석을 한 것과 권위를 내세우는 사람이 하는 것과는 매우 달랐다. 나는 단지 감자에 대해서만 문제를 삼지만 권위를 내세우는 사람들의 야단은 선악이라고 하는 도덕문제까지 끌어들였을 것이다. 나는 그러한 짓을 한 학생에게 "도둑질은 나쁜 행위다."라는 식의 설교는 하지 않는다. 나는 그것을 선악의 문제로가 아니라 다만 '내 감자'의 문제로만 취급했다. 그것은 내 감자이므로 다른 사람은 손대지 말고 가만히 내버려 두어야 한다는 것이다. 이 차이를 나는 명백히 해두고 싶다(Neill, 1987: 24-25).

두 번째로 요구되는 태도는 아동의 문제 행위에 대한 심리적

---

25) 닐은 처벌이 초래하는 신경증적인 심리 상태의 두 가지 유형으로 마조히즘(masochism)과 사디즘(sadism)을 지적한다. 마조히즘은 스스로 죄인이라고 생각하고 죄를 갚지 않으면 안 된다는 무의식적인 강박관념에서 자학을 통해 죄를 보상하는 심리라면, 사디즘은 처벌로 인한 증오와 이에 대한 반동으로 가해를 통해 증오심을 발산하는 심리다(Neill, 1991: 124-125).

접근이다. 이는 훈육이 수반하는 처벌은 아동의 마음속에 공포와 증오를 형성할 뿐 결코 도덕성을 갖게 할 수 없다는 통찰에 기인한다. 닐에 의하면 아동이 매를 맞을 때 아동의 내부에서는 미움이 형성되며, 맞을수록 아동의 미움은 더욱 커지게 되고 따라서 그의 행위는 더욱 나빠지며 그에 따라 매를 더욱 자주 맞게 되어 아동은 결국 버릇없고 파괴적인 작은 증오자가 된다(Neill, 1953: 63-64). 처벌이 갖는 이러한 부정적인 심리적 효과를 인식한다면 처벌과 훈육은 문제 해결에 무용하며, 오히려 문제행위 발생의 주된 요인이 될 수 있다. 훈육은 아동의 내부에 불안과 증오를 형성케 하며 증오는 바로 문제행위로 표출되기 때문이다. 따라서 아동의 문제행위에 대한 치유책은 처벌이 아니라 문제행위의 근원적인 원천인 증오의 제거이며, 이는 아동에 대한 비조건적 인정과 사랑에 의해서만 가능하다고 본 닐은 다음과 같은 역설적인 방식을 제안했다.

> 당신은 어린 도둑을 처벌하기보다는 그가 훔칠 때마다 6펜스를 줌으로써 그를 치유할 수 있는 더 큰 가능성을 가지며, 어린 거짓말쟁이에게 당신이 그 아이보다 더 거짓말을 잘한다는 것을 보여 줌으로써 그 거짓말 잘하는 아이를 도울 수 있다(Neill, 1960).[26]

도덕적 훈육과 처벌이 특히 강조되는 아동의 문제행위에 대한

---

26) 여기서 닐이 언급하는 도둑질은 습관적이고 강박적인 성격을 띠는 도둑질로서 그것은 애정결핍의 표시이며 상습적인 거짓말의 이면에는 충분히 인정받지 못한 자아가 존재한다고 닐은 본다. 따라서 그 근본적인 치유란 애정을 주고 아동의 자아를 인정하는 행위를 통해 아동의 무의식 속에 내재하는 불신과 증오를 제거하는 것이다(Neill, 1987: 278-279, 289-290 참조).

닐의 이와 같은 접근 태도들은 닐이 조기 도덕교육 무용론을 지
지하고 있음을 시사하는 것이다. 조기 도덕교육의 무용성을 피
터스(R. S. Peters)도 규칙에 대한 이성적 태도는 7세 이전의 아동
에게는 일반적으로 불가능하며 행위에 대한 이유 설명은 아동발
달 초기에는 교육적인 효과가 없다는 근거에서 일단 지지하고
있다(Peters, 1966: 197). 그러나 피터스는 "이러한 연령에 도달하
기 전에 아동들은 자신들의 생존과 타인들을 위해서 여러 방법
들을 통해 행위의 기본규칙(basic code of behavior)을 획득해야
하며, 보편적으로 규칙에 따라 행동하는 것이 갖는 의미를 학습
해야 한다."(Peters, 1966: 197)라고 진술함으로써 도덕교육에 있
어서 아동의 전이성적 단계(pre-rational stage) 및 후기 이성적 단
계(post-rational stage)에 걸친 자율성의 발달에 관해 닐의 입장과
뚜렷이 구분된다.

  카(D. Carr)의 지적처럼 피터스와 다른 많은 학자들은 7세부터
의 이성적 도덕발달은 전(前)이성적 단계에서의 행동규칙 훈련
에 결정적으로 의존한다고 주장하며, 따라서 아동의 초기 발달
단계에서 아동이 갖는 규칙과 일종의 훈육에의 순종 경험은 후
기 도덕발달의 필수조건이라고 보는 데 반해 닐은 전(前)이성적
단계에서의 도덕훈련(pre-rational training)은 그 이후에 전개될
이성적 도덕발달[27]에 명백히 유해하다고 이해한다(Carr, 1984:

27) 닐은 다음의 진술에서 알 수 있듯이 이성적 도덕발달은 사춘기 이후부터나
  가능한 것으로 이해하고 있다. "어린이는 본래 이기주의자다. 그리고 사춘기
  가 시작될 무렵까지는 일반적으로 계속 이기주의적이다. 그리고 그 무렵까
  지는 자기 자신을 남들과 동일시할 수 없고, 따라서 남들의 입장을 생각해
  줄 수도 없다. '내 것'과 '네 것'의 개념은 어른의 생각이다. 즉, 어린이는 그
  가 성숙했을 때야 비로소 이 개념을 발달시키게 된다"(Neill, 1987: 277).

43-44). 닐은 아동의 속성은 자기중심이며 이 자기중심적 속성이 인정되고 그에 따른 욕구가 충족될 때만 이타적인 특성이 발달할 수 있다고 파악했기 때문이다.

　　모든 어린이는 자기 본위의 이기주의자이며 온 세상이 그의 것이다. 그가 사과를 한 개 갖고 있을 때 그의 소망은 그 사과를 먹는 일이다. 엄마가 그 사과를 자기 남동생과 나누어 먹도록 강요하면 그는 자기 남동생을 미워하게 된다. 어린이에게 이기심을 억제토록 강요하지 않으면 이타주의는 나중에 자연히 생겨나게 된다. 억지로 이기심을 억제시켜서 어머니가 그 이기심을 영원히 고착시키고 있는 것이다(Neill, 1987: 255).

　이처럼 아동의 이기적인 욕구 충족이 미래의 이타적인 도덕성 발달의 선행조건이라는 사고는 아동의 발달에 대한 닐의 정신분석학적 통찰에 기초하고 있다.[28] 닐에 의하면 이기심을 없애도록 가르침을 받는 아동은 어머니의 사랑을 얻기 위해 어머니의 여러 가지 요구에 복종하게 되며, 그 결과 아동의 강렬한 이기적인 자아 충족적 욕구는 무의식 속에 억제된 상태로 존재한다. 이 억제는 아동으로 하여금 유아적 욕구로부터 벗어나지 못하게 함으로써 일생토록 이기적인 인성을 갖게 한다는 것이다.

　따라서 닐의 서머힐에서는 성인들의 시각에서 볼 때 때로는

---

28) 이것은 닐 자신의 고유한 통찰이며 일반 정신분석학적 이해와는 상이한 부분이기도 하다. 정신분석학에 따르면 이기적인 욕구 충동은 억압과 승화의 과정을 통해 특정문화가 요구하는 도덕률에 적용해야 하며 이것은 문명 건설의 기초가 된다(S. Freud, Civilisation and its Discontents 참조).

이해되지 않고 불편을 초래하는 아동의 행위들도 아동들이 겪고 통과해야 할 과정적 행위로서 의미를 부여받으며 아동의 자기중심적이기만 한 행위들이 그 이후의 아동의 성장에 결코 부정적인 요인들로 작용하지 않는다고 본다. 일례로 아동들이 갱(gang) 노릇을 하며 절도를 하는 행위들을 아동들이 자신들에 대한 자랑이나 지도력 등을 나타내는 행위들로 이해하며, 이런 시기를 거친 서머힐 졸업생들이 범죄자들이 되지 않는 것은 어떤 두려움이나 처벌, 도덕적 설교 없이 아동시절을 겪어갈 수 있었기 때문이다(Neill, 1953: 147).

> 이기적인 시기를 충분히 표현하고 충족시킨 아동만이 이타적인 성인으로 성장하는 것이다. 우리가 이웃들과 잘 지내려는 것은 인간 생활의 진정한 목표다. 반사회적인 성질은 인간 본성 속에 있는 것이 아니다. 이기주의 자체가 사람들을 충분히 사회적으로 만든다. 이기주의보다 더 강한 요소만이 사람을 반사회적으로 만들 수 있다……. 자연적으로 생긴 자아와 도덕교육이 만들어 낸 자아 사이의 갈등이 너무 치열할 때, 이기주의는 유아 단계로 후퇴해 버리고 만다. 그러면 다른 사람들의 의견은 하나의 예속적인 위치를 차지하게 된다(Neill, 1987: 256).

닐의 이러한 입장은 아동기에 행해지는 도덕적 훈육에 기초한 일체의 도덕교육은 무용할뿐더러 유해하기까지 함을 뜻하며, 동시에 닐의 도덕교육 관점이 피터스 류의 전통주의자들과 근본적으로 상이함을 보여 준다. 즉, 피터스의 경우 순수한 도덕성이란 많은 부분 규칙에 대한 존중과 규칙에의 이성적 순응을 의미하

며 타인에 대한 관심과 존중은 이 같은 이성적 작용의 결과라고
파악한다면, 닐은 아동들이 이성발달 단계 이전의 경우라도 주
위 사람들에 대한 신뢰와 관심의 획득이 선결되어야 하며 이 심
리적 바탕이 형성되지 않았을 때는 도덕성에 관한 교훈적 가르
침이나 도덕 원칙과 관련된 수업은 아동을 움직이는 힘을 갖지
못한다고 이해하는 것이다.[29]

　닐의 이 같은 입장은 도덕적 훈육을 통해서만 도덕성의 발달
이 가능하다는 전통적 입장을 거부하는 것이다. 카(D. Carr)의 지
적처럼 도덕적 훈육이 진정한 도덕적 인성 형성을 실패케 한다
는 닐의 도덕교육 관점은 반(反)전통주의 관점에 입각하고 있는
것이다. 왜냐하면 아동을 '문명의 입구에 서 있는 야만인(a
barbarian at the gates of civilisation)'이면서 비사회적 혹은 반사회
적인 욕구충동에 의해 동기부여 되는 피조물로 이해하고 체계적
인 지시와 훈련과 훈육을 통해서 억제와 통제가 필요하다고 간
주하는 교육가들의 입장에 비추어 보면 닐의 도덕교육 관점은
그러한 보편적 사고로부터 유리되어 있기 때문이다(Carr, 1984:
44-45).

---

29) 이와 관련하여 닐의 시각을 잘 반영하는 예가 닐의 에티켓(etiquette)과
　예의범절(manners) 간의 구별이다. 닐에 의하면 에티켓은 의식적인 것으로
　서 가르쳐서 배우게 할 수 있지만 예의범절은 무의식적인 것으로서 가르칠
　수 있는 것이 아니다. 예의 바르다는 것은 본래 좋은 취미와 자신을 다른
　사람의 입장에 세울 줄 아는 성품을 가지고 있음을 의미하며, 이는 아동들
　을 여러 공포와 증오심으로부터 벗어나게 해 줄 때 발전시킬 수 있다면,
　무례함이란 무질서한 심리체계 상태에서 생겨나는 것으로 자기 자신에게
　결함이 있을 때 사람은 남에 대해 험담을 하며 범죄자에 대한 자신의 증오
　심을 표출시킨다(Neill, 1991: 160-161).

닐은 아동의 도덕성 발달이 도덕적 훈육을 통해서 가능하지 않으며 오히려 도덕적 훈육은 아동의 삶에 대한 간섭과 억압으로 작용하여 아동 내부에 불안과 증오, 불신 등의 부정적 심리를 형성케 함으로써 도덕적 훈육의 본래적 의도인 아동의 도덕성 발달과는 상반되는 반사회성과 부도덕성을 아동의 잠재의식 속에 형성한다고 지적하면서 아동을 대상으로 한 일체의 도덕적 훈육을 철폐할 것을 주장한다.[30] 다른 한편 아동의 도덕성은 아동의 자연적이고 자율적인 성장을 신뢰하면서 스스로 도덕적인 부모들이 만들어 주는 자유로운 환경 속에서 발달해 가는 인성 특성이라고 닐은 이해한다.

오랜 세월에 걸친 서머힐에서의 내 경험은 그것이 어떠한 것이건 간에 어린이들에게 어떻게 행동해야 할 것인지 그 방법을 가르쳐 줄 필요는 없다고 확신하게 해 주었다. 어린이가 억압받지 않는다는 조건하에서는 적절한 시기가 되면 그 스스로 무엇이 옳고 무엇이 그른가를 판단할 수 있게 된다. 배움이란 주위 환경으로부터 여러 가지 가치를 습득하는 과정이다. 만일 부모들 자신이 정직하고 도의심 있게 행동한

---

30) 배로(R. Barrow)는 닐의 입장을 낙관주의적 자연주의자(optimistic naturalist)의 견해라고 지적하면서 도덕성을 그 속성에 의해 규정하지 않고 자연스럽게 사람들에게 나타나는 것으로 여기고 있으며 아동들을 그들 본성에 따라 발달하도록 허용하기만 하면 닐이 보기에 좋은 방향으로 발달할 것으로 낙관한다고 비판했다(Barrow, 1981: 154-156). 그러나 이러한 비판들은 서머힐이 작은 하나의 사회이며 기존의 사회와는 다른 질서에 의해 움직이는 자율적 공동체 사회라는 사실을 망각한 채 행해진 비판들이다. 오히려 닐은 도덕적 훈육이 지배하는 기존의 사회가 진정한 도덕적 인간을 육성할 수 없는 사회이며, 서머힐 같은 자치공동체의 작은 생활세계에서 사회화될 때만 도덕적 인간이 육성될 수 있다고 본다.

다면 그들의 자녀들도 시간이 흐름에 따라 그와 같은 과정을 밟게 될 것이다(Neill, 1987: 258).

아동은 선한 본성의 존재이고 그의 자연스러운 발전이 저해당하지 않는다면 결국 선한 인간이 되리라는 확신 속에서 아동의 도덕의식 발달은 생활 속에서 아동의 자연적 성장리듬에 기초하여 이루어지는 잠재적 과정이며, 아동의 발달 단계가 도덕적 자각을 행할 단계에 도달하지 않았을 때 행해지는 주입적인 도덕교육은 도덕성을 온전하게 발달시킬 수 없다는 닐의 시각은 전통적인 도덕적 훈육과 상호 양립할 수 없는 것이다.

(3) 종교적 훈육이 배제된 교육

닐은 도덕적 훈육과 더불어 아동의 마음속에 불합리한 불안을 형성케 하는 동인으로서 종교 교육 내지는 종교적 훈육을 지적하고 있다. 이는 종교가 아동에게 있어서 신에 대한 두려움을 아동의 잠재의식 속에 심어 줄 수 있는 강력한 힘을 가지고 있기 때문이다.

> 어린이에게 있어 종교라는 것은 단지 두려움을 의미할 뿐이다. 즉, 하느님은 …… 어느 곳에 있든지 다 꿰뚫어 볼 수 있다. 어린이에게 이 것은 흔히 이불 밑에서 행해지고 있는 일도 하느님은 다 보실 수 있다 는 의미다. 그런데 어린이의 생활 속에 두려움을 심어 주는 일이야말 로 가장 큰 죄악이다. 왜냐하면 그것은 어린이로 하여금 생을 부정하 게 만들고 열등아와 겁쟁이가 되게 하기 때문이다. 종교가 우리 모두 를 겁쟁이로 만들고 있다(Neill, 1991: 110).

이처럼 종교가 아동에게 있어 두려움을 주는 원천이 되는 것
은 종교가 지지하는 종교적 교리 및 도덕적 규범을 아동에게 부
과한다는 데 있다. "모든 종교에서 아동에 대한 위험은 종교 그
자체에 있다기보다는 오히려 종교에 바탕을 둔 도덕에 있다. 모
든 종교는 도덕규범을 정한다"(Neill, 1992b: 153). 종교가 가르쳐
야 할 교리와 도덕적 규범을 성장하는 세대에게 의무적으로 학
습할 것을 요구할 때 종교는 훈육의 성격을 띠는 종교교육이 된
다. 여기서 훈육과 마찬가지로 종교적 훈육도 특정 목적 달성을
위해 보상과 처벌의 방식을 사용하며, 이때 아동들이 갖는 두려
움은 바로 벌에 대한 두려움이 된다. 다만 종교적 훈육에서의
벌은 신이 내리는 벌이라는 보다 관념적이고 절대적인 성격을
가짐으로써 아동의 인성발달에 지속적이고 심층적인 영향력을
갖는다는 점이다.

닐에 의하면 종교적 훈육에서 '지옥'으로 대표되는 벌의 위협
을 유년기 때 받아온 사람은 '이 세상'의 삶에서 노이로제로 안
전을 걱정하는 일에서 좀처럼 헤어날 수가 없으며, 이런 사람들
은 천당과 지옥이 인간의 여러 가지 희망과 공포에서 생겨난 어
린애 같은 공상에 불과하다는 것을 이성적으로 이해하게 된다
하더라도 노이로제적 심리에서 벗어날 수 없다. 유년기 때에 생
긴 정서적인 틀은 대부분 평생 동안 그대로 지속된다는 것이다
(Neill, 1987: 250-251). 닐은 특히 종교교육이 아동의 정신에 미치
는 부정적 요인으로서 원죄사상을 지적했다.

종교교육은 어린이의 정신에 치명적인 해를 끼친다. 그 이유는 모든
종교가 원죄(原罪)사상을 받아들이고 있기 때문이다. 모든 사람이 위

로 높이 향상하려고 애쓰고 육신을 혐오한다. 그리고 사람들은 영적인 경지에 도달하기를 갈망한다. 그래서 모든 종교는 어린이들로 하여금 자기 자신에 대한 불만감을 품게 만든다(Neill, 1991: 109).

종교, 특히 기독교가 지지하고 있는 원죄사상은 인간의 본성에 대한 부정적 이해를 기초로 하여 종교적 및 도덕적 훈육을 정당화시키는 근거이기도 하다. 내쉬(P. Nash)에 따르면 인간은 죄 속에서 태어났으며 신에 대한 봉사와 신의 은혜를 통해서만 구원 받을 수 있다는 인간 타락에 대한 기독교의 교리는 서구 전체에 걸쳐 교육에 심대한 영향을 끼쳐 왔으며, 이로 인해 교육은 한편 도덕적 훈육으로 간주되었고, 아동의 선천적인 악은 엄격한 통제와 거부 및 권위의 도움을 통해서만 변화될 수 있다고 여겼다(Nash, 1966: 103).

그러나 아동의 선한 본성과 자율적인 발달 능력을 신뢰하는 닐의 시각에서 볼 때 원죄론에 기초한 훈육은 선천적인 악을 제거하기보다는 아동의 선성(善性)을 악으로 변질시키는 주 요인이 된다. 즉, 아동의 본성은 선성이며 동시에 이것이 신성(神性)인데 훈육에 의해 아동 내부에 형성되는 도덕적 양심은 아동에게 죄의식을 갖게 함으로써 삶에 대한 사랑을 증오로 변하게 하는 것이다.

인간의 본래적인 비인격적 무의식은 선하다. 사실 그것이 바로 신이다. 그러나 인격적 무의식, 즉 인간이 자녀에게 심어 주는 양심은 본래의 신성을 꺾어버리고 인생을 괴로운 비극으로 만들어 놓는다. 예수의 메시지를 현대적으로 번역하면 다음과 같다. "너의 본래적인 본능적 성향은 선하다. 인간의 내적인 본성을 억압하는 도덕가에게서 너는 도

망쳐야 한다. …… 천국은 본능이다. 지옥은 도덕이다. 네가 너의 본능
적 성향을 사랑하면 너는 네 몸을 사랑하듯 네 이웃을 사랑할 수 있으
며 사랑하게 되리라. 그러나 네가 너의 육체를 미워하면 너의 모든 사
람을 미워하게 되리라……. 너는 불행해지지 않고서는 머리와 마음을,
정신과 육체를 떼어 놓을 수 없다. 내가 하늘의 아버지와 하나이듯 너
의 육체는 너의 정신과 하나다. 너는 제 자신의 몸을 미워하는 탓으로
내 몸을 십자가에 못 박으리라. 너는 하늘까지 닿는 높은 교회를 세우
겠지만 신은 하늘에 계시지 않다. 그는 땅에 계시다. 신은 사랑인데 너
의 신은 미움이다. 너의 신은 벌 주는 폭군, 인생의 온갖 아름다움과 즐
거움을 억압하는 폭군이다(Neill, 1992b: 158-159).

　이 같은 진술은 닐이 부정하고 거부하는 것이 종교 자체라기
보다는 권위주의 성격을 가진 종교임을 보여 준다. 프롬(E.
Fromm)에 의하면 권위주의적 종교 아래에서 개인의 삶은 무의
미하게 되며 인간의 가치는 자신의 가치와 힘을 부정함으로써
이루어지고 또한 현실적 생활과는 무관한 사후(死後)의 삶 등이
강조됨으로써 현실의 인간의 삶과 행복은 희생되게 된다
(Formm, 1985a: 54). 따라서 권위주의적 종교의 영향 속에서 아동
의 자율성의 발달은 지극히 제한적이 될 수밖에 없다.[31]

---

31) 가드너(P. Gardner)는 종교적 양육(religious upbringing)이 자율성 발달과 상
　치되는 근거로 다음과 같이 5가지를 지적하고 있다(Gardner, 1991: 77-80).
　첫째, 아동의 자율적 의사결정능력 발달을 저해한다.
　둘째, 아동이 스스로 내린 결정들도 의식(儀式; ritual)의 성격을 갖는다.
　셋째, 아동이 갖게 되는 신앙이 아동의 이성적 판단과 사고어의 결과라기
　보다는 부모들의 신앙이 주입된 교화의 결과일 수 있다.
　넷째, 부모들은 대안적인 종교적 입장들(alternative religious positions)에
　관한 지식을 제한함으로써 아동들의 종교적 입장들에 대한 선택 기회를 차

닐은 아동을 대상으로 한 종교교육이 권위주의에 기초한 훈육의 성격을 띨 수밖에 없으며 아동의 자율성 발달과 양립할 수 없는 근거를 다음의 두 측면에서 제시하고 있다.

첫째는 종교적 신념에 관한 교육의 가능성 여부에 관한 것이다. 닐은 기독교 신앙(christianity)과 같은 정신적인 것들은 다른 사람들에게 전달 가능한 것이 아니라고 본다. 즉, 특정한 기계적이고 객관적인 사실은 전달 가능하지만 정서적이고 정신적인 것들은 전달 불가한 것들이라고 보기 때문에 기독교 신앙이나 인도주의(humanism) 자체는 교육의 내용이 될 수 없다(Neill, 1967: 77). 매클로플린(T. McLaughlen)에 의하면 종교는 확실성의 영역이 아니어서 그 어떤 종교적 신념도 객관적으로 참이라고 입증될 수 있는 영역이 아니며(McLaughlen, 1984: 76), 밀(J. S. Mill)도 종교는 동등한 능력을 가진 사람들이 진리에 도달하기 위해 저마다의 동일한 노력을 경주하더라도 각기 다양한 의견에 도달하게 되는 영역임을 지적했다(B. Scheewind, 1965: 399). 이 같은 종교의 성격에 입각해 볼 때 종교적 신념을 아동에게 학습시킨다는 것은 사실상 불가능하며, 만약 학습이 성립한다면 그것은 교화(indoctrination)의 성격을 가질 수밖에 없게 된다. 교화란 '객관적으로 불확정적인 도덕적 · 정치적 · 종교적 신념들을 확정적인 것으로 가르치는 것'(J. Wilson, 1964: 28)이며, 또한 교화의 주된 특성은 특정 신념에 대해 의심 없이 수용토록 하는 것이기 때문이다. "그 누구를 교화시킨다는 것은 그를 어떤 특정 명제가 참

_____

단할 수 있다.
다섯째, 종교적 양육은 아동으로 하여금 종교적 문제들에 관한 이성적 사고를 금지함으로써 이성의 자유로운 행사와 발달에 저해가 된다.

이며 그 무엇도 그 신념을 흔들리게 할 수 없다는 것을 믿게 하는 것이다"(J. White, 1967: 181). 교화의 이러한 성격은 반성적이고 비판적인 사고와 양립할 수 없으며, 교화가 가치교육의 주된 방식이 될 때 자율적인 사고 능력은 형성될 수 없는 것이다. 헤어(R. Hare)의 지적처럼 "우리가 다양한 신념들에 대해 아동들의 자발적인 사고능력의 발달을 정지시키고자 할 때 교화는 시작된다"(Hare, 1964: 52). 따라서 닐은 영성은 사람들의 수만큼 다의적인 것이므로 기독교 신앙이나 인도주의를 가르치는 것은 오류이며 아동들에게 어떻게 살아야 할지를 가르치는 성인들의 성향은 성인들 자신들도 어떻게 살아야 할지를 모른다는 것을 볼 때 이는 불합리한 성향이라고 비판했다(Neill, 1967: 75).

두 번째 측면은 아동의 특성과 관련된 것으로서 아동이 종교와 구체적 관련성을 가질 수 있는가의 물음과 직결되어 있다. 닐은 아동의 주된 특성이 현실주의적이라고 파악했다.

> 아이들은 어린 현실주의자들이다. 그들은 성난 하느님과 유혹하는 악마의 모습을 한 하느님, 곧 사람이 자기 자신의 표상 안에서 만들어 낸 하느님을 당연한 것으로 받아들이는 수준을 훨씬 능가하는 충분한 사리 분별력을 지니고 있다(Neill, 1990: 67).

생래적인 현실주의자라 할 수 있는 아동들은 그들의 인성이 두려움에 의해 왜곡되지 않는다면 신비주의적 경향성을 갖지 않으며,32) 또 기도에 대한 욕구도 가지고 있지 않다. 닐에 의하면

---

32) 닐은 아동들이 신비주의적 경향성이 없이 자연스러운 현실감각을 보여

아동들이 하는 기도는 대부분 형식에 불과하며 기도 중에 기도 외적인 생각들을 하게 되는 데, 이는 기도가 아동들에게는 의미가 없는 것으로서 성인들의 강제에 순응한 결과일 뿐이다. 따라서 서머힐에서의 40년 이상의 경험에 근거할 때 종교를 원하는 아동은 한 명도 없었으며, 종교는 그들에게 그 어떤 것도 의미하지 않았고 그들은 죄의 용서를 요청할 그 누구도 필요치 않았으며, 결국 종교를 원치 않는 듯하다고 진술했다(Neill, 1964).

　이상의 두 가지 측면에 비추어 볼 때 아동을 대상으로 한 강제적인 종교교육, 즉 종교적 훈육은 무의미할 뿐 아니라 아동의 인성발달에 유해하다고 할 수 있다. 따라서 닐은 아동에 대한 조기 종교교육에 반대하면서 종교의 문제도 적절한 시기에 아동의 자율적 선택에 위임해야 할 영역으로 간주했다. "판단능력이 없는 어린이에게 종교를 강요하는 일은 정직하지 못한 일이다. 어린이가 스스로 결정할 수 있을 나이에 이르기 전까지는 자기

주는 예로 서머힐의 '자유연기(free play)' 시간에 행해진 다음의 사건을 제시했다.
　어느 날 밤, 내가 의자에 앉아서 말했다. "나는 천당문을 지키는 성 베드로다. 너희는 그 문 안에 들어가고 싶어 하는 무리들이다. 자! 그럼 시작!" 그들은 안으로 들어갈 온갖 구실을 댔다. ……그 날 가장 인기를 끌었던 사람은 열네 살의 소년이었다. 그는 바지 주머니에 양손을 꽂고 휘파람을 불면서 내 곁을 지나가려고 했다. "이봐요, 거기 들어갈 수 없어요." 내가 큰 소리로 말했다. 그는 뒤돌아서서 나를 쳐다보더니 " 오, 당신은 못 보던 사람이구먼, 그렇지 않소?"라고 말했다.
　"무슨 뜻이요?" 내가 물었다.
　"당신은 내가 누군지 모르는구먼."
　"당신이 누구요?" 내가 물었다.
　"하느님!" 그는 그렇게 말하고 휘파람을 불면서 천당 안으로 들어가 버렸다(Neill, 1987: 248-249).

마음을 결정하는 데 있어 그 누구의 간섭도 받아서는 안 된다"
(Neill, 1987: 249).

닐이 권위주의적 종교와 그에 따른 종교적 훈육을 거부했다는
사실이 종교 자체를 거부하는 것은 아니다. 닐 스스로도 인간의
자유를 지지하는 종교를 긍정하고 있음을 밝히고 있다.

> 나 개인적으로는 신을 믿는 사람에 대해 결코 적대감정을 가지고 있
> 지 않다. 내가 반대하는 것은 '인간의 성장과 행복에 제한을 가하는 권
> 위로서의 신'을 주장하는 사람들에 대해서다. 그 싸움은 신학적 해석
> 을 믿는 사람들과 믿지 않는 사람들 사이의 싸움이 아니다. 그것은 인
> 간의 자유를 신봉하는 사람들과 인간의 자유의 억제를 신봉하는 사람
> 들과의 싸움이다(Neill, 1987: 245).

이것은 닐이 권위주의적 종교는 부정하지만 인간의 자유에 기
초한 종교인 인본주의적 종교[33]의 입장에 서 있음을 뜻한다. 닐
은 인본주의적 종교를 새로운 종교라고 명명하면서 그 특성을
다음과 같이 요약했다.

> 새로운 종교는 자신을 아는 지식과 자신을 받아들이는 일에 그 기초
> 를 둘 것이다. 다른 사람들을 사랑하기 위한 선행조건은 자신을 진정
> 으로 사랑하는 일이다. 원죄가 있다는 낙인이 찍힌 가운데서 자라는
> 것—그것은 분명 자신을 증오하게 되고, 나아가 결과적으로 다른 사람

---

33) 프롬(E. Fromm)에 의하면 인본주의적 종교하에서는 사고와 사랑에 의해
서 체득된 세계와 자아와의 관계맺음에 기초를 두는 모든 존재와의 일치성
이 체험되며 인간의 목적은 최대의 무력함이 아니라 최대의 강인함을 통해
자아를 실현하는 것이다(Fromm, 1985a: 55).

들을 증오하게 될 것이 분명하다—과 얼마나 다르겠는가. 따라서 시인 콜리지(Coleridge)는 "크고 작은 모든 것을 가장 잘 사랑하는 사람이 가장 잘 기도하는 사람"이라고 새로운 종교를 표현했다. 새로운 종교에서는 인간이 '자기 자신' 속에 있는 크고 작은 모든 것을 사랑하면서, 가장 잘 기도하게 될 것이다(Neill, 1987: 251).

이와 같이 인간의 자아에 대한 긍정과 신뢰를 근간으로 하는 새로운 종교의 시각은 원죄론에 기초하여 아동의 마음 안에 불합리한 증오를 형성시킴으로써 자율적이고 건강한 인성의 발달에 저해요인이 되는 종교적 훈육과 양립할 수 없으며 따라서 닐은 아동의 삶의 세계에서 종교적 훈육의 철폐를 주장했다.

(4) 성에 대한 두려움을 심어주지 않는 교육

닐은 성에 대한 두려움과 부정적 태도가 만연해 있으며 이로 인한 성적 억압이 신경증의 주된 원인[34]이라고 보고 있다. "세계는 성에 대한 혐오감과 두려움을 갖고 자라난 수백만의 사람들로 인하여 신경증에 걸려 있다"(Neill, 1990: 21). "인간의 심한 노이로제가 어려서 성기를 손으로 만져서는 안 된다고 하는 금지로부터 시작되고 있다"(Neill, 1987: 218). 또한 성에 대한 태도는 삶에 대한 태도이기도 하다. "성은 생활에서 모든 부정적인 태도의 근간이 된다"(Neill, 1990: 57). 이러한 진술들은 닐이 성에 대한 그릇된 태도와 성적 억압의 문제에 대해 지대한 의미를 부여하고 있음을 보여 준다.

---

34) 신경증에서 성적 요인이 차지하는 인과론적 중요성은 프로이트의 정신분석학에서 강조되는 부분이기도 하다(Freud, 1997: 49-60).

닐은 성적 억압이 근본적으로 육체에 대한 혐오로부터 연유한
다고 파악했다.

> 육체에 대한 혐오감은 목숨을 걸고서라고 이상을 추구하고자 하는
> 인간의 천부적 자질로부터 유래한 것이다. 육체라는 것은 모름지기 사
> 람을 타락시키는 것으로 생각해 왔다. 종교에서는 육체와 영혼의 대립
> 을 보편적으로 생각한다. 육체는 악하며 그 육체가 인간을 죄악으로
> 이끈다고 흔히 말한다(Neill, 1991: 25-26).

육체에 대한 혐오가 유아의 성장과정에서 구체적으로 주입되
는 영역이 배변훈련을 중심으로 하는 청결훈련이다. 배설기관과
성기가 상호 근접해 있다는 사실이 배설 행위 및 배설물에 대한
혐오가 성기 및 성에 대한 혐오로 발전되고 동일시된다는 것이
다. 왜냐하면 "청결의 훈련과 성 혐오의 훈련은 같은 선상에 놓
여 있다. 성기와 배설기관은 같은 부위에 있고 '음란하다' '더럽
다' 등과 같은 형용사를 그 부분에 사용하며, 청결을 가르치는
어머니들은 항상 순결을 강조하는 어머니들이기 때문이다"
(Neill, 1990: 21).

레인(H. Lane)에 의하면 성과 배설 행위에 대한 부정적인 동일
한 형용사의 사용은 이중의 오류를 범하게 된다는 것이다. 하나
는 두 가지 상이한 행위에 대한 판단을 무의식적으로 동일시하
는 비논리적인 결과를 낳게 한다는 점이며, 또 다른 하나는 꾸
중이나 심한 도덕적 비난이 아동의 무의식 속에 부정적인 자아
인식을 형성케 한다는 점이다(Lane, 1982: 54). 성과 배설 행위에
대한 이러한 무의식적인 동일시는 성과 배설작용 모두를 비난의

대상으로 간주하게 하고 이 무의식적인 태도가 발전하면 긍정적
인 성 이해에 기초한 건강한 성적 태도의 발달은 어렵게 된다.
 청결훈련과 더불어 닐이 성과 육체에 대한 혐오를 아동의 마
음 깊이 형성케 하는 것으로 지적하는 것은 아동의 자위행위에
대한 금지다. 자위란 최초에 유아에게 있어서 자연스러운 발견
이며 대단한 흥미의 대상이 아니다. "어린이에게는 자위가 자연
스러운 발견이다. 하지만 처음에는 별로 중요한 발견이 아니다.
왜냐하면 아기에게는 성기가 입이나 피부만큼 쾌감을 느끼게 하
는 곳이 못 되기 때문이다"(Neill, 1987: 233). 이 같은 자연스러운
행위로서의 자위가 자기혐오와 그 혐오의 반작용으로서 타인들
에 대한 증오의 감정을 발전시키게 되는 것은 도덕적 금지 때문
이다.

> 자위행위를 하는 가장 두드러진 동기 중의 하나는 죄를 범하고 나서
> 회개하고 싶은 병적인 강박충동이다. 회개를 하면서 성적 흥분보다 더
> 강한 극도의 흥분을 느끼는 어린이도 있다. 이 자위행위의 문제는 모
> 든 교육 문제 중에서 가장 중요하다. 부모의 현재의 태도는 행복하고
> 활동적이어야 할 수천의 어린이들에게 불행을 안겨 주고 있다. 금지는
> 늘 자기를 증오하는 인간을 만들어 낸다. 그리고 자기를 증오하는 인
> 간은 늘 자기의 증오를 조만간에 다른 사람에게 투사하고 만다(Neill,
> 1992b: 200).

 따라서 어린이를 그릇되게 하는 것은 자위행위 그 자체가 아
니라 자위행위를 한 것에 대한 죄의식이며, 이 죄의식으로 인해
자기혐오의 결과를 낳는 것이다. 동시에 자위행위에 대한 도덕
적 금지는 본래의 금지 의도와는 상반되게 자위에 집착하게 되

는 결과를 초래한다. 즉, "후회하는 마음을 없애면 자위행위에 대한 병적인 강박관념을 없앨 수가 있다. 우리가 도덕교육이라 부르는 그 나쁜 것이 바로 자위행위의 주요 원인이 되고 있다" (Neill, 1992b: 370).

이처럼 육체와 성에 대한 혐오[35]에 근거한 성적 억압은 목적했던 억압에 실패하고 오히려 성에 대한 강박적 집착과 성적 왜곡으로 귀결된다. 닐은 성에 대한 집착과 왜곡의 표현들로서 외설에 대한 흥미, 욕하기(swearing), 나체에 대한 부자연스러운 태도, 그 밖에 성적 이상과 비행들을 지적했다.

외설은 성적 도착에 비해 대단히 온건하면서도 보편화되어 있는 성적 억압의 한 산물이다. 닐은 외설을 다음과 같이 정의한다.

> 나는 외설을 성과 자연스러운 본능에 대한 음란한 태도, 벽에 성적인 낙서를 하고 어두운 구석에서 킬킬대고 엿보기 좋아하는 성적으로 억압된 남학생들의 태도와 유사한, 죄의식에 젖어 있는 태도라고 정의하겠다(Neill, 1990: 216).

결국 외설은 성과 죄의식의 혼합물이라 할 수 있으며 억압된 성적 욕구의 비밀스럽고도 간접적인 표출이라 할 수 있다.[36]

---

35) 닐은 성적 혐오를 반영하는 사회적 장치가 바로 검열(censorship)이라고 지적하고 있다. "검열은 나이 든 사람들, 정치가들, 판사들, 곧 기성체제가 성이 매우 유해한 것이어서 순수한 젊은이들을 그 유혹으로부터 보호해야 한다고 생각할 때만 필요하다는 것이 명백하다"(Neill, 1968b).
36) 아동들이 성적인 억압으로부터 자유로워졌을 때 외설류에 대해 거의 관심을 갖지 않게 된다는 경험적 사실을 닐은 다음과 같이 기술하고 있다. "나는 서머힐의 청소년들이 학교 도서관에서 『채털리 부인의 사랑』이나

욕하기는 성적 억압의 결과 나타나는 또 다른 행위다. 닐은 욕하기가 성적 억압에 대한 반항의 표현들로 이해했다. 욕은 성에 대한 비하와 혐오를 가장 적나라하게 표현함과 동시에 성적 억압에 대한 저항감을 내포하고 있다.

> 욕을 하는 일은 분명 전적으로 억압 때문입니다. 성에 대한 상스러운 말들은 성에 관련된 모든 일에 있어서 외설적인 태도에 대한 일종의 건강한 반항입니다. 이것은 마치 우리의 신성모독적인 말들이 기독교의 여러 가지 타락상에 반대하는 일과도 같습니다(Neill, 1994: 156).

또한 나체에 대한 부자연스러운 태도는 성에 대한 부자연스러운 태도를 반영하는 대표적인 예다. "법률이 성기의 노출을 금하고 있다는 사실만으로도 어린이들에게 신체에 대한 그릇된 태도를 갖게 한다"(Neill, 1987: 237). 나체에 대한 개방은 성을 있는 그대로 바라보고 느끼고 이해하는 방식이며 나체에 대해 자연스러워짐이 동시에 성적인 기관과 이성의 신체에 대해, 나아가서 성 자체에 대해 자연스러워짐을 의미한다. 따라서 라이히(W. Reich)는 "나체를 받아들이는 교육에 반대하는 것은 성을 인정하지 않는 보통의 교육에 찬성하는 것을 의미한다."(Reich, 1993: 76)고 지적했다. 이것은 나체에 대한 태도가 성에 대한 태도를 단적으로 나타내는 준거적인 위치를 갖고 있음을 뜻한다.[37]

『패니힐(*Fanny Hill*)』 같은 책을 꺼내 읽는 것을 본 적이 없다. 16세의 어떤 소녀는 그것들이 지겹다고 말했다"(Neill, 1968a: 38).

37) 나체에 대한 태도는 성에 대한 태도를 넘어서서 삶에 대한 태도를 나타냄을 서머힐 졸업생의 다음과 같은 술회를 통해 알 수 있다.

그 밖의 모든 성적 도착, 성적 비행 그리고 범죄와 전쟁마저도 그 근본에 있어서는 성적 억압에 기인하고 있다고 닐은 보았다. "병든 세계문제에 대한 한 답변은 성적 억압(sexual repression)이다. 성을 죄된 것으로 만들면 도착과 범죄와 증오, 그리고 전쟁을 얻게 될 것이다"(Neill, 1968a: 38).

이상의 성적인 억압으로부터 파생된 모든 불합리하고 부정적인 행위들은 성에 대한 억압이 아동의 내부에 불안과 증오를 형성하며 오히려 성에 대한 흥미를 강화시킬 뿐 아니라 흥미에 대한 왜곡된 충족을 유발함으로써 불건전한 인성과 신체에 이르게 함을 시사한다. 따라서 닐은 성에 대한 불안과 혐오 및 강박적 집착을 초래하는 도덕적 금지를 중지하고 성에 대해 무도덕적(amoral) 태도[38]를 요청했다. 무도덕적 태도란 '성을 사실 있는 그대로 생각하는 태도'(Neill, 1994: 79)이며, 다음의 예는 이것을 극명하게 보여 준다.

몇 년 전에 우리에게 두 학생이 동시에 들어왔다. 그중 한 명은 남학생인데 열일곱 살로 사립학교에서 왔고 다른 한 명은 여학생인데 열여섯 살로 여학교에서 왔다. 그런데 그들은 서로 사랑에 빠졌다. 그들은

"누드를 편하게 여기는 사람들을 보면 몸뿐만 아니라 자신의 모든 것을 있는 그대로 받아들이고 그 안에서 편안해하는 듯하다. 모든 일을 누드 수영같이 편안하고 당당하게 산다면 얼마나 좋을까. 남들은 다 수영복을 입고 있더라도 개의치 않고 나체로 헤엄을 칠 수 있다면."
나체 수영이란 것을 받아들임으로써 서머힐은 자기 자신을 받아들이는 것을 은연중에 가르쳐 주었다(채은, 2014: 237).
38) 라이히에 의하면 성행위라는 것은 도덕적인 것도, 부도덕적인 것도 아니며, 단지 자연의 충동에 근거하고 있는 것으로서 성행위에 동반된 환경과 사람들의 태도를 통해서만 도덕적, 부도덕적이 된다(Reich, 1993: 49).

항상 같이 있었다. 나는 어느 날 밤 늦게 그들과 마주쳤는데 멈추어 서
서, "나는 너희 둘이 무엇을 하고 있는지 모른다. 나는 도덕적으로 상
관하지 않겠다. 왜냐하면 그것은 전혀 도덕적인 문제가 아니다. 그러
나 경제적으로는 다르다. 케이트, 네가 만약 아이를 갖는다면 학교를
망쳐 놓을 거야."라고 말했다. 나는 계속해서 이 문제에 대해 얘기했
다. "너희들은 서머힐에 이제 막 입학했고 자유는 너희가 하고 싶은 것
을 하는 것이다. 너희들이 이 학교에 대해서 아무런 느낌을 갖지 않은
것은 당연한 일이다. 그러나 너희가 일곱 살 때부터 이 학교에서 지냈
다면 이 문제를 언급할 필요도 없을 거야. 왜냐하면 너희가 학교에 대
해 강한 애착을 갖고 있어서 그 문제에 대해 생각했을 테니까 말이다."
라고 나는 말했다. 나는 그 문제에 대해 결코 다시 말한 적이 없다. 그
것이 이 문제를 다루는 유일한 방법이었다. 왜냐하면 성은 결코 도덕
적인 문제가 아니기 때문이다(Neill, 1992c: 107-108).

또한 성에 대한 무도덕적인 태도 속에서만 아동이 성에 관련
된 일체의 것들에 흥미를 가질 때 그 흥미가 아무 두려움 없이
온전히 충족될 수 있다. 그리고 흥미란 충족되면 소멸되는 것이
다.[39] 닐은 이러한 흥미의 충족, 특히 성과 같이 인간 신체의 일
부분인 동시에 삶의 일부분에 대한 흥미의 충족을 자율적이고

---

39) 이와 관련하여 닐은 다음의 예를 제시하고 있다. '나는 모든 아이들이 배
설물에 흥미를 느낀다는 사실을 알게 되었다……. 열한 살짜리 한 소녀가
우리 학교에 전학해 왔다. 그 소녀가 생활에서 관심을 갖는 일은 오직 화
장실뿐이었다. 그 소녀는 열쇠구멍을 통해 화장실 엿보기를 좋아했다. 한
번은 내가 그 소녀와 지리수업을 하다가 수업내용을 화장실로 바꾸었다.
그러자 그녀는 매우 좋아했다. 내가 열흘 동안 계속 화장실에 대해 말하자,
"이젠 화장실 얘긴 듣기 싫어요. 이젠 진력이 나요."라고 그 소녀는 싫증이
난다고 말했다(Neill, 1991: 38).

건강한 인성발달의 필수조건으로 간주했다.

성에 대한 이와 같은 태도는 자유롭게 성장하는 아동들에게는 프로그램화된 성교육이 필요치 않음을 뜻한다. "어린이가 묻는 모든 질문에 감정을 개입시키지 않은 솔직한 대답으로 어린이의 자연스러운 호기심을 충족시켜 주어 왔다면 성이라는 것에 대해 특별히 더 가르쳐야 할 필요가 없을 것이다"(Neill, 1987: 226). 성교육에 대한 닐의 이러한 견해는 기존의 성교육 개념, 즉 '지적 학습을 통하여 체계적이고 과학적인 성지식과 건전한 성 윤리를 제공하는 것'(안창선 외, 1996: 9)과는 근본적으로 다르게 접근하는 것이다.

이처럼 닐은 성인이 아동에 대해 일방적으로 보이는 성에 대한 일체의 권위주의적인 태도를 거부하고 무도덕적 태도로 표명된 성에 대한 사실적이고 자연스러운 비권위주의적인 접근을 통해 아동을 모든 성적 억압에서 해방시킴으로써 성과 삶에 대한 건전한 태도 교육의 새로운 이정표를 제시하였다.

4) 스스로 만드는 질서: 자치

닐의 자유 규정, 즉 '다른 사람들의 자유를 침해하지 않는 한도 내에서 자신이 원하는 일을 하는 것'(Neill, 1994: 18)은 자유가 갖는 복잡한 의미의 출발점이라고 할 수 있으며, 자유의 기초적인 개념 규정이 갖는 암시는 아동들이 그들의 일상생활을 통해서, 특히 전교회의(general meeting)라 불리는 자치회의에서 개인적 자유 행사의 한계선을 체험함으로써 탐색되었다. 닐은 서머힐의 자치(self-government)에 지대한 의미를 부여해 왔다. "이러한 공동체 생활이 아동의 교육에 있어서는 세상의 모든 교재보다는 지극히 중요한 것이다"(Neill, 1992a: 23).

서머힐의 자치는 어떻게 진행되고 어떤 의미를 가지고 있으며 바람직한 자치의 조건은 무엇인지를 살펴보는 것은 비권위주의 적인 방식으로 공동생활의 질서 형성이 어떻게 가능한가를 이해 하는 구체적인 통로가 된다.

(1) 자치의 과정과 의미

서머힐은 기숙학교로서 공동체 자치를 통해 공동생활의 질서 를 형성해 온 학교다. 사회적 규칙 위반에 대한 처벌까지 포함 해서 공동체 생활에 관련된 모든 일을 화요일과 목요일 오후에 열리는 전교회의에서 투표로 정한다. 연령에 관계없이 교직원이 나 학생 누구나가 동등하게 한 표씩의 투표권을 가지며 회의 때 마다 전 의장이 지명한 다른 사람이 새 의장이 되고, 서기는 자 원하는 사람이 맡는다. 서머힐 졸업생은 자치의 구체적인 실제 를 다음과 같이 기술하고 있다.

목요일 오후 2시, 미팅시간을 알리는 벨이 울렸다. 벨소리를 듣고 사람들이 하나둘 라운지에 모였다. 서기는 의자에 앉아 회의록에 공지 사항과 미팅 케이스를 요청하는 사람들의 이름을 받아 적었다. 사람들 이 거의 모이자 나는 선 채로 외쳤다.

"회의를 시작합니다. 조용히 하고 자리에 앉아 주세요!"

오후 2시에 하키 필드에서 축구를 할 사람들은 모이라는 공지부터 자잘한 일상과 공동체에 중대한 일까지, 모든 것을 다루는 곳이 미팅 이다.

그리고 미팅에서 가장 막강한 힘을 가진 사람은 체어맨이고, 체어맨 이 어떻게 리드하느냐에 따라 미팅도 달라진다. 체어맨은 만 열네 살

부터 할 수 있고, 조이(교장)가 학기마다 주최하는 체어맨 워크숍을 들은 후 지원이 가능하다.

　　매주 마지막 미팅이 끝나기 전에 체어맨 지원자를 받고, 그 자리에서 투표로 뽑아 그다음 주 체어맨을 맡긴다. 체어맨은 각 케이스들이 순조롭게 진행되고 모든 토론이 걸림돌 없이 흘러가도록 판을 다듬어주는 중요한 역할을 한다(채은, 2014: 190-191).

　　전교회의를 통한 서머힐의 자치는 다루는 문제들이 생활 실제적이고 아동들의 직접적인 관심의 대상이 되는 문제들 위주로 토의가 진행되며 또 권위적인 성인들의 간섭을 일체 받지 않은 채 아동들 스스로 자유로운 의사표명을 통해 공동생활에 실질적으로 필요한 규칙들을 다음과 같이 구성원들 스스로 정하고 준수해 왔다.

　　서머힐은 서로에 대한 배려가 없으면 살 수가 없는 곳이다. 서머힐은 하고 싶은 것을 할 수 있는 자유를 주지만, 그것이 남의 자유를 침범

하는 것이라면 용납하지 않는다. 그래서 규칙만 2백 개가 넘는다.

학교 규칙은 교장 조이가 컴퓨터로 정리한 깔끔한 원고 상태로 파일에 넣어져 식당에 걸려 있다. …… 만일 규칙을 모를 때는 정확히 아는 누군가가 알려 준다. 규칙을 어기면 이를 본 사람이 그 자리에서 경고를 주고, 필요하다면 미팅에 고해 처리하는 방식으로 2백여 개의 규칙들을 집행한다. 그리고 한 해에 한 번씩은 코미티(committee)를 구성해 더 이상 필요 없는 규칙들은 걸러낸다. 베드타임과 소등시간부터 다운타운을 혼자 갈 수 있는 나이[40]까지, 많은 규칙들이 일상생활과 밀접한 관련이 있기 때문에 사람들은 규칙에 상당히 민감하다(채은, 2014: 163-164).

이처럼 서머힐에서 설립 초기부터 일관되게 행해진 자치는 서머힐이라는 학교 단위의 공동체 생활의 질서를 구성원들 스스로 민주적인 방식으로 형성해 오면서 다음과 같은 중요한 의미를 내포하게 된다.

첫째, 서머힐의 자치는 개개 아동들로 하여금 자유와 방종(license) 간의 구분의식을 형성케 함으로써 개인의 사회적 조절 능력을 갖게 한다는 점이다. 닐은 이것을 "방종을 막는 것은 자치다."(Neill, 1945: 107)라고 함축적으로 지적하고 있다. 닐은 스

---

40) 현재 서머힐의 규칙에 따르면 서머힐 밖으로 나가는 데는 다음과 같은 나이 제한의 규칙이 있다(채은, 2014: 162).
• 아홉 살부터 동행과 함께 다운타운에 갈 수 있다. • 열두 살 이상부터 다운타운에 동행해 줄 수 있다. • 열세 살부터 다운타운에 혼자 갈 수 있다. • 레이스턴(서머힐 소재 마을) 밖은 열세 살 이상 두 명부터 같이 갈 수 있다. • 레이스턴 밖은 열여섯 살부터 혼자 갈 수 있다. • 레이스턴 밖으로 나갈 때 열세 살 이하는 반드시 열여섯 살 이상의 동행이 필요하다.

스로 주장한 자유개념이 일정한 한계 내에서 성립하며 동시에 그 한계 밖에서는 자유가 아닌 방종으로 변질됨을 강조해 왔다. 다음의 예는 자유와 방종의 경계를 보여 주고 있다.

> 아무도 어린이에게 라틴어를 배우도록 강요할 권리는 갖고 있지 않다. 왜냐하면 공부한다고 하는 일은 어린이 개인이 선택할 문제이기 때문이다. 하지만 만일 라틴어 교실에서 어느 소년이 계속 장난을 친다면 그 반에서 그를 쫓아내야만 할 것이다. 왜냐하면 그가 다른 사람들의 자유를 침해하고 있기 때문이다(Neill, 1987: 352).

카(D. Carr)는 방종이 적극적 자유의 측면에서 볼 때 자유가 과도한 상태가 아니라 자유가 지극히 부재하는 상태로서 그것은 억압의 또 다른 측면이며 책임 있는 인간의 행위라는 견지에서 볼 때 금지와 방종은 억압이라는 동전의 양면이라는 심리학적 해석을 제시한 바 있다(Carr, 1984: 61).
나아가서 닐은 자유와 방종의 차이를 가정에서 부모와 아동 간의 권리의 균형관계를 통해 설명하고 있다.

> 훈육 위주의 가정에서는 어린이들이 아무런 권리도 갖지 못하고 있다. 어린이를 버릇없게 기르는 가정에서는 어린이들이 모든 권리를 다 갖고 있다. 적절한 가정은 어린이들과 어른들이 동등한 권리들을 가지고 있는 가정이다. 그리고 마찬가지 원리가 학교에도 적용된다(Neill, 1987: 120).

여기서 닐이 지적하는 동등한 권리란 각자의 삶에 대한 상호 존중에 기초하고 있으며 방종이란 상대의 삶에 대한 존중이 결

여될 때 필연적으로 발생하는 현상이다. 특히 닐은 동등한 권리
의 한 주체로서 아동을 설정함으로써 일반적으로 방종의 주체를
아동으로 간주하고 이에 따른 훈육의 정당성을 내세우는 기존의
입장과 분리된다. 즉, 성인이 아동의 자유를 침해할 경우, 이 또
한 방종의 결과를 유발한 것으로서 자유의 범주에서 제외된다.
다음의 예는 아동과 성인간의 동등한 권리를 보여 준다.

> 만약 세 살 난 아이가 식탁 위로 걸어 가고 싶어 하면 그래서는 안 된
> 다고 아기에게 간단하게 말해 준다. 그것은 사실이고 아이는 그 말에
> 따라야만 한다. 그러나 다른 한편으로 당신은 필요한 때에는 아이의
> 말에 따라야만 한다. 조그만 어린이들이 나에게 나가달라고 말하면 나
> 는 그들의 방에서 나온다(Neill, 1987: 120).

따라서 자유와 방종의 한계는 한 개인의 자유의 행사가 다른
사람에게 미치는 영향에 의해 결정되며, 자치는 그 한계 설정을
주도하는 구체적이고 핵심적인 장치인 동시에 과정이라 할 수
있다.[41]

둘째, 서머힐의 자치는 공동체 생활을 지배하는 적절한 권위

---

41) 크롤(J. Croal)은 서머힐의 자치가 개인의 자유의 한계들을 실제적인 형식
    으로 입증해 주고 있음을 지적했다(Croal, 1983: 391). 또한 홉킨스(J.
    Hopkins)는 이와 관련해 서머힐의 자치에 내재하는 도덕철학은 개인주의
    와 협동 모두를 포함한다고 지적했다. 즉, 서머힐 내에서는 개개인들의 욕
    구는 많은 부분 상호 관련되어 있기 때문에 상호 협력할 때 욕구는 최대로
    충족되며 따라서 모두가 최선에 이르기 위해 함께 경쟁하는 것이 아니라
    협력한다는 점이다. 이는 개인주의와 경쟁이 결합되어 개개인의 욕구충족
    을 경쟁을 통해 달성하려는 조야한 개인주의(rugged individualism)와 상반
    되는 것이다(Hopkins, 1986: 196).

성립의 조건을 제시하고 있다. 즉, 서머힐에서의 권위는 특정 개인이나 특정 집단에 귀속되는 것이 아니라 '전교회의'라는 자치기구를 통한 공동체에서 발생한다는 점이다. 따라서 기존 학교교육에서 특정 집단, 특히 교사 집단에 의해 일방적으로 유지되고 행사되어 온 권위 대신 공동체 구성원 모두의 상호권리와 자유를 존중하는 공동체적 권위(communal authority)가 지배하게 된다.

헤밍스(R. Hemmings)는 이 점이 서머힐의 본질적인 측면으로서, 이러한 공동체적 권위의 행사는 서머힐 학생들로 하여금 다른 형식들의 권위에 대한 건설적 태도를 발달시키게끔 하며 동시에 교사들로 하여금 기존의 전통적인 권위양식에서 벗어나도록 한다고 지적했다. 즉, "교사들에게는 제도적인 권위(institutional authority)가 주어지지 않는다. 그들은 단지 인간으로서만 그들의 영향력을 행사하도록 요구되며…… 교사의 위엄이라는 전통적인 태도를 버려야 한다. 나아가서 그들은 설득이나 암시를 통해 그들의 사고를 아동들에게 부과해서는 안 된다(Hemmings, 1972: 189). 이는 서머힐의 자치가 기존의 권위관계의 해체를 요구하며 동시에 민주적인 권위[42]성립의 조건과 과정을 제시하고 있음을 말해 준다.

끝으로 서머힐의 자치는 아동들로 하여금 민주적 태도와 성향의 발달을 생활 속에서 실현 가능케 한다는 점이다. 즉, 60명이 넘지 않는 학교에서 공동생활을 하면서 생활 속에서 발생하는

---

42) 달링(J. Darling)은 서머힐의 공동체적 권위를 민주적 권위(democratic authority)라고 명명한 바 있다(Darling, 1992: 49).

인간적 의제들을 의제로 삼아 모두가 동등한 투표권을 행사하여 공동체 생활에 필요한 규칙들을 스스로 제정하는 서머힐의 자치의 경험들은 아동들이 민주시민의 자질을 자연스럽게 내면화하도록 한다. 닐은 이러한 서머힐의 자치가 진정한 민주주의에 근접하고 있다고 주장했다.

> 서머힐의 자치가 정치적인 민주주의보다 공정한 민주주의라고 할 수 있다. 아이들은 서로에 대해 매우 관대하며 주장할 기득권을 가지고 있지 않기 때문이다. 더욱이 법률들이 공개모임을 통해 만들어지고 통제 곤란한 선거인단 등의 문제가 발생하지 않기 때문에 더욱 순수한 민주주의라 할 수 있다(Neill, 1992a: 23).

닐은 민주적 태도와 성향의 발달은 기존에 훈육중심의 도덕교육이나 사회교육을 통해서는 제한적일 수밖에 없다고 보며 서머힐의 자치에서와 같이 사회생활의 질서가 그 구성방식을 잘 알고 있다는 소수에 의해서가 아니라 사회생활을 하고 있는 당사자들에 의해 조절되고 구성되는 생활경험을 통해서 비로소 가능하다고 파악했다. 즉, "어린이는 그의 본분을 지켜야 하며 타인의 권리를 존중하도록 배워야 한다. 그러나 이를 도덕적 설교나 체벌로가 아니라 경험으로 배워야 한다"(Neill, 1992b: 123).

따라서 서머힐의 자치의 궁극적 의도는 아동들로 하여금 생활 속에서 민주적 태도와 성향을 자연스럽게 내면화시킴으로써 바람직한 민주시민이 되게 하는 것이다. 헤밍스는 자치의 이러한 측면을 자아구성의 기회라는 시각에서 설명했다(Hemmings, 1972: 143-144). 즉, 아동들은 자기 자신들과 다른 사람들이 갖는 상호 관련성을 자치회의에서 경험함으로써 그들이 갖고 있던 갈등들이 조절되고 해소되는 동시에 자연스러운 자아의 확장(self-expansion)과 자아동일시(self-identification)가 이루어진다는 것이다.

이상의 고찰을 통해서 공동체의 자기조절 형식이라고 할 수 있는 서머힐의 자치는 닐의 자유개념과 관련하여 이중의 의미를 내포하고 있음을 파악할 수 있다. 첫째, 자치는 자유의 한 척도로서 아동들은 자치를 행사함으로써 아동들의 자유가 개인적인 차원을 넘어서 사회적 차원으로 확장된다는 점이며,[43] 둘째, 자치의 경험을 통해서 아동들은 비로소 자유와 방종의 경계를 자연스럽게 체득함으로써 방종이 아닌 진정한 의미의 자유를 의식하고 내면화할 수 있다는 점이다. 결국 서머힐의 자유는 자치에 의해서 완성된다고 할 수 있다.

(2) 자치의 조건

자치는 모든 학교에서 성공할 수 있는 질서 형성의 방식은 아니다. 자치가 성공적으로 운영되려면 적절한 조건이 필요하다. 우선, 자치의 일차적인 상황적 조건은 기숙학교(boarding school)다. 닐은 종일제 학교가 아닌 기숙학교에서만 아동들이 생활 속에서 자신들의 규칙을 만들어 갈 수 있는 공동체 자치(community self-government)가 가능하다고 파악했다.

---

43) 닐도 이때 비로소 아동들이 보다 완전히 자유를 갖게 된다고 지적했다. "아동들이 자신들의 사회적 생활을 스스로 다스리는 데 있어 완전히 자유롭지 않다면 자유를 가졌다고 할 수 없다"(Neill, 1992a: 25).

종일제 학교(day-time school)에서는 자치할 것이 없는데 이는 학교생활이란 곧 수업을 의미하기 때문이다. 서머힐에서는 전교회의(general meeting) 시간에 수업과 관련해서 언급되는 것은 거의 없다. 대부분의 안건들이 교실 밖에서 일어나는 것들로서 취침시간을 어긴 것이라든가 협박하는 것, 다른 사람의 자전거를 탄 것, 음식을 던진 것, 조용해야 할 시간에 떠든 것 등이다(Neill, 1967: 102).

이처럼 일상생활 속에서 발생하는 문제를 의제로 삼아 자치가 적절히 실행되려면 개개인들의 욕구충족을 최대로 하면서 동시에 개개인들의 욕구에 대한 제한을 최소화시키는 방향으로의 문제해결이 필수적이다. 홉킨스는 집단 내 관계들은 복잡하며 공정하게 운영한다는 것이 난해한 일이지만 최소한도 구성원들 상호 간의 거리가 충분히 가깝다면 개개인들의 욕구충족의 가능성 추측과 가능한 방식의 결정은 보다 용이해짐을 지적했다(Hopkins, 1986: 196). 이것은 집단의 규모가 구성원 간의 상호교유 및 친밀도 형성을 가능케 하는 규모이어야 함을 암시한다. 즉, 자치가 적절히 기능하려면 학교의 적정규모는 소규모이어야 한다.[44]

아울러 자치의 조건으로서 기숙학교는 아동들을 어른들, 특히 부모들의 영향으로 부터의 격리차원에서 그 필요성이 제기됐다. 특히 오늘날과 같은 핵가족의 시대에서 아동들은 또래 형제의

---

[44] 닐은 "나는 나의 책 『서머힐(Summerbill)』이 미국에서 발간된 후 500명의 아동들을 학교에 받아들일 수 있었다. 나는 수백 명의 부모 요청을 거절해야 했다. 만약 학교가 커지면 나는 자치를 할 수 없다."(Rudman, 1973: 10)라고 진술함으로써 자치의 중요한 물리적 조건의 하나는 소규모 학교임을 강변하고 있다.

영향보다 부모의 일방적인 영향 속에서 성장할 수 있다는 사실
에서 기숙학교는 더욱 요청되는 학교형식이 된다. 닐은 이와 관
련해서 두 가지 측면에서 기숙학교의 필요성을 지적하고 있다.
첫째, 아동들은 또래 집단과의 생활 속에서 정당한 자기 비교와
동일시의 대상을 갖는다.

> 핵가족 생활 내에서 아동들은 함께 생활하는 또래들이 별로 없는 관
> 계로 대부분의 시간을 성인의 환경 속에서 지내게 되며 이는 아동 자
> 신이 스스로를 가늠할 수 있는 대상이 단지 부모들이기 때문에 아동들
> 이 나이에 비해 지나치게 조숙해지는 문제를 낳기도 한다."(Neill,
> 1967: 101-102).

둘째, 아동이 자율적으로 자기 성장을 도모하려면 큰 가족과
같은 소규모 기숙학교에서 성장하는 것이 더욱 바람직하다. 기
숙학교는 아동이 아버지, 어머니가 없는 큰 가족(a big family) 속
에서 살 수 있도록 하며 아동 대신 아버지, 어머니가 결정하던
것들을 아동 스스로 결정하도록 한다(Neill, 1953: 106). 자치가 요
구하는 아동들의 자율적 의사결정 능력의 발달은 부모로 대표되
는 성인들의 권위주의적 영향으로부터 자유로워질 때 가능하며
따라서 이것의 상황적 조건은 소규모 기숙학교다.
닐은 자치의 조건으로서 소규모 기숙학교 이외에 학교 학생들
의 연령수준을 제시했다. "12세 미만의 아동들은 그들 스스로
자치를 잘 운영할 수 없다. 그들은 아직 사회적 연령(social age)
에 도달하지 않았기 때문이다"(Neill, 1992a: 25). 그러나 사회적
연령에의 도달이 곧 바람직한 자치의 조건을 충족시키지는 않는

다. 닐은 보다 나이 든 학생들(older pupils)의 존재가 자치의 필수조건이라고 지적했다.

> 한 학교 안에서 성공적인 자치는 조용한 생활을 좋아하고 자치에 저항하는 어린 소년들에 맞설 수 있는 나이 든 소년들이 소수 존재할 때만 가능하다. 이들 학생들은 투표에서 종종 지지도 하지만 이들이야 말로 진정으로 자치를 원하고 신뢰하는 사람들이다(Neill, 1992a: 25).

따라서 자치에 있어서 중요한 역할의 수행자들은 교사들이 아니라 바로 이들 연령이 많은 학생이며 이들에 의해 학교가 보다 효과적으로 생활 질서를 형성해 간다고 닐은 보고한 바 있다.[45] 이것은 자치에 있어서 교사라는 성인의 개입은 권위의 행사가 될 가능성이 매우 높으며, 이는 아동들이 자율적 의사결정에 장애요인이 될 수 있는 데 비해 함께 성장하는 나이 든 학생(senior)의 문제조정 역할은 권위행사의 부작용을 최소화시킬 수 있다는 점에서 이들 나이 든 학생들의 존재가 바람직한 자치의 중요조건이 된다고 할 수 있다.

이상의 자치를 가능케 하는 가시적인 조건들은 사실상 아동들의 자치능력이 결여된다면 기능할 수 없는 조건들이 된다. 이것은 아동들의 자치능력이 자치의 비가시적 조건이 됨을 뜻한다. 닐은 서머힐의 자치를 통해 자유 속에서 자율적으로 성장하는

---

45) 닐은 나이 든 학생들의 부재가 자치의 실패를 가져온다는 사실을 1969년 앳킨헤드(J. Aitkenhead)에게 보낸 서한에서 고백하고 있다. "일단의 나이 든 큰 학생들이 없는 자치는 실패한다……. 오늘날 서머힐은 서머힐이 아니다. 다수의 미움에 찬 아동들의 유치원일 뿐이다"(Neill, 1983: 89).

아동들은 자치능력이 있음을 실증했다.

> 민주정치에 대해 보이는 서머힐 학생들의 충성심은 놀랍다. 거기에
> 는 두려움이나 원한이 전혀 없다. 잘못을 저지른 학생이 그에 대한 처
> 벌을 받은 후에 바로 그 회의에서 다음 회의의 의장으로 선출되는 경
> 우도 흔하다. 어린이들이 재판할 때 보이는 공정함에 나는 계속 놀라
> 움을 금치 못하고 있다(Neill, 1987: 66).

또한 다음의 예는 자발적인 자치에서 아동들이 규칙 위반자에
게 얼마나 사려 깊으며 관대한지를 보여 준다.

> 한 아이가 친구가 놀린 것을 미팅에 일렀다. 이번에도 랭카는 재미
> 있는 제안을 했다. 둘이 케이크를 나누어 먹어야 한다는 것이었다. "그
> 동안 모인 벌금에서 3파운드를 받아 내가 케이크를 사오면 티타임 때
> 둘은 내 방에서 케이크를 먹으며 화해를 하는 거야." 사람들은 흔쾌히
> 찬성표를 던졌다. 두 사람은 본인의 의지와는 상관없이 강제로 함께
> 케이크를 먹어야 했다. 이 방법이 효과가 있었는지 이 후에도 어린 친
> 구들의 사소한 다툼이 미팅에 제기되면 케이크를 나눠 먹게 하자는 제
> 안이 나왔다(채은, 2014: 169-170).

서머힐에서 아동들이 보여 주는 자치능력은 아동의 본성 속에
반사회성은 없으며 각자가 있는 그대로 인정되고 존중되는 비권
위주의적인 교육환경 속에서는 오직 사회성을 발달시킨다는 사
실에 입각해 보면 필연적인 결과라고 할 수 있다. 로저스의 지
적처럼 자유와 자율을 한 집단에 허용하며 그들의 자유를 가능
케 하는 의무와 제약을 훨씬 쉽게 수용하는 것이다(Rogers, 1994:

80). 곧 서머힐의 자치는 아동이 자유 속에서 발달시켜 나가는 자기조절능력인 자율성은 아동의 발달에 비례해서 자연스럽게 공동체의 차원, 즉 사회적 차원으로 확대된다는 것을 보여 준다.

이상 서머힐의 자치가 갖는 지대한 의미를 상기할 때 자치를 과연 기존의 제도교육이 수용할 수 있는가 하는 질문을 던질 수 있다. 우선, 소규모 기숙학교여야 한다는 물리적 조건에서 수용불가성이 제기될 수 있지만 보다 근본적인 문제는 제도교육의 교육에 대한 기본 가정이 서머힐 교육과 양립 불가능하다는 점이다. 달링(J. Darling)이 지적하듯 서머힐의 자유정신에 기초한 자치원리는 기존 제도교육이 상정하는 교육에의 기본 가정에 대해 거대한 도전으로 작용한다. 즉, 기존의 강제적인 학교교육의 정당화는 학생들이 반드시 학습해야 하는 특정 지식과 기술들이 있다는 신념 위에 기초하고 있으며, 동시에 이 신념은 아동의 존재 특성은 미성숙하고 어리석다는 이해를 공유하고 있다. 그러나 아동이 미성숙하고 어리석다는 이해는 아동에게 충분한 책임을 부여하지 않으며, 역으로 충분한 책임의식이 발달하지 않는 아동은 미성숙하고 어리석은 상태를 지속할 가능성이 높다는 사실이다(Darling, 1992: 54-55).

이는 서머힐의 자치가 보편화되기 위한 근본적인 조건은 학교교육의 가정들이 수정되어야 함을 의미하며 나아가서 기존의 권위주의적인 교육체제가 근본적으로 재편되어야 함을 요청한다고 할 수 있다.

5) 비권위주의 교육의 결과: 행복한 아동

닐은 자유 속에서 자유롭게 성장하는 아동들이 성취하는 것은

특정의 학업수준이 아니라 인성특성들이며 이들 특성들이 교육
이 성취해야 할 본질적인 요소들이라고 파악했다.

> 자유 속에서 아동들은 그 어떤 강제적인 체제가 그들에게 줄 수 없
> 는 어떤 것을 획득하게 되는데, 그것은 삶에 용감히 맞서는 진실성
> (sincerity)과 독립적이고 융통성 있는 삶에 대한 태도, 이 세상의 모든
> 교과서들이 아동들에게 줄 수 없는 사람과 사물에 대한 관심이다
> (Neill, 1945: 103-104).

이러한 인성 특성을 함축하고 있는 표현이 닐이 교육과 삶의
목표로서 지적한 행복이다. "교육은 '삶을 위한 준비'가 아니라
'삶 그 자체'다. 삶의 목표는 행복을 발견하는 일이다"(Neill,
1991: 104). 이처럼 닐은 교육이 성취해야 하는 것은 특정 능력
이나 지위 획득이 아니라 어느 자리에서 무슨 일을 하건 행복
한 인간으로 살 수 있는 인성 능력을 길러주는 것이라고 보고
있다.

> 확언하건대, 선천적으로 학자가 될 소질을 가지고 태어나서 학자가
> 되고 싶어 하는 어린이들은 학자가 되고 도로 청소하기에 적합한 능력
> 을 갖고 태어난 어린이들은 도로 청소부가 되는 곳이 서머힐이다. 그
> 렇지만 지금까지 서머힐이 도로 청소부를 길러 낸 적은 없다. 이 말은
> 내가 사회적 지위나 재산을 존중하고 낮은 사회적 지위에 있는 사람을
> 무시해서 쓰는 말은 아니다. 오히려 나는 학교라는 곳이 노이로제에
> 걸린 학자보다 행복한 도로청소부를 길러 내는 곳이어야 한다고 생각
> 하는 사람이다(Neill, 1987: 21).

닐이 의도했던 것처럼 서머힐은 신경증적인 아동보다 행복한
아동을 키워 왔음을 서머힐에 세 자녀를 보낸 학부모의 다음과
같은 진술을 통해서 다시 확인할 수 있다.

> 우리 부부는 서머힐과 밀접한 관련이 있으리라 추정되는 행복한 경
> 험을 세 아이들과 공유하고 있다. 세 아이는 서머힐을 졸업할 즈음에
> '지구상에 나처럼 행복하게 청소년기를 보낸 사람은 없을 거야.'라는
> 말들을 해서 우리를 행복하게 했다. 몇 년의 시차를 두고 세 아이들이
> 각자 한 말인데 마치 입을 맞춘 것처럼 비슷해서 우리는 놀랐다. 서머
> 힐 동창생이라는 공통점이 중요한 이유일 수 있겠다고 생각했다(채은,
> 2014: 273).

닐이 말하는 행복이란 무엇인가? 닐은 교육이 성취하고 도달
해야 하는 행복의 의미를 다음과 같이 기술했다.

> 만일 행복이란 단어가 무엇을 의미한다면 그것은 안락감, 균형감,
> 삶에 만족하는 내면적인 느낌을 의미한다. 이러한 느낌들은 자유롭다
> 고 느낄 때 그리고 어떤 틀에 매어 있지 않다고 느낄 때에만 일어날 수
> 있다. 자유로운 아이들의 얼굴은 열려져 있고 두려움이 없다. 규율로
> 제약된 아이들의 얼굴은 겁에 질려 있고 비참하며 두려워하는 표정이
> 엿보인다. 행복은 억압이 최소화된 상태이고 불행은 신경증적 상태라
> 고 규정할 수 있다. 행복한 가족은 사랑이 넘치는 가정에서 살고, 불행
> 한 가족은 긴장된 가정에서 산다. 나는 행복을 먼저 손꼽는데 그 이유
> 는 자유로운 성장을 먼저 손꼽기 때문이다(Neill, 1990: 210).

닐은 행복에 대한 서술을 통해서 행복에는 다음과 같은 세 가

지 요소가 내재해 있다고 보고 있다. 첫째, 행복은 균형감과 생
에 대한 충족감이라는 점, 둘째, 행복은 심리적 억압이 최소화
상태로서 신경증의 상반 개념이란 점, 셋째, 행복은 자율적인 성
장을 의미한다는 점이다. 이처럼 행복이란 단순히 심리적 느낌
이나 상태를 가리키는 말이 아니라 포괄적인 자유 속에서 아동
들이 발달시켜 나가는 건강한 인성을 지침하고 있다. 따라서 도
덕성의 발달도 훈육이 아니라 아동의 자율적인 성장의 리듬 속
에서 자연스럽게 발전되어 가는 인성의 한 특성으로 이해하는
닐의 시각에서 볼 때 선(善)도 행복과 동일선상에 위치한다. "행
복은 항상 선을 의미한다"(Neill, 1987: 124).

행복이 자유 속에서 발달시키는 자율적이고 건강한 인성의 특
성을 총체적으로 지칭하는 것이라면 행복한 인간은 곧 자율적인
인간이다.[46] 자율적인 인간의 특성은 닐의 서머힐 교육이 교육
의 본질적 요소들로 파악하고 추구해 온 것 들이다. 닐은 이들
요소들을 다음과 같이 나열했다. "우리가 주장하는 교육의 범주
는 행복, 균형(balance), 진실성(sincerity), 독창성(originality)이다"
(Neill, 1957).

닐이 교육의 범주 내용의 하나로 지적하는 '균형'은 자율적 인
성의 대표적 특성이기도 하다. 닐은 "서머힐의 아동들은 삶과 성
에 대해서 균형 잡힌 태도를 가지고 있다. 나는 그들이 교수가
되건 청소부가 되건 개의치 않는다. 문제는 균형이다."(Rudman,

---

46) 패터슨(C. Patterson)은 닐이 기술하는 행복한 인간이 로저스(C. Rogers)
의 '충분히 기능하는 인간(fully functioning person)이나 매슬로(A.
Maslow)의 자아실현인(self-actualizing person)과 거의 동일한 개념이라고
지적했다(Patterson, 1983: 75).

1973: 7)라고 진술함으로써 '균형'을 인성발달의 핵심으로 간주하고 있다. 여기서 '균형'은 편향되거나 왜곡됨이 없는 삶에 대한 태도를 뜻한다.

한편 서머힐 졸업생들을 조사 연구한 번스타인(E. Bernstein)은 서머힐 졸업생들의 인성 특성 중 가장 큰 특징으로 관용(tolerance)을 지적하고 이어서 진실성, 자신감(confidence), 성숙성(maturity) 등을 확인하였다.

따라서 자율적이고 행복한 인간의 주된 인성 특성으로 진실성, 독창성, 관용을 열거할 수 있으며, 이들 특성들을 차례로 고찰함으로써 행복한 인간의 특성을 보다 구체적으로 이해할 수 있다.

우선, 진실성은 일체의 외적 훈육의 지배로부터 자유로워진 아동들이 일차적으로 발전시켜 나가는 인성 특성이다. 닐은 서머힐 아동들의 진실성을 다음과 같이 기술했다.

> 아동들이 자유로울 때 그들은 놀라울 정도로 진실해진다. 그들은 꾸며 낼 수가 없다. 그들은 학교 장학관 앞에서 일어설 수가 없는데 이는 그들이 위선과 가식을 견딜 수가 없기 때문이다. …… 예의상 상대를 위해 하는 악의 없는 거짓말(white lie)은 종종 필요한 것이긴 하지만 거짓되게 사는 것은 자유로운 사람들은 할 수 없는 어떤 것이다(Neill, 1968a: 37).

이러한 진실성의 바탕 위에서 서머힐의 아동들은 형식적인 예절 학습의 차원을 넘어선 도덕적 인성을 발달시켜 나갔으며, 두려움 없이 삶에 임하는 태도를 형성해 갔다. 동시에 이러한 진실성은 서머힐의 아동들로 하여금 군중의 일원이 되어 자신의 마음과 유리된 거짓된 삶을 사는 것을 거부하게 했다고 닐은 진술했다. "나는 서머힐의 한 측면은 그것이 옳건 그르건 간에 학생들에게 반(反)군중심리학(anti-crowd psychology)을 심어 준다고 생각한다"(Neill, 1968a: 37).

독창성(originality), 혹은 창의성(creativity)은 심리적으로 자유로운 아동이 보이는 본능적 성향이다. 닐에 의하면 심리적으로 자유롭다는 것은 아동이 생래적인 창조적 본능을 억압당함이 없이 자유롭게 표출하여 삶이 창조적 측면으로 열려 있는 상태를 의미한다(Neill, 1992b: 12). 즉, 서머힐 같은 자유 속에서 아동들이 자신의 본성을 발현시킬 때 확인되는 자연스러운 결과가 창의성이라 할 수 있다. 내쉬(P. Nash)는 "창의성이 인간에게 있어서 순수한 자유의 핵심을 나타낸다."(Nash, 1966: 255)라고 지적했으며 앤드루스(M. Andrews)에 의하면 창의성은 자아 통합적인 힘(self-integrating force)으로서 그 원천은 자신의 고유한 잠재력을 실현하고 자아를 성취하려는 경향성이며 이 모두는 정신적으로 건강한 사람의 표징이다(Andrews, 1961: vi). 그래서 닐은 심리적으로 억압되고 왜곡된 문제아동을 '창조적 측면이 희생되고 소유적 측면이 장려된 어린이'(Neill, 1992b: 14)라고 지적했다. 결국 창의성은 자유 속에서만 발달시켜 나갈 수 있는 아동의 특성임을 알 수 있다.

창의성을 중시하고 또 지향하는 서머힐 교육[47]은 그 환경 자체

---

47) 아동의 독창성이 특히 확인되는 서머힐 교육의 예는 드라마 수업이다. 연극에 관련된 서머힐의 불문율은 공연하려는 연극의 대본은 학교의 학생들 손에 의해 쓰여야 한다는 것, 최초의 상황설정 제시는 한 사람이 주도한다

가 창의성의 발달을 용이하게 한다. 포페노(J. popene)에 의하면 서머힐 환경은 창의성과 자기표현을 조장한다. 즉, 대부분의 아동들을 수동적인 인간으로 만드는 거의 모든 현대적인 오락 제공물들이 서머힐에는 존재하지 않으며 아동들은 자신의 지력을 동원해야만 바빠질 수 있다. 낡은 상자를 이용하여 무대의상을 만드는 데 몰두하는 아동이 여러 시간 텔레비전을 보고 있는 아동보다 훨씬 더 많은 것을 배우고 있는 것이다(Popenoe, 1970: 96).

또한 닐은 서머힐의 졸업생들이 창의성을 요하는 직업세계에로 일반 학교들에 비해 높은 비율로 진출하고 있음을 보고하고 있다.

> 서머힐 학교에서는 ……아직까지는 별로 유명해지지는 않았지만 창의적인 인물을 꽤 여러 명 배출했다. 즉, 몇 명의 훌륭한 미술가와 우수한 음악가들, 내가 아는 아직 큰 명성을 얻지 못하고 있는 작가, 훌륭한 가구설계와 가구제작자, 남녀 배우 몇 명씩, 언젠가는 독창적인 업적을 남길 몇 명의 과학자와 수학자들이다. 나는 매년 전교생 수가 약 45명인 우리 학교 숫자에 비추어 본다면 독창적이거나 창조적인 분야로 진출하는 학생들의 비율이 매우 높다고 생각한다"(Neill, 1987: 50).

이와 같이 창의성을 교육의 본질적 가치로 파악하고 이를 조장하여 아동의 주된 인성 특성으로 발전시키는 서머힐 교육은

는 것(이는 여러 사람의 관여가 설정을 어렵게 한다는 경험에 기인한다.)이다. 닐은 아동들이 스스로 쓰는 대본과 제시된 상황에서 그들이 지어내는 연기의 독창성을 여러 예를 들어 기술하고 있다(Neill, 1966).

3. 비권위주의 교육의 실천 263

훈육중심의 전통적인 교육체계가 도달할 수 없는 교육 결과를
제시하였다고 볼 수 있다.

끝으로 자율적인 인성의 한 특성으로서 관용(tolerance)이 있
다. 서머힐의 졸업생들에게서 보편적으로 확인된 인성 특성의
하나인 관용이 의미하는 것은 '사람들을 그들의 종교, 인종 그
밖의 어떤 다른 표식에도 관계없이 있는 그대로 받아들이는 태
도'(E. Bernstein, 1968: 38)다. 내쉬는 관용이 타인의 다름을 존중
하고 그들의 권리의 상이성을 지키기 위해 요구되는 가치라고
지적했다(Nash, 1966: 146). 따라서 관용은 획일성에서 탈피하여
창의성의 발달에 필요한 고유한 개성의 성장과 존중을 가능케
하는 요소이기도 하다.

널은 서머힐의 아동들이 낯선 사람들에게서 보이는 개방적 태
도, 피부 색깔이 다른 아동에게 보이는 자연스러운 태도, 자치회
의에서 규칙 위반을 한 아동에 대한 지극히 관대한 처분, 수십
년의 서머힐 생활 속에서 아동 간의 큰 싸움이 거의 없었다는
점 등등을 통해 자유 속에서 성장하는 행복한 아동들이 보여 주
는 관대한 성품을 경험적으로 제시했다.

이상의 인성 특성들은 행복한 인간, 곧 자율적인 인간의 특성
인 동시에 자기를 실현시켜 가는 인간의 특성이기도 하다. 자유
속에서 발달시키는 자율적인 삶의 궁극성은 각자가 자기 자신이
되는 삶을 사는 것이기 때문이다.[48] "삶에 있어서와 마찬가지로

---

48) 내쉬에 의하면 교육에는 상충하는 두 가지 목적이 존재한다. 하나는 인간
   은 그 자신이 되도록(to become what he is) 교육되어야 한다는 것이며,
   다른 하나는 그 자신이 아닌 것이 되도록(to become what he is not) 교육
   되어야 한다는 것이다. 전자는 개개인들의 타고난 잠재력을 강조하며 교육

교육에 있어서의 나의 목표는 사람들로 하여금 그들 자신의 삶
을 살아가도록 하려는 것이다"(Neill, 1991: 220).

자아를 실현하는 사람들은 사고와 행동이 자율적이고 자주적
이며 허용적이고 수용적인 분위기에서 선택의 자유를 만끽하고
내적 동기에 지배되며 자기 자신을 신뢰하고 수용한다(연문희,
1996: 18). 로저스에 의하면 자기 자신이 되는 것(becoming one's
self)은 한 인간이 가진 유기체적이고, 비숙고적인(non-reflective)
반응들에 대해 두려움을 갖지 않으며, 유기체의 수준에서 한 인
간 내부에 존재하는 다양하고 복잡한 느낌들과 경향들을 신뢰할
뿐 아니라 그것들에 대해 애정을 갖는다는 것을 의미한다
(Rogers, 1955: 268). 즉, 자기 자신이 된다는 것은 자신의 느낌과
사고를 긍정적으로 수용하면서 그 느낌과 사고에 따라 살아감을
의미하는 것이다.[49] 이것을 닐은 "자유를 준다고 하는 일은 어

의 기능을 이들 잠재력을 끌어내어 개개인들이 저마다 도달할 수 있는 최
대의 수준까지 도달 가능케 하는 환경을 제공하는 것이라면, 후자는 이상
적인 인간형을 설정하고 교육이 개개인을 이 인간형에 일치하도록 주조
(moule)하는 기능을 수행토록 한다. 이들 관점 중 전자는 자유를 강조한다
면 후자는 훈육(discipline)을 강조한다(Nash, 1966: 110-111).

49) 서머힐에서의 자신의 느낌과 사고에 따라 사는 삶, 곧 자기 자신이 되는
삶은 두 국면으로 분할된다. 첫 번째 국면은 서머힐에 오기 이전의 삶 속
에서 형성된 억압된 느낌, 욕구 및 사고들의 분방한 표출을 통한 해소의
과정이다. 일례로 서머힐에 갓 입학한 아동들의 경우 수업출석의 자유 속
에서 온통 놀기만 함으로써—평균 3개월이라고 닐은 보고 있다—억압된
놀이 욕구를 해소시키며, 특히 문제아동들의 경우 억압된 내면이 표출되는
것이 인정됨으로써 욕구가 해소, 조절되어 가는 과정을 다양한 사례를 통
해 닐은 지적하고 있다. 두 번째 국면은 자신의 느낌 및 사고에 따라 산다
는 것이 바로 개개인의 발달을 의미하는 단계다. 이는 첫 번째 국면인 해
소의 단계를 거친 아동들이 자신의 흥미, 관심에 따라 각자의 자아를 형성

린이에게 그 자신의 삶을 살도록 허용하는 일이다."(Neill, 1987: 125-126)라고 서술함으로써 자유와 자기 자신이 되는 것의 긴밀한 연관성을 지적했다.

이와 같이 자기 자신이 되는 삶, 곧 자기를 실현하는 삶은 다음의 두 가지 조건의 충족을 전제로 하고 있다. 첫째는 아동 내재적 조건으로서 아동의 선천적인 자아실현 경향성이다. 닐은 아동이 강제와 금지에 의해 저지당하지 않는다면 자발적으로 자기 성장을 추구하는 본성이 있다고 파악했다.

> 어린이는 태어날 때부터 본성적으로 슬기롭고 실제적이라는 것이 나의 생각이다. 어른들이 간섭하지 않고 어린이에게 맡겨 둔다면 어린이는 자기가 발전할 수 있는 최대한도까지 발전할 것이다"(Neill, 1987: 21).

이러한 아동의 선천적인 자아실현성에 대해 로저스(Rogers)는 "유기체는 경험하는 자신을 실현하고 유지하고 향상시키려는 오직 하나의 성향과 욕구를 가지고 있다."(Rogers, 1951: 487)고 기술했으며, 골드스타인(K. Goldstein)에 의하면 유기체는 그의 개별적인 능력, 세계 속의 그의 본성을 가능한 한 최대한으로 실현하려는 경향에 의해서 지배된다(Goldstein, 1959: 787). 이러한 진술들은 부정적인 경향성에 의해 지배되는 인간 유기체에 대한 프로이트적 이해와는 달리 인간은 적정의 조건이 주어진다면 자연스럽게 자아실현의 경향성을 구현해 간다는 긍정적이고

해 나가는 과정으로서 서머힐의 아동들이 행하는 모든 건설적인 활동이 이 과정에 해당된다.

낙관적인 인간 유기체에 대한 이해다.

두 번째 조건은 아동의 선천적 자아실현성의 구현을 조장하는 비권위주의적 교육 환경의 건설이며 이 환경의 핵심은 아동을 비조건적으로 인정하는 것이다.

> 어린이들의 행복은 우리 어른들이 그들에게 주는 사랑과 인정의 정도에 따라 결정된다. 우리가 어린이의 편이 되어 준다는 것은 소유적인 사랑이나 감상적인 사랑이 아닌 진정한 사랑을 어린이에게 주는 것으로, 어린이가 사랑받고 있고 인정받고 있다고 느끼도록 행동하는 것이다(Neill, 1987: 130).

닐은 이러한 비소유적 사랑[50]과 비조건적 인정 속에서만 아동들은 각자의 자기실현을 위해 필요한 발달상의 제반 욕구들이 최대한도로 충족될 수 있다고 이해했으며 서머힐에서 포괄적인 자유의 허용을 통해 이를 실천했다.

이상의 서술을 통해서 닐이 서머힐의 비권위주의적 교육을 통해서 도달하고자 한 행복은 자율적이고 균형 잡힌 인성 특성의 총체적 표현임을 확인할 수 있으며, 닐의 행복을 추구하는 교육은 바로 바람직한 인성발달을 그 본질로 삼는 교육이라고 할 수 있다.[51] 여기서 닐이 추구한 인성발달은 외부의 훈육을 통한 성

---

50) 로저스에 의하면 비소유적 사랑은 다른 사람을 별개의 인간으로 존재 가치가 있는 개인으로 수용하는 것이며 한 사람이 근본적으로 믿을 만한 가치가 있다는 기본 신뢰를 의미한다(Rogers, 1994: 176).

51) 이러한 닐의 교육은 전통적인 교육형식과 대조된다. 헤밍스(R. Hemmings)의 지적처럼 전통적인 교육형식의 주요 목적이 이미 준비된 성인들의 삶의 양식을 아동들로 하여금 학습토록 하는 것이며 이 경우 성공의 범주가 자

격주조(character moulding)로서의 인성발달이 아니라 '아동 내부로부터의 성격형성(forming character from the inside)'이었으며 이는 아동이 사랑과 인정 속에서 서머힐의 포괄적인 자유의 체험을 통해 형성되는 자율에 기초한 자기 성장의 과정을 의미했다. 따라서 서머힐의 비권위주의 교육에서 아동들이 경험하는 행복이란 특정 결과로부터 오는 것이 아니라 자유 속에서 아동 각자가 주도해 가는 총체적인 삶의 과정에 내재하는 것이라고 할 수 있다.

4. 서머힐의 졸업생들

1) 졸업생들에 대한 조사연구 1-번스타인

1968년 번스타인(E. Bernstein)은 서머힐과 같이 자유로운 학교생활을 경험해 본 사람들의 경우 사회에 나가서 무엇이 되어 있고 어떻게 생활하고 있으며, 또한 그들이 서머힐 학교에서의 경험들에 대해서 어떻게 평가하고 있고 문제가 있다면 어떤 문제들을 가지고 있는지를 알아보기 위해 직접 서머힐 출신자들을 만나 면담을 했다. 번스타인이 가졌던 의문은 서머힐 학교를 바라보는 많은 사람들이 한 번쯤은 가졌을 질문이라는 점에서 그의 조사연구는 의미가 크다고 할 수 있다.

격증과 학습된 특정 행위양식들로서 학생들이 종국에 성취하는 특정 성과에 의해서 규정짓는다면, 닐의 교육형식에서는 아동의 현재 삶이 하나의 자기 창조행위 그 자체로서 가치를 갖는다고 할 수 있다(Hemmings, 1972: 74).

□ 면담 대상: 50명(남: 29명, 여: 21명, 연령: 16~49세, 연령 중간
  치: 23세, 평균 서머힐 재학 기간: 4.3년, 중간치: 7년, 입학 연도:
  1924~1963년)
□ 면담 주제: 현재 그들이 무엇이 되었으며 서머힐 경험에 대
  해서 느낀 점
□ 면담 시간: 1인당 평균 4시간 정도

▶ 서머힐에서 길러 준 인성 특성에 대한 질문에 대해 응답결
  과를 정리한 결과 응답자들은 관용, 진실성, 자신감을 가장
  많이 지적했다.

  ① 관용(tolerance): 전체 중 24명이 지적한 특성이며 여기서
     관용이란 '사람들을 인종, 종교, 기타 어떤 기준에 관계
     없이 있는 그대로 받아들이는 것'을 의미한다.

② 진실성(sincerity): 전체 중 12명이 서머힐 출신자들의 현
저한 인성 특성으로 지적

③ 자신감(confidence)과 성숙(maturity): 전체 중 10명이 고
백한 특성으로서 번스타인은

- 이들 10명이 서머힐 재학을 통해 가장 큰 긍정적 경
험과 성취를 한 사람들로 평가했다. 이들은 자유로운
환경 속에서 자신들의 성향에 따라 자신의 인성들을
보다 완전하게 발달시켜 나갈 수 있었다. 이들은 서
머힐에 오기 전부터 명백한 주관을 가지고 있었고 사
교적인 사람들로서 평균 연령은 27세였다.

- 이 중 1명은 서머힐이 지나치게 지배적인 어머니에게
서 벗어나 독립적으로 사고할 수 있는 능력을 자신에
게 심어 주었다고 고백했다.

- 다른 1명은 서머힐이 자기 자신에 대한 미움에서 벗
어나게 해 주었다고 고백했다.

- 일부는 서머힐에서 놀고 싶은 욕구를 마음껏 충족할
수 있어서 주변 세계를 진지하게 탐구하게 되었다고
진술했다.

- 3명은 특히 서머힐에서의 성에 대한 건전한 태도 형
성을 강조했다.

▶ 서머힐 경험에 대해 부정적인 경우들

- 전체 중 7명은 서머힐이 그들의 성장에 도움이 되지 않
았다고 여겼다.

대부분은 서머힐이 학구적인 면을 강조하지 않았고 우수

한 교사가 부족하며 학교의 망나니들로부터 자신들을 보호해 주지 못했다고 지적했다.
- 이들 대부분은 서머힐에 오기 전, 그리고 서머힐을 떠난 후에도 의존적이고 수줍어하는 특성을 가지고 있었다.

▶ 12세 이전에 서머힐에 있다가 일반학교로 전학 갔던 경우들
- 전체 중 6명으로서 이들은 최소 3년 이상 서머힐에 재학했었다.
- 1명을 제외한 5명이 서머힐에서의 생활이 그들에게 대단히 유익했었다고 평하면서 전학 간 일반학교에서의 적응 문제는 거의 없었으며 일반학교에서의 학습이 체계적으로 진행되는 것에 열광했었다고 고백했다.
- 이들 5명은 전학 간 일반학교에서 처음에는 뒤쳐져 있었지만 1년 이내에 다른 아이들을 따라잡았고 요구되는 학습수준을 모두 소화했다.

《사례 1》 현재는 주부인 27세의 코니(Connie)의 경우
- 코니는 가정의 재정사정으로 전학한 경우인데 일반학교에의 적응 문제에 대해 묻자 다음과 같이 대답하였다.
"학습이 진행되는 방식이 너무 좋았어요. 그것은 신선한 어떤 것이었죠. 그리고 이상한 점도 있었는데 왜 다른 모든 아이들이 선생님이 교실을 나가기만 하면 하던 공부를 중지하는지 이해할 수가 없었어요."
- 코니의 어머니는 그 학교의 선생님과 교장이 코니가 스펀지처럼 지식을 흡수한다고 놀라워했다고 진술했다.

《사례 2》 코니의 남동생 헨리(Henry)의 경우

• 헨리는 서머힐에서 일반학교로 전학 간 6명 중 부정적 경험을 한 유일한 경우다.

• 그는 전학 간 일반학교의 엄격한 훈육에 경직되었으며 뒷자리에 앉아 있게 되고 질문하는 것도 두려워하게 되었다고 하였다.

• 그는 일반학교로 가는 바람에 2년의 시간을 잃어버린 느낌이었다고 고백했다.

• 그는 온갖 노력으로 현재 런던대학교 물리학부 학위 과정에 있다.

▶ 12세 이후에 서머힐에 입학한 경우

• 전체 중 8명이 해당되었으며, 이 중 4명은 1년 내지 2년의 서머힐 재학 경험자들로서 짧은 체류 재학기간이었음에도 불구하고 서머힐 학교생활이 자기 자신을 발견하게 하였다고 고백하였다.

• 나머지 3년 이상 서머힐 재학 경험자들은 서머힐 학교를 떠난 후 개인적, 직업상의 어려움을 겪었다고 진술하였다.

《사례 1》 열세 살이 되던 1925년에 서머힐에 입학하여 열여섯 살에 대학 입학시험에 합격하고 현재는 지방 개업의가 된 졸업생의 경우, 서머힐에 대한 그의 느낌을 다음과 같이 요약하였다.

"자유는 멋진 것이었고 나에게는 훌륭한 경험이었습니다. 어른들로부터 지시가 거의 없었습니다. 나는 내가 알아야만 하는 것을 스스로 배웠습니다."

《사례 2》열두 살 때 엄격한 여자 기숙학교에서 서머힐 학교로 전학 온 제인의 경우 그녀는 다음과 같이 고백했다.
"나는 서머힐이 나의 인생을 구했다고 느끼고 있습니다. 나는 신경이 예민한 어린이였었고 처음 서머힐에 왔을 때 이 새로운 자유에 거의 열광하면서 책은 거들떠보지도 않고 놀기만 했었습니다. 몇 달이 지나니까 안정이 되었었지요. 그리고 내 생애 처음으로 소년들과 아주 편안한 관계를 즐길 줄 알게 되었습니다."

▶ 서머힐에서 10년 이상 재학한 경우
- 전체 중 14명이 여기 해당되었으며 이 중 5명은 서머힐을 떠난 후 심각한 사회적응 문제를 겪었다고 진술하였다.
- 이들 중 20대 중반인 4명은 여전히 개인적인 문제 또는 직업상의 문제를 안고 있었다.
- 이들 중 절반 이상은 현재 적응에 아무 문제가 없으며 이들 대부분 30, 40대다.

《사례 1》6세부터 16세까지 서머힐에서 재학하여 현재 변호사가 된 경우로서 그는 서머힐 재학 시절을 인생의 가장 행복한 시절로 회상하면서 다음과 같이 말하였다.
"일부 학생들은 그 작은 천국을 결코 떠나고 싶지 않았다."

《사례 2》 서머힐 교사의 아들이었기 때문에 서머힐에서 성장하여 지금은 자영업을 하는 경우로서 그는 서머힐 재학시절 교과수업은 거의 출석하지 않고, 거의 수공작업에 몰두하였다고 한다. 17세가 되던 1939년에 서머힐을 떠나 금속회사의 견습공 시절을 거쳐 그 회사에서 1965년까지 근무한 뒤 현재는 수익성이 높은 수리소를 운영하고 있다.

《사례 3》 서머힐에서 10년을 재학한 20세가 된 청년의 경우 그는 서머힐에서 쉽게 접할 수 있는 태도로 '꾸물거림(procrastination)'을 지적하면서 "서머힐에 처음 와서는 거의 공부하지 않는 학생에 휘말려 같이 놀아나기가 쉽다."라고 말했다. 하지만 그의 또래집단 모두 대학입학 자격시험에 합격하였다.

▶ 면담 대상자들의 서머힐 교육에 대한 긍정적인 평가
  • 성과 이성 관계에 대한 건전한 태도를 갖게 했다.
  • 각자의 흥미와 능력에 따른 자연적인 발달을 도모했다.
  • 놀이의 자유가 놀이 욕구를 충족시켜 줌으로써 보다 진지한 관심을 추구하게 하였다.
  • 서머힐 경험은 자신의 자녀들을 더 잘 이해하고 보다 적절한 방식으로 양육할 수 있도록 했다.
  • 상급 권위자 앞에서도 자연스러움과 자신감을 갖게 했다. 특히 이 항목은 대부분의 면담자들이 공통적으로 지적하였으며 다음의 예는 이를 잘 보여 준다.

《사례》 그는 현재 24세인 서머힐 출신자로서 대학교육을 받지 않았음에도 간부로 승진하였는데 사장이 그에게 다음과 같이 말하였다 한다.

"자네는 상황에 대해 자네가 느끼고 생각하는 것을 나에게 주저하지 않고 말할 수 있는 유일한 사람일세."

▶ 면담 대상자들의 서머힐 교육에 대한 부정적인 평가

- 학구적 기회와 영감의 제공이 부족했다.
- 우수한 교사가 부족했다.
- 이상은 전체 중 26명이 공통적으로 지적한 사항이었다.
- 전체 50명 중 10명은 대학입학 시험에 합격했으며 이 10명 중 4명은 재수, 삼수를 했다. 이들 중 8명은 대학을 졸업했다.
- 서머힐의 이러한 부족한 점과 관련, 서머힐에서 8년을 보냈던 전기공학도는 다음과 같이 진술했다.

"서머힐은 대략 10세까지의 어린이에게는 좋은 곳이지만 그 이후에는 학구적인 면에서 취약한 곳이다."

▶ 서머힐 출신자들의 결혼생활
- 대부분 행복한 결혼생활을 하고 있었고 면담했던 11커플 중 3커플은 이혼 경력이 있었으며 이 중 두 커플은 재혼하여 행복하게 생활하고 있었다.

▶ 자녀 양육과 관련하여
- 대부분의 서머힐 출신들은 자기지시적(self-directive) 방식으로 자녀를 양육하였으며 부모와 자녀관계는 애정적이고 따스하였다. 자녀들은 행복하고 자발적인 듯하였다.
- 대부분의 가정에서 부모와 자녀관계는 편하고 자유로웠다.
- 자녀들은 부모에 대해 전혀 두려움이 없었으며, 부모는 훈육을 껄끄러워하였다. 자녀를 벌주었을 때 죄책감마저 느꼈다는 부모도 있었다. 거의 모두 체벌을 사용하지 않았다.

▶ 서머힐 출신자들은 자신의 자녀들도 서머힐에 보내는가
- 서머힐 출신 부모들의 연령은 25~49세에 걸쳐 있고 평균 연령은 33세, 자녀연령은 2~21세에 걸쳐 분포되어 있다.
- 전체 중 3명의 부모가 자녀를 서머힐에 보냈으며 두 부모는 고려 중이라고 대답했다. 이들 3명은 모두 자유의 신봉자들로서 자신들이 부모가 자신들을 서머힐에 보낸

그 이유 그대로 자신의 자녀들을 서머힐에 보냈다. 그러나 이들 부모들은 서머힐이 학구적인 면이 부족하다는 이유로 자녀들이 13세가 되기 이전에 일반학교로 전학시켰다.

《사례》 자녀 중 서머힐에서 3년을 보낸 후 현재 법률공부를 준비하는 학생은 서머힐에서의 경험이 가지는 의미를 다음과 같이 진술하였다.

"서머힐에서 처음에는 거의 공부를 하지 않았다. 그 전에 엄격한 일반학교에 있을 때 나는 공부를 혐오하는 것을 배웠으며 그것이 아버지가 나를 서머힐로 전학시킨 이유였다. 서머힐에서 3년을 보냈을 때 집 근처 일반학교로 다시 전학하기로 스스로 결정했는데 이는 내가 학습할 준비가 되어 있었기 때문이었다."

• 서머힐에 자녀를 보내지 않겠다고 응답한 여섯 부모 중 다섯은 아이는 부모와 함께 있어야 한다고 여기기 때문이었다. 이 중 세 부모는 자녀와의 시간이 너무 즐거워서 그들과 떨어질 수 없다고 하였다.

▶ 종합적인 평가
• 번스타인은 5주간의 면담 결과 전체적인 평가는 긍정적이라고 기술했다. 즉, 거의 대부분의 서머힐 출신자들은 열심히 일하고 있고 원만한 자녀관계를 유지하고 있으며, 삶을 즐기고 있었다.

▶ 면담 결과에 대한 해석

- 서머힐 경험에 대해 부정적인 출신자들에게서 확인되듯이 평소 사교적이고 적극적인 사람들이 소극적이고 조용히 있는 사람들에 비해 서머힐에서 최대한 긍정적인 경험을 한다고 볼 수 있다.

- 12세 이전에 서머힐에 있다가 일반학교로 전학 갔던 6명에 대한 면담 결과는 주목할 만한 부분으로서 이는 서머힐에 내내 있는 것보다 어느 시기만, 특히 어린 시절에만 재학하는 것이 보다 효과적일 수 있음을 보여 준다. 이것은 서머힐 교육이 12세까지의 인성형성 과정에서 탁월한 교육적 효과를 가지고 있음을 암시하는 결과라고도 볼 수 있다. 이는 이와 동일하게 생애 초기에 서머힐 경험을 한 사람들에 대한 보다 확대된 연구의 필요성을 제기한다고 할 수 있다.

- 서머힐에 10년 이상 재학했던 사람들과의 면담 결과에서 보이듯이 서머힐에 오래 재학할수록 사회에 적응문제가 있는 듯했다. 물론 이것은 대상자의 절반 이상이 매우 성공적으로 적응하고 있다는 사실에 비추어 볼 때 단지 오랜 재학기간만 가지고 사회적응 여부를 평가할 수는 없으며 적응 문제가 서머힐을 떠난 지 얼마 되지 않은 20대 사람들에게서 주로 확인되고 있기 때문에 섣불리 단언할 수 없어 보인다.

- 서머힐 교육에 대한 부정적인 평가는 주로 주지교육의 측면에서 지적되고 있다. 서머힐 교육은 학구적인 면에서 일반학교에 비해 부족하며 특히 우수한 교사가 부족

하다는 것이다. 사실 이 문제에 대해 닐은 생전에도 관심을 가졌지만 서머힐의 열악한 재정상태에서 그 이상의 시도를 할 수 없었던 듯하다. 서머힐이 국가 지원을 받으면서 재정적 여유를 갖고 있었다면 보다 좋은 도서관, 공작실, 그리고 보다 우수한 교사의 채용 등이 가능했을 것이며, 학구적인 측면이 그 여건 면에서 한결 보완되었을 것이다.[52] 따라서 이 지적은 서머힐 교육의 근본적인 결함이라기보다는 당시 학교 재정상태의 취약성에 기인하는 문제의 성격이 강하다고 할 수 있다. 왜냐하면 최근의 서머힐 학생들은 일반중등학업증명(GCSE) 시험에서 전국 평균 보다 훨씬 높은 성적을 받고 있기 때문이다.

---

52) 우수 교사의 확보 문제와 관련, 번스타인의 조사연구 당시(1968년)와 비교했을 때 현재의 서머힐은 결코 일반학교에 뒤떨어지는 것처럼 보이지는 않는데, 서머힐 졸업생이 경험한 최근의 서머힐 교사의 열정적인 교육자의 모습이 이를 보여 주고 있다.
"이탈리아 여행을 다녀온 후 패션에 관심이 생겼을 때 나는 레너드 선생에게 달려갔다. 레너드는 나만을 위해 수업시간을 정하고 내게 패션디자인을 가르쳤다. 패션디자인에 관해 아무것도 모르고 패션과는 제일 거리를 두고 있는 레너드이지만 어디서부터 어떻게 해야 할지를 몰라 하는 나를 위해 다양한 서적들을 구입했다. 그 가운데는 센트럴 세인트 마틴스(영국에 있는 세계 3대 패션 스쿨) 교수들의 패션디자이너 훈련 과정을 엮은 교과서도 있었다.
우리는 그 책에 나온 그대로 과제를 하며 패션 수업을 진행했다. 또 패션 디자인 일러스트 그리는 방법을 알려 주는 책을 보며 수시로 패션드로잉을 연습했다. 내 친구 아나는 매일 옷을 그리는 나를 보고 재미로 함께 패션 수업을 듣기도 했다. 어느 날 레너드는 아나와 나를 런던에 있는 빅토리아 앨버트 뮤지엄의 한 전시에 데려갔다. "아주 유명한 패션 디자이너의 전시야." 런던으로 향하며 레너드가 말할 때까지도 나는 그 전시가 내 생애 가장 인상적인 전시가 되리라고는 상상도 못했다"(채은, 2014: 97).

▶ 번스타인의 조사연구의 한계
- 무엇보다도 면담대상자 50명이 갖는 대표성의 문제가 본 조사연구의 가장 커다란 한계라고 할 수 있다. 본 조사연구는 서머힐 출신자들에 대한 종합적인 연구의 작은 출발로 보아야 할 것이다.
- 본 조사연구는 면담대상자들이 질문에 응답한 결과를 제시하는 수준에 그치고 있으며 그 결과들에 대한 분석적 해석과 왜 그런 결과가 나왔는지를 설명해 줄 관련 변인들에 대한 탐구가 결여되어 있다.

2) 졸업생들에 대한 조사연구 2-김은산과 호리

김은산[53]과 호리(堀眞一郎)[54]는 서머힐 학교 졸업생들을 대상으로 비록 그 숫자는 제한적이지만 여러 주제에 걸쳐서 설문 조사를 진행하였다.

먼저 서머힐 출신자들의 직업을 보면, 소위 미숙련직에 종사하는 사람들이 적고, 많은 수가 지적 전문직에 종사하고 있었으며, 또 예술가 등 주로 창의력을 요구하는 직업에 종사하는 사람들이 많았다(〈표 1〉〈표 2〉 참조).

---

[53] 김은산은 우리나라에 닐의 사상과 실천을 책과 논문을 통해 소개한 인물이며, 본 면담조사는 1987년 7월에서 8월에 걸쳐서 서머힐을 탐방하여 진행되었다(Neill, 1987: 411-418).
[54] 호리 신이치로는 일본에 서머힐의 철학을 계승한 일본식 서머힐 학교라 할 수 있는 '기노쿠니학교'를 설립한 인물이며, 김은산은 호리가 저술한 『기노쿠니학교』를 번역, 국내에 소개한 바 있다.

〈표 1〉 출신자의 직업 Ⅰ(김은산의 조사)

직업	인원 수
교사	9명
예술가	4명
자영사업자	2명
치안판사(교사)	1명
출판업자	1명
기계제작가	1명
주부	1명
기타	1명
계	20명

〈표 2〉 출신자의 직업 Ⅱ(호리의 조사)

남자=16명		여자=21명	
일반 회사원	3명	주부	5명
기사	3명	예술가	4명
학생	3명	학생	4명
대학교수	2명	공무원	2명
대학강사	2명	일반 회사원	1명
변호사	1명	기사	1명
의사	1명	교사	1명
기타	1명	사회사업가	1명
		기타	2명

창의력을 발휘하는 직업에 종사하는 사람이 비교적 많은 이유는 서머힐의 많은 자유시간과 각자의 재능과 창의력을 발휘하고 키울 수 있는 서머힐의 교육에서 기인한다고 추측할 수 있다. 서머힐 출신자들이 습득된 지식이나 기능의 양적인 면에 있어서는 다소 적었을지 모르지만, 필요할 때 그런 것을 자기 스스로 습득하는 열정과 집중력을 갖고 있으며, 적극적으로 생을 펼쳐 나가는 자세 때문인 것으로 해석할 수 있다.

한편 닐의 교육사상에 반대하는 사람들의 중요한 이유가 "서머힐이 한때 어린이들을 행복하게 해 줄지 모른다. 하지만 현실 사회는 냉혹하다. 그런데 그런 속에서 느긋하게 지내다가 사회에 나왔다가는 낙오자가 될 수밖에 없다."라는 식의 우려와 비판이 있었다. 이와 관련하여 "서머힐을 떠나 다른 사회에 들어 갔을 때 어느 정도 곤란을 겪었는가?"라는 질문에 대해 서머힐의 졸업생들의 응답은 〈표 3〉, 〈표 4〉와 같다.

김은산의 조사에 의하면, '전혀 곤란이 없었다'는 응답이

〈표 3〉 서머힐을 떠난 후 겪은 곤란(김은산의 조사)

	전혀 곤란 없음	약간 있었으나 곧 없어짐	곤란이 오래 계속됨	무답	합계 (100%)
16세까지 서머 힐에서 지낸 자	9명 (39%)	11명 (48%)	1명 (4%)	2명 (9%)	23명 (100%)
16세 이전에 서 머힐을 떠난 자	2명 (40%)	3명 (60%)			5명 (100%)
합계: 28명 (100%)	11명 (39%)	14명 (50%)	1명 (4%)	2명 (7%)	28명 (100%)

〈표 4〉 서머힐을 떠난 후 겪은 곤란(호리의 조사)

	전혀 곤란 없음	조금 있었으나 곧 없어짐	곤란이 오래 계속됨	합계 (100%)
15, 16세까지 서머 힐에서 지낸 자	16명 (60%)	9명 (33%)	2명 (7%)	27명 (100%)
15, 16세 이전에 서 머힐에서 떠난 자	1명 (11%)	5명 (56%)	3명 (33%)	9명 (100%)
합계: 출신자 36명 (100%)	17명 (47%)	14명 (39%)	5명 (14%)	36명 (100%)

39%, '처음 곤란이 약간 있었으나 곧 없어졌다'는 응답이 50%, '곤란이 계속되었다'는 응답이 4%, '무답'이 7%였다.

호리의 조사에 의하면 '전혀 곤란이 없었다'가 47%, '처음 곤란이 약간 있었으나, 곧 없어졌다'가 39%, '곤란이 오래 계속되었다'가 14%였다.

따라서 '전혀 곤란이 없었다'와 '처음 곤란이 약간 있었으나 곧 없어졌다'는 둘을 합하면, 89%(김)와 86%(호리)인 대부분의 출신자가 새로운 환경에서 별 큰 어려움 없이 잘 적응하여 생활해 나가고 있음을 알 수 있다.

출신자의 '긍정적인 인품 특성'과 '서머힐이 출신자에게 끼쳐 준 좋은 영향' 등에 관한 설문의 결과는 〈표 5〉, 〈표 6〉과 같다.

긍정적인 인품 특성의 요소들 중 높은 비율을 보인 요소들은 사회성, 자신감, 관용, 생에 대한 긍정적인 태도 등으로 나타났다. 이는 번스타인의 조사 결과와도 많이 일치한다고 할 수 있다.

〈표 5〉 서머힐 출신자의 긍정적인 인품 특성-자신과 학부모에 의한 평가
(김은산의 조사)

인품 특성	응답수(합계 28명)	비율
사회성	15명	53%
자신감	13명	46%
관용	10명	35%
생에 대한 긍정적 태도	6명	21%
타인에 대한 이해와 배려	5명	17%
자기 인식	3명	10%
자유로움	3명	10%
독립적 사고	3명	10%
정직	2명	7%
균형되고 조화로운 성품	2명	7%

〈표 6〉 출신자의 긍정적인 인품 특성-자신과 학부모에 의한 평가
(호리의 조사)

인품 특성	응답자: 출신자(31명)	학부모 (8명)	합계 (39명)	
관용, 친절	30명	8명	38명	97%
자존심, 독립적 태도	26명	7명	33명	84%
인품의 조화로운 발달	20명	5명	25명	64%
협동성	17명	4명	21명	54%
정서적 안정감	16명	3명	19명	49%
다방면에 걸친 흥미	13명	3명	16명	41%
체계적이고 명확한 사고	11명	4명	15명	38%
심미적인 취미	11명	2명	13명	33%

나아가 행복과 관련하여, 닐은 행복을 '생의 만족감, 균형감, 내적 안녕감' 등으로 정의한 바 있다. 이와 관련 행복한 생활 여부를 묻는 질문에 대한 응답은 〈표 7〉과 같다.

〈표 7〉 행복한 생활 여부(김은산의 조사)

	매우 행복하고 만족스럽다	그저 그렇다	불행하다
16세까지 서머힐에서 지낸 자	18명		2명
16세 이전에 서머힐을 떠난 자	3명	1명	
합계: 24명 (100%)	21명 (88%)	1명 (4%)	2명 (8%)

대부분의 출신자가 행복하고 만족스러운 생활을 영위하고 있음을 알 수 있었다.

한편 서머힐 학교 경험 전체에 대한 느낌을 묻는 질문으로, 만약 다시 학교 가는 일을 선택해야 한다면 '또다시 서머힐에 가겠는가?' '다른 학교에 가겠는가?'라는 질문에 대해 〈표 8〉과 같이 응답하였다.

응답자의 81%인 절대다수가 또다시 서머힐에 가겠다고 응답했다. '다른 학교에 가겠다'와 '무답'으로 응답한 19%의 출신자도 서머힐을 택하지 않는 이유로 '너무 어려서부터 부모와 떨어져 지내는 일은 좋지 않게 때문' 혹은 '경제적 문제'를 들고 있어 서머힐의 기본적인 교육방침에 불만을 가진 것은 아니라고

〈표 8〉 서머힐 학교에 대한 재선택 여부(김은산의 조사)

	또다시 서머힐에 가겠다	다른 학교에 가겠다	무답	합계
16세 이후까지 서머힐에서 지낸 자	18명 (78%)	1명 (5%)	4명 (17%)	23명 (100%)
16세 이전에 서머힐을 떠난 자	4명 (100%)			4명 (100%)
합계: 17명 (100%)	22명 (81%)	1명 (4%)	4명 (15%)	

할 수 있다.

끝으로 서머힐 출신자들의 자녀와의 관계를 알아보는 질문에 대한 응답은 〈표 9〉와 같았다.

〈표 9〉 서머힐 출신자의 자녀와의 관계(김은산의 조사)

	매우 좋다	좋다	그저 그렇다	나쁘다	무답
16세 이후까지	8명	7명	2명	1명	3명
16세 이전	2명	1명			
합계: 24명 (100%)	10명 (42%)	8명 (33%)	2명 (8%)	1명 (4%)	3명 (13%)

서머힐 출신자의 자녀와의 관계는 '매우 좋다'(42%)와 '좋다'(33%)를 합쳐 75%가 좋은 관계를 유지하고 있음을 알 수 있었다.

이상 김은산과 호리의 서머힐 졸업생을 대상으로 한 설문 조사는 그 수가 매우 제한적이어서 대표성을 갖기는 어려운 조사 결과이지만 서머힐 졸업생에 대한 연구 결과가 미천한 현실을 감안할 때 나름대로 서머힐 교육의 성과를 미루어 추측할 수 있는 구체적 근거 자료를 제시한다는 점에서 의미 있는 조사들이라고 할 수 있다.

종합적으로 서머힐 졸업생들에 대한 조사연구를 통해 우리는 닐이 서머힐 학교 교육을 통해 성취한 것이 무엇인지, 즉 서머힐 교육의 성과에 대해서 구체적으로 가름해 보게 한다. 서머힐 교육을 통해 아동들은 일반학교가 도달하기 어려운 인성 특성 내재는 인격 특성을 함양했다고 할 수 있으며 이들 조사연구에서 공히 그 특성들로서 확인된 것은 관용, 삶에 대한 자신감 그리고 독립적인 태도와 창의적인 성향 등이라고 할 수 있다. 아울러 졸업 후 직업세계 진출 관련 상대적으로 다른 일반학교에 비해 자신의 개성과 창의성을 발휘하는 직업군으로 보다 많이 진출하고 있는 경향도 간과할 수 없는 교육의 성과다. 특히 이들 조사 결과들에서 중요한 교육 성과로서 명시적 또는 암시적으로 드러나는 점이 장기간의 서머힐 교육을 통해 아동들이, 나아가 졸업생들이 획득하게 되는 내적 안정감이라는 사실은 오늘날 이런 안정감의 형성에 철저히 실패하고 있는 우리 교육에 시사하는 바가 매우 크다고 할 수 있다.

맺음말

　서머힐의 방문객들이 교장 조이에게 하는 단골 질문이 있다. "서머힐에서 아이들은 자유, 어른들과의 동등한 위치 등 바깥세상에서 주어지지 않는 것들을 누립니다. 그러다가 서머힐을 졸업하고 진짜 세상에 나가면 어떻게 될까요?" 이런 질문을 받을 때마다 조이는 똑같이 대답했다. "이곳이 진짜 세상입니다"(채은, 2014: 215).

　비권위주의 교육의 범례라고 할 수 있는 서머힐은 어떤 곳인가. 다른 사람의 자유를 간섭하지 않는 한 나의 자유를 최대한 행사하며 성장할 수 있는 곳이다.

　서머힐에는 강제된 공부가 없다. 무엇을 공부할지, 언제 공부할지, 무엇을 위해 공부할지 모든 것이 각자의 선택에 맡겨져 있다. 공부하기 싫으면 마음껏 놀면 된다. 서머힐은 놀기에도 좋은 환경을 가지고 있다. 큰 나무들이 있는 넓은 숲, 운동장, 수영장, 목공실 등등. 싫증 나도록 놀다가 공부하고 싶으면 그때 수업에

들어가면 된다. 그래서 수업시간표도 교사가 지켜야 할 시간표
만 있을 뿐 아이들이 지켜야 하는 수업시간표는 없다. 교사들은
수업시간에 반드시 교실을 지키며 아이들을 기다려야 하지만 아
이들은 수업에 가고 싶은 마음이 들 때만 수업에 가도 되기 때
문이다.

철저히 자발적으로 놀기도 하고 공부도 하기 때문에 아이들은
거의 스트레스를 받지 않고 학교생활을 한다. 경쟁이 존재한다면
운동경기에서나 존재하며, 아니면 자신과의 경쟁만이 있을 뿐이
다. 그래서 서머힐의 아이들은 때가 되어 대학에 갈 필요성을 스
스로 찾게 되면 미친 듯이 공부하여 다른 학교 아이들이 6년 걸
려 하는 공부를 2년 만에 대부분 끝내고 상급학교에 진학한다.
자율에 기초한 자기 동기화의 결과다.

서머힐 아이들의 얼굴에는 대부분 여드름이 없다. 불필요한 억
압도 없고, 강제된 권위가 가져오는 두려움도 없으며, 강요된 공
부도, 경쟁도 없기 때문이다. 자신이나 남에게 속일 것도 없고
내세울 것도 없다. 아이들 모두 있는 그대로 인정받고 존중받는
다. 아이들의 표정은 밝으며 무엇보다도 낯선 사람들에 대한 두
려움이나 껄끄러움이 없다. 아이들 자신 안에 두려움이 없기 때
문이다. 성적에 대한 두려움, 처벌에 대한 두려움, 인정받지 못
할 것에 대한 두려움 등등.

서머힐은 공동체 기숙학교다. 아이들은 하루 종일 함께 생활
하며 공동 생활에 필요한 질서를 스스로 만들어 가는 것을 자치
를 통해 배운다. 자치의 경험 속에서 아이들은 나의 자유가 중요
하듯 타인의 자유가 중요하며 나의 자유는 동시에 타인의 자유
에 의존하고 있음을 머리가 아닌 가슴으로, 생활로 배운다. 더불

어 살기 위해 필요한 것이 무엇인지를 몸으로 익힌다. 갈등이 있으면 어떻게 인간적으로 해결해야 하는지를 경험을 통해, 선배의 성숙한 행위를 통해 배운다.

무엇보다도 서머힐 구성원들 간의 인간관계는 가족과 같은, 아니 가족 이상의 유대감과 친밀감을 가지고 있다. 그래서 그들 사이는 모두 평등하고 자유롭다. 아이들과 아이들 사이는 물론이고 아이들과 교사들 사이도 수평적인 인간관계로 이루어져 있다. 교사는 아이들에게 친구이자, 오빠나 형이고, 부모와도 같은 존재들이다. 거기에는 어설픈 권위가 개입하지 않으며 권위주의는 발디딜 틈이 없다.

서머힐의 아이들은 방학이 되어도 서머힐을 그리워하고, 졸업을 하면 더욱 그리워한다. 그 자유로운 삶의 공간과 그 안에서 행했던 모든 것, 그리고 인간관계 전부를. 그들에게 서머힐은 고향과 같은 곳이다.

그렇다. 교장 조이의 말처럼 서머힐이야말로 진짜 세상(real world)이다. 오히려 우리가 현실이라고 하는 이 세상이야말로 사실 그릇된 세상, 허위의 세상, 가짜 세상인 것이다. 즉, 우리 인간이 정말 바라는 진정한 세상은 서머힐 같은 세상이지, 거짓과 오류와 부조리도 많고, 인간 한 사람 한 사람이 인격적으로 존중받지도 못하며 자유롭지도 평등하지도 않은 우리의 이 세상은 진짜 세상, 참된 세상이 아닌 것이다.

이런 의미에서 설립 100년을 눈앞에 두고 있는 서머힐 학교는 우리가 살고 있는 오늘의 세상은 어떤 세상이며, 우리 교육은 어떤 세상을 만들어 가고 있는지, 그리고 그 세상은 '진짜 세상'인지를 준엄하게 묻고 있다.

참고문헌

강기수(2003). 루소의 소극적 교육의 교육적 시사. 한국교육사상연구회. 교육사상연구, 73호, 53-71.

강영혜(1982). 낭만적 교육관과 주지적 교육관에 있어서의 자유의 의미. 서울대학교 대학원 석사학위논문.

계희복(2014). 흥미 개념의 교육적 의미 고찰: 헤르바르트와 듀이를 중심으로. 경인교육대학교 교육전문대학원 석사학위논문.

고영복(1993). 사회와 양심. 서울: 사회문화연구소.

김경동(1992). 한국인의 가치관과 사회의식. 서울: 박영사.

김대환(1993). 박정희 정권의 경제개발: 신화와 현실. 역사비평 계간 23호 통권 25호, 48-63.

김민웅(2008). 칸트 윤리와 반권위주의. 윤리문화학회. 윤리문화연구, 4호, 9-45.

김성길(2005). 배움학에 관한 연구. 연세대학교 대학원 석사학위논문.

김안중(1989). 권위의 본질과 교육. 교육개발, 11(1, 58). 한국교육개발원.

김영하(1988). 한국 공무원의 권위주의적 가치구조에 관한 실증적 연구. 단국대학교 대학원 박사학위논문.

김재철(1986). 권위주의적 행정문화하의 리더십에 관한 연구. 성균관대학교 행정대학원 석사학위논문.

민경환(1989). 권위주의 성격과 사회적 편견: 대학생 집단을 중심으로. 한국심리학회지: 사회, 4(2), 146-168.

박용석(2002). 가장 자유로운 학교 이야기. 서울: 문음사.

박용석(2007). 서구 대안학교의 효시, 애보츠홈과 비데일즈 학교 연구. 교육의 이론과 실천, 12(1), 157-187.

박용석(2011). 영국 신교육운동이 우리 대안교육에 주는 시사점. 교육학연
　　구, 49(3), 33-53.

박용석(2013). 영국 신교육운동에서 신지학의 교육실천과 그 교육적 시사.
　　교육철학연구, 35(3), 39-63.

박용석(2015). 실존철학의 지식관과 그 교육적 함의. 교육철학연구, 37(2),
　　73-94.

박정자(1991). 사르트르의 실존주의. 서울: 상명여자대학교 출판부.

백완기(1982). 한국의 행정문화. 서울: 고려대학교 출판사.

선우현(2005). 탈권위주의(화)로서의 민주화와 탈권위주의적 권위-한국사
　　회 권위주의 실태와 민주화 전망. 철학연구, 94집, 187-202.

송도선(2009). 존 듀이의 경험교육론. 서울: 문음사.

신득렬(1997). 권위, 자유 그리고 교육. 서울: 교육과학사.

신오현(1989). 자아의 철학. 서울: 문학과 지성사.

안인희(1990). 루소의 교육론-에밀. 서울: 양서원.

안인희 외(1992). 루소의 자연교육사상. 서울: 이화여자대학교 출판부.

안창선 · 김현옥 편역(1996). 학교 성교육. 서울: 교육과학사.

양은주(2003). 듀이의 흥미개념과 학생중심 교육과정. 교육과정연구, 21(1),
　　179-202. 한국교육과정학회.

양은주(2006). "미국의 진보주의 교육운동". 새로운 학교교육문화운동. 서울:
　　학지사, 105-176.

오성균(2004). '68학생운동과 반권위주의 의식혁명. 독일언어문학, 24집,
　　197-214.

오인탁(1998). "루소". 위대한 교육사상가들 II. 서울: 교육과학사, 191-244.

오인탁 외(2006). 새로운 학교교육문화운동. 서울: 학지사.

윤기섭(2000). 키에르케고르의 인간 이해. 대전대학교 대학원 석사학위논문.

윤태림(1986). 한국인. 서울: 현암사.

이홍우(1989). 지식의 구조와 교과. 서울: 교육과학사.

임황룡(2009). 듀이의 흥미 개념의 교육적 의미. 광주교육대학교 대학원
　　석사학위논문.

전득환(1994). 법원공무원의 권위주의적 성격과 업무형태에 관한 연구. 성균관대학교 행정대학원 석사학위논문.

정기섭(2005). 독일 전원기숙사학교의 설립배경. 비교교육연구, 15(1), 97-114.

정금선(1996). 실존주의의 본래성과 그 교육적 의미. 경북대학교 대학원 박사학위논문.

조용환(1989). 문화적 권위주의와 학교교육. 기독교사상 10월호, 24-35.

채은(2014). 서머힐에서 진짜 세상을 배우다. 서울: 해냄.

표구열(2001). 부모의 권위주 양육태도와 청소년의 부모와 교사의 권위에 대한 지각. 인하대학교 교육대학원 석사학위논문.

현대사회연구소(1982). 2000년대를 향한 한국인 상. 서울: 현대사회연구소.

황교인(1993). John Dewey의 흥미이론 고찰. 한국교원대학교 대학원 석사학위논문.

Abbotsholme (1989). *A History Of Abbotsholme School: 1889-1989*. Derbishire: Moorland Pub. Co.

Adorno, T. W., Frenkal-Brunswik, E., Levnison, D. J., & Sanford, R. N. (1950). *The authoritarian personality*. New York: Harper & Row.

Allen, R. T. (1982). Rational Autonomy: The destruction of freedom. *Journal of Philosophy of Eduction, 16*, 199-207.

Altemeyer, B. (1981). *Right-wing authoritarianism*. Winnipeg: Univ. of Manitoba Press.

Altemeyer, B. (1988). *Enemies of Freedom: Understanding right-wing authoritarianism*. San Francisco: Jossy-Bass.

Altemeyer, B. (1996). *The authoritarian specter*. Cambridge, MA: Harvard Univ. Press.

Andrews, M. F. (Ed.) (1961). *Creativity & Psychological Health*. NY: Syracuse University Press.

Arendt, H. (1968). *What is authority? in Between Past and Future.* Cleveland: Viking.

Badley, J. (1923). *Bedales, a pioneer school.* London: Methuen.

Badley, J. (1937). *Schoolmaster's Testament: Forty Years of Educational Experience.* Oxford: Basil Blackwell.

Barrow, R. (1974). *Moral Philosophy for Education.* London: George Allen & Unwin.

Barrow, R. (1980). *Radical Education critique of freeschooling & deschooling.* Oxford: Martin Robertson.

Barrow, R. (1981). *The Philosophy of Schooling.* London: Harvester.

Bazeley, E. (1928). *Homer Lane And The Little Commonwells.* George Allen & Unwin Ltd.

Bedford, M. (1972). *Jean-Paul Sartre: Existentialism & Creativity.* New York: Philosophical Library Inc.

Benhamida, K. (1973). Sartre's Existentioalism and Education: The Missing Foundation of Human Relationship. *Educational Theory, 23*(3), 122-151.

Bernstein, E. (1968). What does Summerhill Old School Tie look like? *Psychology Today, 2* (5), 65-70.

Bibring, E. (1985). The Development and problem of the theory of instincts. In C. C Stacy, & M. F. Martino (Ed.), *Understanding Human Motivation.* Cleveland: Howard Allen, 474-498.

Biemel, W. (1980). 하이데거의 철학이론. 백승균 역. 서울: 박영사.

Blackham, H. J. (1952). *Existentialist Thinkers.* Sondon: RKP.

Blewitt, T. (1934). *The Modern Schools Handbook,* London: Victor Gollancz.

Bollnow, O. F. (2000). 실존철학 입문. 최동희 역. 서울: 자작아카데미.

Bollnow, O. F. (2008). 실존철학과 교육학. 윤재홍 역. 서울: 학지사.

Boyd, W. (1929). *Towards A New Education.* Alfred A. Knpof.

Boyd, W. (1996). 서양교육사. 서울: 교육과학사.

Boyd, W., & Rawson, W. (1965). *The Story of the New Education.* Heinemann London.

Buhler, C. (1961). *Value in Psychotherapy.* NY: Free Press.

Callan, E. (1988). *Autonomy and Schooling.* Kingston: McGill-Queen's University Press.

Carolyne, M. S. (1979). Autonomy, Emotions and Desires. *Journal of Philosophy of Education, 12.*

Carr, D. (1984). Moral Philosphy in Eductional Thought. *Journal of Philosophy of Eduction, 18* (1), 41-53.

Chamberline, R. (1989). *Free Children and Democratic Schools: A Philosophical study of liberty and education.* London: The Falmer Press.

Clarke, F. (1948). *Freedom in the Educative Society.* NY: U. L. P.

Cooper, D. E. (1999). *Existentialism.* Oxford: Blackwell Pub.

Croall, J. (1983). *Neill of Summerhill-The Permanent Rebel.* NY: Pantheon Books.

Darling, J. (1987). Progressive, Traditional & Radical re-alignment. *Journal of Philosophy of Education, 12* (2), 120-32.

Darling, J. (1992). *Democratic Authority: A Lesson from Summerhill Oxford Review of Education, 18* (1), 48-54.

Dearden, R. (1968). *The Philosophy & Primrry Education.* London: RKP.

Dearden, R. (1987). The Concept of Play. In R. S. Peters (Ed.), *The Concept of Education.* Henley: RKP, 73-91.

Dearden, R. F. et al. (1972). *Education and the Development of Reason.* London: RKP.

Dewey, J. (2010). 민주주의와 교육. 이홍우 역. 경기: 교육과학사.

Dewey, J. (2011). 경험과 교육. 강윤중 역. 서울: 배영사.

Edelmann, R. J. (1992). *Anxiety: Theory, Research and Intervention in Clinical and Health Psychology*. Chichester: John Wiley & Sons.

Fox, I. (1985). *Private Schools And Public Issues*. The Macmillan Press Ltd.

Freud, S. (1961). *Civilisation and its Discontents*. NY: Norton.

Freud, S. (1994). 정신분석입문. 문태환 역. 서울: 신영사.

Freud, S. (1997). 억압, 증후, 불안. 황보석 역. 서울: 열린 책들.

Friedman, N. (1974). Educational and the transformation of the self: An Essay on Neill! Neill! Orange Peel!. *School Review, 82* (3), *May*, 89–96.

Fromm, E. (1942). *Escape from Freedom*. London: Routhledge & Kegan Paul.

Fromm, E. (1985a). 정신분석과 종교. 문학과 사회연구소 역. 서울: 청하.

Fromm, E. (1985b). 자기를 찾는 인간. 박갑성 · 최현철 공역. 서울: 종로서적.

Fromm, E. (1989). 인간의 본성은 파괴적인가. 종로서적 편집부 역. 서울: 종로서적.

Fromm, E. (1996). 인간의 마음. 황문수 역. 서울: 문예출판사.

Gardner, P. (1991). Personal Autonomy and Religious Upbringing: The Problem. *Journal of Education, 25*(1), 77–82.

Gibbs, B. (1979). Autonomy and Authority in Education. *Journal of Philosophy of Education, 13*(1), 42–53.

Goldstein, K. (1959). *The Organism*. NY: Harcourt. Brace & Jovanovich.

Gordon, H. (1985). Dialectical Reason and Education: Sartre's Fused Group. *Educational Theory, 35*(1), 47–61.

Gutek, G. (1988). *Philosophical and Ideological Perspectives on Education*. New Jersey: Prentice Hall.

Hare, R. M. (1964). Adolescents into Adults. In T. H. B. Hollins (Ed.), *Aims in Education*. Manchester University Press.

Harper, R. (1948). *Existentialism–A Theory of Man*. MA: Harvard

University Press.

Heidegger, M. (1989). 존재와 시간. 전양범 역. 서울: 시간과 공간사.

Hemmings, R. (1972). *Children' s Freedom: A. S. Neill and the Evolution of the Summerhill Idea.* New York: Schocken Books.

Henderson, J. (1978). *Irregularly Bold: A Study of Bedales School.* London: Andre Deutch Ltd.

Hichens, M. (1992). *West Downs: A Portrait of an English Prep School,* Pentland Press.

Hirst, P. H., & Peters, K. S. (1968). *The Logic of Education.* London: RKP.

Hirst, P. H. (1974). *Knowledge and The Curriculum.* London: RKP.

Hoeffding, H. (1930). *Jean Jacques Rousseau and His Philosophy.* New Haven: Yale Univ. Press.

Holmes, B. (1995). The Origin and Development of Progressive Education in England. In H. Röhrs (Ed.), *Progressive Education Across the Continents.* NY: Peter Lang, pp. 51-69.

Hopkins, R. L. (1986). Freedom and Education: The Philosophy of Summerhill. *Education Theory, 26* (2), 124-155.

Horney, K. (1994). 문화와 신경증. 이혜성 역. 서울: 문음사.

Howells, C. (1988). *Sartre-the Necessity of Freedom.* Cambridge: Cambridge University Press.

Hughes, F. P. (1995). *Children, Play, and Development.* London: Allyn and Bacon.

Illich, I. (1986). 탈학교 논쟁. 김광환 역. 서울: 한마당.

Jacks, H. (1934). "Bedales". Blewitt, T. *The Modern Schools Handbook.* London: Victor Gollancz.

Jouvenel, B. (1957). *Sovereignty: An Inquiry into the Political Good.* trans. by J. H. Huntington. Cambridge: Cambridge Univ. Press.

Kant, I. (2011). 이성의 한계 안에서의 종교. 백종현 역. 서울: 아카넷.

Kaufman, W. (1972). *Existentialism From Dostoyevsky to Sartre*. NY: American Library.

Kidel, M. (1990). *Beyond The Classroom: Dartington' s Experiments in Education*. Green Books.

Kierkegarrd, S. (1960). *Concluding Unscientific Postscript*. trans. by David, F. S. Princeton Univ. Press.

Kneller, G. F. (1958). *Existentialism and Education*. NY: Phiosophical Library.

Kneller, G. F. (1990). 교육철학이란 무엇인가. 정희숙 역. 서울: 서광사.

Knitter, W. (1981). Sartrean Reflections on Education for Rational Character. *Educational Theory, 31*(3), 211-228.

Krishnamurti, J. (1997). "부모와 교사가 먼저 깨어야 한다." 보리편집부 편, 작은 학교가 아름답다. 서울: 보리.

Laborde, E. D. (1939). *Problems In Modern Education*. Cambridge at the University Press.

Lane, H. (1982). 부모와 교사들을 위한 아동교육론-요람에서부터 17세경까지. 김은산 역. 서울: 학문사.

Lambert, R. (1966). *The State And Boarding Education*. Methuen & Co Ltd.

Lawson, M, D., & Petersen, R. (1972). *Progressive Education An Introduction*. London: Angus And Robertson.

Leshan, E. J. (1993). 손상된 아동기. 최기영 역. 서울: 양서원.

Matthew, H. (1999). 자유주의 시대. in Morgan, K. O. 편저. 옥스퍼드 영국사. 서울: 한울, 529-594.

McCallister, W. J. (1931). *The Growth of Freedom in Education*. London: Jenkins.

McCowen, J. (1978). *Availability: Gabriel Marcel and the Phenomenology of Human Openness*. Monata Press.

Mclaughlen, T. H. (1984). Parental Rights and the religious upbringing.

of children. *Journal of Philosophy of Education, 18*(1), 74-80.

Mcmillan, M. (1911). *The Child and The State*. The National Labour Press. Ltd.

Morris, V. C. (1966). *Existentialism in Education; what it means*. NY: Harper & Row.

Muller, M. (1988). 실존철학과 형이상학의 위기. 박찬국 역. 서울: 서광사.

Nash, P. (1966). *Authority and Freedom in Education: An Introduction to the Philosophy of Education*. NY: John Wiley & Sons.

Neill, A. S. (1945). *Hearts Not Heads in the school*. London: Jenkins.

Neill, A. S. (1953). *The Free Child*. London: Jenkins.

Neill, A. S. (1957). Freedom & License-Plight of The Poineer School. *The Times Educational Supplement, July, 26.*

Neill, A. S. (1959). Why Have Exams? Culture and Futility. *The Times Educational Supplement, May, 8.*

Neill, A. S. (1960). Practical Approaches in The School. *The Times Educational Supplement, May, 6.*

Neill, A. S. (1964). Using the Extra Year or Daydreaming of Freedom?. *The Times Educational Supplement, Feb, 14.*

Neill, A. S. (1966). Drama in Summerhill. *The Times Educational Supplement, Dec, 30.*

Neill, A. S. (1967). *Talking of Summerhill*. London: Gollancz.

Neill, A. S. (1968a). Can I come to Summerhill? I Hate My School. *Psychology Today, 1*(12), *May,* 34-40.

Neill, A. S. (1968b). All of Us Are Part of This Sick Censorship. *The Times Educational Supplement, March, 29.*

Neill, A. S. (1972). *Neill! Neill! Orange Peel! An Autobiography*. New York: Hart.

Neill, A. S. (1983). *All the Best. Neill: Letters from Summerhill*. Croal, J.

(Ed.). New York: Hart.

Neill, A. S. (1987). 자율학교 서머힐. 김은산 역. 서울: 양서원.

Neill, A. S. (1989). 문제의 교사. 김정환 외 공역. 서울: 양서원.

Neill, A. S. (1990). 문제의 가정. 김인회 외 공역. 서울: 양서원.

Neill, A. S. (1991). 문제의 아동, 김은산 · 한희경 공역. 서울: 양서원.

Neill, A. S. (1992a). *New Summerhill.* Lamb, A. (Ed.). New York: Hart.

Neill, A. S. (1992b). 문제의 부모. 김영숙 · 조정아 공역. 서울: 양서원.

Neill, A. S. (1992c). 어린이의 삶을 사랑하는 교육. 강승규 역. 서울: 양서원.

Neill, A. S. (1994). 방종이 아닌 참자유. 김은산 역. 서울: 양서원.

Nonaka, I., & Takeuchi, H. (1995). *The knowledge-creating company.* New York & Oxford: Oxford Press.

Osbon, R. 외 (1985). 프로이트 심리학 해설. 설영환 역. 서울: 박영사.

Patterson, C. H. (1983). 인간주의 교육. 장상호 역. 서울: 박영사.

Peters, R. S. (1973). Authority, Responsbility and Education. London: CAU.

Peters, R. S. (1987). *The Concept of Education.* London: RKP.

Peterson, B., Smirles, K., & Wentworth, P. (1997). Generativity and authoritarianism: Implications for personality, political involvement and parenting. *Journal of Personality and Social Psychology, 72,* 1201-1216.

Popenoe, J. (1970). *Inside Summerhill.* New York: Hart.

Rawson, W. (1936). *Learning To Live Together.* New Education Fellowship.

Rawson, W. (1937). *The Freedom We Seek.* New Education Fellowship.

Reich, W. (1993). 성문화, 성교육, 성혁명. 이창근 역. 서울: 제민각.

Rodgers, J. (1938). *The Old Public Schools of England.* B. T. Batsford Ltd.

Rogers, C. (1951). *Client Centered Therapy.* Boston: Houghton Mifflin.

Rogers, C. (1955). Persons or Science? A Philosophical Question. *The*

American Psychologist, 10, July, 267-278.

Rogers, C. (1994). 학습의 자유. 연문희 역. 서울: 문음사.

Röhrs, H. (1995a). Internationalism in Progressive Education and Initial Steps towards a World Education Movement. in H. Röhrs & V. Lenhart (eds.), P*rogressive Education Across the Continents,* NY: Peter Lang, pp. 11-27.

Röhrs, H. (1995b). The New Education Fellowship: An International Forum for Progressive Education. In H. Röhrs (Ed.). *Progressive Education Across the Continents,* Peter Lang, pp. 179-191.

Rousseau, J. J. (1978). 에밀. 김평옥 역. 서울: 박영사.

Rudman, H. C. (1973). A Conversation with A. S. Neill. *The Education Digest, January, 7-11.*

Sartre, J. P. (1957). *Existentialism and Human Emotions.* NY: Phiosophical Library.

Sartre, J. P. (1990). 존재와 무. 손우성 역. 서울: 삼성출판사.

Sartre, J. P. (1993). 실존주의는 휴머니즘이다. 방곤 역. 서울: 문예출판사.

Scheewind, B. (1965). *Mill s Essays on Literature and Society.* NY: Collier McMillan.

Selleck, R. W. (1968). *The New Education.* Sir Isaac Pitman & Sons Ltd.

Selleck, R. W. (1972). *English Primary Education and the Progressives: 1914-1939.* London: Rkp.

Skidelsky, R. (1969). *English Progressive School.* Middlesex: Penguin Books.

Smith, R. (1985). *Freedom and Discipline.* London: George Allen & Unwin.

Snell, R. (1975). *St. Christopher School.* Aldine Press.

Stewart, W. A. (1968). *The Educational Innovators.* ST Martin' s Press.

Stewart, W. A. (1972). *Progressives And radicals In English Education.* The Macmillan Press Ltd.

Swindler, A. (1979). *Organization Without Authority: Dilemmas of Social Control in Free Schools*. Harvard University Press.

Taylor, C. (2001). 불안한 현대사회. 송영배 역. 서울: 이학사.

Turner, D. (1995). The Influence of the New Education on Educational Reform in England. In H. Röhrs (Ed.), *Progressive Education Across the Continents*. Peter Lang, pp. 333-349.

Vandenberg, B. (1986). Play Theory. In G. Fein (Ed.), *The Young Child at Play*. Washington, D.C. NAEYC, 17-28.

Wake, R., & Denton, P. (1993). *Bedales School: The First Hundred Years*. London: Haggerston Press.

Walker, D. E. (1956). Carl Rogers and The Nature of Man. *Journal of Counselling Psychology, 3*(2), 125-132.

Ward, M. (1934). *Reddie of Abbotsholme*. London: George Allen & Unwin Ltd.

Warnock, M. (1970). *Existentialism*. Oxford Univ. Press.

Weber, M. (1972). 사회과학논총. 세계사상교양전집, 9권. 양희수 역. 서울: 을유문화사.

White, J. P. (1967). Indoctrination. In R. S. Oeters (Ed.), *The Concept of Education*. London: RKP, 181-210.

Wilson, J. (1964). Education and Indoctrination. in Hollins, T. H. B. (ed.). *Aims in Education*. Manchester University Press, 28-56.

Wilson, P. S. (1971). *Interest and Discipline in Education*. London: RKP.

Wright, L. (1985). The Distinction between play and worthwhile activities. *Journal of Philosophy of Education, 19* (1), 66-78.

Zimmermann, F. (1990). 실존철학. 이기상 역. 서울: 서광사.

찾아보기

인 명

내 용

저자 소개

박용석(Park Yong Suk)
연세대학교 대학원 교육학박사
현 안양대학교 교양대학 교수(교육철학 전공)

〈논문〉
실존철학의 지식관과 그 교육적 함의
신지학의 인간관과 교육관이 유아 및 아동 교육에 주는 함의
실존주의의 본래성 관점에서 고찰한 Neill의 아동교육론
영국 신교육운동이 우리 대안교육에 주는 시사점
서구 대안학교의 효시, 애보츠홈과 비데일즈 학교 연구
슈타이너의 인지학적 관점에 따른 유아 및 아동의 발달과정
행복한 삶을 위한 관계지향 유아교육의 방향

〈저서〉
위대한 교육사상가들 V(공저, 교육과학사, 2002)
가장 자유로운 학교 이야기(문음사, 2002)
교육학개론(공저, 문음사, 2005)
새로운 학교교육문화운동(공저, 학지사, 2006)

교육의 역사와 철학 시리즈 ⑤

비권위주의 교육사상
Non-authoritarianism in Education

2016년 2월 15일 1판 1쇄 인쇄
2016년 2월 25일 1판 1쇄 발행

지은이 • 박용석
펴낸이 • 김진환
펴낸곳 • **(주)학지사**

04031 서울특별시 마포구 양화로 15길 20 마인드월드빌딩
대표전화 • 02)330-5114   팩스 • 02)324-2345
등록번호 • 제313-2006-000265호

홈페이지 • http://www.hakjisa.co.kr
페이스북 • https://www.facebook.com/hakjisa

ISBN 978-89-997-0861-9 94370
      978-89-7548-823-8 set

정가 13,000원

저자와의 협약으로 인지는 생략합니다.
파본은 구입처에서 교환해 드립니다.

인터넷 학술논문 원문 서비스 **뉴논문** www.newnonmun.com

이 도서의 국립중앙도서관 출판시도서목록(CIP)은 서지정보유통지
원시스템 홈페이지(http://seoji.nl.go.kr)와 국가자료공동목록시스템
(http://www.nl.go.kr/kolisnet)에서 이용하실 수 있습니다.
(CIP제어번호: CIP2016000582)